Ismail Kadaré · Albanischer Frühling

ISMAIL KADARÉ
ALBANISCHER FRÜHLING

Berichte, Briefe, Betrachtungen

Aus dem Französischen von Miriam Magall

NEUER MALIK VERLAG

Die Deutsche Bibliothek - CIP-Einheitsaufnahme

Kadare, Ismail:
Albanischer Frühling: Berichte, Briefe, Betrachtungen /
Ismail Kadaré. Aus dem Franz. von Miriam Magall. -
Kiel: Neuer Malik-Verl., 1991
Einheitssacht.: Nga nje dhjetor ne tjetrin ‹dt.›
ISBN 3-89029-068-X

© 1991, Librairie Arthème Fayard
Albanischer Originaltitel: Nga nje dhjetor ne tjetrin
Titel der französischen Übersetzungsvorlage:
Printemps albanais. Chronique, lettres, réflexions.
© der deutschen Ausgabe: 1991 NEUER MALIK VERLAG Kiel
Satz: Fuldaer Verlagsanstalt
Druck und Bindung: Clausen & Bosse, Leck
Printed in Germany
ISBN: 3-89029-068-X

Dies sind die Aufzeichnungen eines Schriftstellers, und obwohl die darin geschilderten Ereignisse nichts mit Literatur zu tun haben, dürfen sie nur unter dem Gesichtspunkt der Literatur gelesen werden. Anders betrachtet, würden sie kein getreues Bild ergeben, so wie eine gefundene Brille auch nur selten den Augen desjenigen paßt, der sie rein zufällig aufgesammelt hat.

In Spannungszeiten, gewöhnlich ernste Stunden genannt, verlangt man oft vom Schriftsteller, sich zu ändern, ja, sogar aufzuhören, Schriftsteller zu sein. Man fordert dies, noch dazu häufig aus ganz entgegengesetzten Richtungen, von ihm. Seit jeher hat sich der totalitäre Staat unter Losungen wie »Lebenskenntnis« und »Verschmelzung mit den Massen« darauf versteift, ihn zur Aufgabe der Literatur zu bewegen und aus ihm statt dessen einen Berichterstatter, einen Apologeten der Realität, oder anders ausgedrückt, des Regimes zu machen. Die Regimegegner verfolgen ihrerseits das gleiche Ziel, aber natürlich im entgegengesetzten Sinn: Sie wollen ihn veranlassen, die Literatur aufzugeben und statt dessen das Regime anzuprangern. So erwartet man vom Schriftsteller im linken wie im rechten Lager, im Osten wie im Westen dasselbe: daß er ein anderer wird, daß er sich verleugnet. Man nimmt ihn mit hochtrabenden Phrasen wie »die Umstände erfordern es« in Beschlag oder aber, um die Tonart des strikten Befehls etwas feierlicher zu gestalten, übersetzt man sie in Begriffe wie »historische Zwänge«.

Kurz, man verlangt im Namen der Moral vom Schriftsteller etwas Unmoralisches. Im Namen des Lebens verlangt man von ihm zu sterben. Viele Menschen hören nicht gerne, wenn man in schweren Zeiten von Literatur spricht. Man sagt, sie sei ein Luxus für die Zukunft, für ruhigere Zeiten. Aber diese Zeiten kommen womöglich nie, selbst wenn man einräumt, daß es etwas gibt, was ihnen ähnlich sein könnte, was aber alles andere als sicher ist.

Wer den »Notstand« wie eine Fahne schwenkt, vergißt, daß der Schriftsteller sich nicht zur Geisel einer Zeit machen, noch sich ihren Gesetzen unterwerfen kann, nur wegen der einfachen Tatsache, daß er das Produkt einer gegebenen Epoche ist. Als Schriftsteller »steht er außerhalb der Zeit«. Er akzeptiert nur ein Gesetz, das der Kunst, und wenn die Gesetze der Zeit, in die sein Leben auf Erden zufällig fällt, nicht mit dem obersten Gesetz der Kunst übereinstimmen, kann er dieser Zeit mühelos den Rücken zukehren.

Im Gegensatz zur landläufigen Meinung sind gerade die schweren Zeiten, die Zeiten, in denen Diktatoren wüten, die der Literatur förderlichsten. Diktatur und wahre Literatur können nur auf eine Art und Weise zusammenleben: indem sie sich Tag und Nacht gegenseitig zerfleischen. Der Schriftsteller ist der natürliche Feind der Diktatur. Er bekämpft sie unaufhörlich, selbst wenn er meint, er schlafe. Denn dieser Kampf ist in seinem Gencode eingeprägt. Diktatur und Literatur sind nur als zwei wilde Tiere vorstellbar, die einander ständig an die Kehle fahren. Obwohl ihre Krallen unterschiedlich beschaffen sind, bringt der eine dem anderen Verletzungen bei, die wiederum verschieden sind. Die dem Schriftststeller beigebrachten Wunden nehmen sich manchmal schrecklich aus, denn sie werden sofort sichtbar. Die Wunden, die der Schriftsteller der Diktatur zufügt, wirken mit Verzögerung, aber sie sind unheilbar. (Der Schriftsteller arbeitet also nach einem ganz anderen Zeitplan, was ich in meinem Buch ›Einladung ins Atelier‹ erläutert habe.) [Anm. der Übers: 1990 in Albanien erschienen.]

Diese Art genetischer Instinkt, der den Schriftsteller gegen die Diktatur kämpfen läßt, bewirkt schließlich ähnlich wie bei einem Organismus, der gegen äußere Angriffe widerstandsfähig ist, daß das Werk des Schriftstellers gestählt wird, statt durch die Glut des Tyrannen geschwächt zu werden. Das erklärt vielleicht auch, daß die schärfste Abrechnung des Verfassers dieser Zeilen mit der Diktatur, ›Der Palast der Träume‹, ausgerechnet 1981 in Albanien geschrieben und veröffentlicht wurde, als es im Land so dunkel wie nie war. Dem Schriftsteller vorzuschlagen, in solch einer Zeit auf die Literatur zu verzichten, kommt der Aufforderung gleich, im entscheidenden Augenblick seinen Schild hinzuwerfen. Die Literatur ist ihm Fundament, Nährboden, Macht und Zauber. Ohne sie kann er wie ein junger Trieb ausgerissen werden.

Die folgenden Aufzeichnungen stammen also von einem Schriftsteller. Von jemandem, der sich immer darum bemüht hat, es zu bleiben. Der von der Literatur zur Freiheit geführt wurde und nicht umgekehrt von der Freiheit zur Literatur. Sein Marschrhythmus mag gemächlich gewesen sein, aber in gewisser Hinsicht hat er sich den Rhythmus seines Volkes zu eigen gemacht. Dieses Volk befreite sich 1912 als letztes von der osmanischen Knechtschaft, schaffte als letztes erst vor kurzem, 1990, den Stalinismus ab. Aber »Spät« heißt nicht unbedingt »zurückgeblieben«. Hinter dem »Spät« kann sich wie unter einem undurchdringlichen Panzer Reife und inneres Licht verbergen. Als die Albaner 1912 die fünf Jahrhunderte während Nacht verließen, waren sie ziemlich gut auf ein neues Leben vorbereitet. Aber die Wogen des Weltkrieges verheerten den jungen Staat. Dennoch zählte Albanien 1924 zu den drei oder vier demokratischsten Ländern Europas, bis eine andere Welle es zum Kentern brachte. 1945 wurde das Land in Jalta unabwendbar wieder jenem Teil der Welt zugeschoben, von dem es sich gerade erst so mühevoll gelöst hatte: dem Osten.

Heute, am Ende unseres Jahrhunderts, klopft diese verwaiste Nation, die ein so schweres Kreuz zu tragen hatte, wieder an die Tore Europas, seiner Mutter, die Albanien stets kaltherzig geschlagen hat und sich trotz ihrer Christlichkeit dieser Nation gegenüber wenig barmherzig erwies.

Teil 1

Berichte

1

Das Telefon läutete am späten Nachmittag. Am Apparat war ein Mitglied des Präsidentenkabinetts. »Wir haben Material für Sie, es wird Ihnen sofort zugestellt.« Ich wußte, daß unter dem Wort »Material« im offiziellen Sprachgebrauch viele verschiedene Dinge verstanden werden konnten: eine Einladung zu irgendetwas, eine Bitte, ein Befehl, Glückwünsche zum Geburtstag, eine Ankündigung, ein Brief. An letzteren mußte ich denn auch sofort denken.

Tatsächlich hielt ich eine Viertelstunde später einen Umschlag mit einem Brief des Präsidenten in der Hand. Bevor ich den Umschlag öffnete, zeigte ich ihn meiner Frau und sagte zu ihr: »Dieser Brief verspricht nichts Gutes.« Sie antwortete mir nicht. Dieses ungute Vorgefühl kam nicht von ungefähr.

Drei Wochen vorher hatte ich dem Präsidenten einen langen Brief mit heiklen, unbequemen Fragen geschickt. Der Formulierung nach war eigentlich keine Antwort nötig gewesen. Offen gesagt, erwartete ich nicht nur keine, sondern hoffte insgeheim, nie eine zu erhalten.

Tagtäglich hatte ich in den beiden Wochen nach Abschicken meines Briefes gespannt auf das Ergebnis gewartet; trotz einiger vorübergehender Täuschungen kam mir das Resultat außerordentlich vor: Zwei Sigurimi-Sadisten stellten sofort ihre Tätigkeit ein; die Volksversammlung verabschiedete das Gesetz über die Ausgabe von Pässen für Auslandsreisen; der Präsident des Obersten Gerichtshofes, den ich öffentlich scharf kritisiert hatte, wurde sofort abgesetzt; es gab einen herzlichen, vielversprechenden Empfang für Perez de Cuellar, ein weit verbreitetes Gefühl der Beschwichtigung und des Verstehens.

Nun, da dieser nicht erwartete Brief eingetroffen war, hatte ich den Eindruck, der Zauber sei gebrochen. Nachdem ich den Brief geöffnet und gelesen hatte, konstatierte ich, daß meine Vorahnung mich nicht getäuscht hatte. Er war entmutigend, zutiefst entmutigend. Meine Frau, die, anscheinend um länger in Unwissenheit gelassen zu werden, einen Kaffee aufbrühen gegangen war, sah niedergeschlagen aus, als sie wieder in mein Arbeitszimmer trat. Dabei ertappte sie mich bei einem Tun, das ihr, wie sie mir später gestand, in jenem Augenblick ebenso unverständlich wie erschreckend vorkam. Sie fragte mich:

»Hast du ihn gelesen; was machst du denn da?« Ich mußte wohl ein krampfhaftes Zucken um die Lippen gehabt haben.

»Ich zähle, wie oft er das Wort ›Partei‹ in seinem Brief gebraucht hat. Er wirft mir vor, sie in meinem kein einziges Mal erwähnt zu haben.«

»Ja, und? Mit anderen Worten...«

Ich nickte bejahend mit dem Kopf. Der Brief war schlecht, er weckte keinerlei Hoffnung, sondern nichts als Verzweiflung.

Ich trank langsam meinen Kaffee, wie auf einer Totenfeier. Dann schlug ich meiner Frau vor hinauszugehen. Auf der Straße sagten wir beide fast einstimmig: »Jede

Hoffnung ist verloren, wir müssen sofort das Land verlassen.«

Das war am 21. Mai 1990. Der kleine albanische Frühling, der allerschüchternste, war zu Ende gegangen.

2

Die Wurzeln eines jeden Frühlings — so auch dieses — lassen sich im allgemeinen in den Winter zurückverfolgen.[1]

Dezember des Jahres 1989: Meine Frau und ich kehrten von einer Reise aus Schweden zurück. Vor unserer Heimkehr nach Tirana schoben wir einen mehrtägigen Aufenthalt in Paris ein.

Nichts ist besser geeignet, eine Vorstellung von den Turbulenzen zu geben, die damals Europa erschütterten, als eine Ankunft im Flugzeug aus Skandinavien. Damit ein Ereignis eine Spur hinterläßt, muß es in Symbole gekleidet werden; so kam uns alles, was man damals in den Zeitungen lesen oder in den Nachrichten im Fernsehen sehen konnte, nach und nach wie das ungeordnete Wandern der Wolken, die Reibung des Nebels auf den Flügeln der Maschine, die in der Ferne drohenden Blitze vor.

Das im Dezember kristallklare Schweden lag jetzt weit hinter uns, und unter uns entfaltete sich der finstere, beklemmende Kontinent. Als das Flugzeug den Boden berührte, wurde es von dem Fieber ergriffen, das ihn schüttelte.

Aber was uns in Paris erwartete, würde uns noch viel stärker erschüttern. Die Ereignisse in Rumänien hatten begonnen. Eingeschlossen in einer Wohnung bei Freunden in Neuilly, verfolgten wir das Drama von Stunde zu Stunde. Zum ersten Mal hielten wir uns in Paris auf, ohne auch nur ausgehen oder jemanden treffen zu wollen. Es gab jede halbe Stunde Nachrichten, das heißt, häufiger als sonst, und wir saßen wie gebannt vor dem Fernsehschirm, was uns noch nie vorher passiert war. Das Meeting Ceausescus. Das tödliche Zischen, das von der Menschenmenge aufstieg. Seine Verblüffung. Die Schüsse im Dunkeln. Das Chaos. Dann der Leichnam Ceausescus auf dem Boden, der Knoten seiner roten Krawatte, der in diesem Augenblick wie ein Blutfleck aussah. Die Mauer der verlassenen Kaserne. Wie in einem Alptraum wiederholte sich alles unermüdlich. Nein, man war nicht mehr in Paris, es war ein Zwitter, so etwas wie Bukaparis, an das sich der Name Tirana drängte. Ich bemühte mich, ihn fortzuschieben. In Tirana durfte das nicht passieren. Auf gar keinen Fall. Nie.

»Was können wir für Albanien tun?« hatte mich eine Woche vorher beim Abendessen in Stockholm mein Freund Peer Schory, der stellvertretende Außenminister Schwedens, gefragt. »Was ihr tun könnt? Etwas, daß das Land davon überzeugt, daß Demokratie nichts zum Fürchten ist«, lautete meine Antwort. Ich war mir durchaus bewußt, daß gerade das zu dem Schwierigsten überhaupt gehörte, aber ich wußte auch, daß man immer vom Schwierigsten träumt.

An einem kalten Tag kehrten wir nach Tirana zurück. Auf dem Weg vom Flughafen zu uns nach Hause berichtete unsere jüngste Tochter, die uns abholen gekommen war, von den letzten Ereignissen: Überall herrsche eine undefinierbare Unruhe, auf dem Boulevard sei eine Bombe auf das Standbild Stalins geworfen worden und eine andere in die Buchhandlung »Flora« [Anm. d. Übers: Dort werden die Klassiker des Marxismus-Leninismus und die Werke von Enver Hoxha verkauft.], die neben unserem Haus liegt; es hieß, in Shkodra tue sich etwas. Von den Ereignissen in Rumänien wußten alle.

Zu beiden Seiten der Straße bot sich das gleiche Schauspiel der Armut, das mich jedesmal bedrückte, wenn ich aus dem Ausland heimkehrte. In mein leeres Herz zog Kummer.

3

Es war einer der verdrießendsten Winter, die es je in Albanien gegeben hatte. Überall die gleiche Beklemmung, Nervosität, Gereiztheit. Doch es wurde berichtet, in Shkodra habe es einen Schweigemarsch gegeben. Die Menschenmenge habe versucht, Stalins Standbild umzustürzen. Es hieß, es sei sogar gelungen, ihm ein Seil um den Hals zu werfen, aber die »Sampisten« [Anm. d. Übers: schnelle Spezialeinheiten] und die Polizei hätten eingegriffen. In der Nacht habe es zahlreiche Verhaftungen gegeben. Die meisten davon mit Krankenwagen, um kein Aufsehen zu erregen. Noch sehr viel mehr wurde erzählt, aber erst zwei oder drei Tage später kam die ganze Wahrheit ans Licht. Tatsächlich hatten sich Menschen im Stadtzentrum vor der Stalinbüste versammelt, auch hatten sie wirklich ein Seil mitgebracht, aber es war ihnen nicht gelungen, es der Büste um den Hals zu legen. Das Duell zwischen Menschenmenge und Polizei hatte ziemlich lange gedauert. Schließlich wurde die Demonstration aufgelöst, ohne daß ihre Teilnehmer gewußt hätten, ob sie nun gewonnen oder verloren hatten.

Nun folgte der Februar, er war noch trüber als der Januar. Es hieß, in Tirana werde sich etwas Ähnliches ereignen, aber niemand wußte wann oder wie. Die Regierung befand sich in ständiger Alarmbereitschaft, die Stimmung schlug von Stunde zu Stunde um.

Über Tirana türmten sich Wolken auf wie nie zuvor. Das Datum der Versammlung und sogar Ort und Stunde wurden bekanntgegeben. Am Skanderbeg-Platz, am Sonntag um sechs Uhr abends. Das war geradezu verblüffend, so, als sei es der Welt Kafkas entsprungen. Zunächst einmal, weil niemand wußte, wer die Entscheidung getroffen hatte. Vor allem aber wegen der Wahl von Ort und Stunde. Um diese Stunde ist der Skanderbeg-Platz immer schwarz von Menschen. Wie könnten dann die Demonstranten von den gewöhnlichen Spaziergängern unterschieden werden und diese beiden Gruppen wiederum von den Sigurimi-Agenten, die sich sicher zu Hunderten einfinden würden?

Und als sei das noch nicht genug, war an jenem Abend für genau achtzehn Uhr im Opernhaus, dessen Eingang auf den Platz führte, ein Konzert von einem ausländischen Ensemble vorgesehen. Es ist üblich, daß an solch einem Abend das gesamte diplomatische Korps teilnimmt. Für die Sigurimi hing die Demonstration selbstverständlich mit ausländischen Geheimdiensten zusammen, zumal das jugoslawische Fernsehen seit mehreren Tagen die Nachricht verbreitete, auf der jugoslawischen Seite der Grenze mit Albanien warteten zweihundert Journalisten auf ein »außergewöhnliches Ereignis«.

In ganz Tirana gab es nur ein Gesprächsthema: am Sonntag um sechs Uhr auf dem Platz! Man wartete ungeduldig, voller Angst, neugierig, voller Hoffnung. Mit ihrem Eifer, das Schlimmste zu verhüten, machten die Behörden noch mehr Reklame für das, was bereits viele Namen erhalten hatte: Menschenauflauf, Demonstration, feindliche Erhebung, sogar nur Spaziergang auf dem

Platz. In den Stadtvierteln gingen die Ortsgruppen der Demokratischen Front [Anm. d. Übers: Von der Partei gesteuerte politische Vereinigungen] von Tür zu Tür, wo sie wiederholten: »Gehen Sie heute nicht um achtzehn Uhr auf den Platz; geben Sie besonders acht, daß keine Jugendlichen dorthin gehen.«

Zum Drama gesellte sich die Komik. Meine Mutter hatte meine Schwester gewarnt: »Von der Demokratischen Front kam die Empfehlung, niemand solle hinausgehen, denn der Skanderbeg-Platz befinde sich in Feindeshand«. Es herrschte allgemeines Fieber.

Um fünf Uhr kam unsere Tochter Besiana, die Oberschülerin, in mein Arbeitszimmer, um mir zu sagen: »Papa, ich möchte gegen sechs mit einer Freundin ausgehen.« Ich antwortete ihr: »Mach, was du willst.« Sie ging zu meiner Frau, die ihr die gleiche Antwort gab. Sie drückte sich völlig überreizt im Haus herum, wir taten so, als bemerkten wir nichts. In unsere Besorgnis mischte sich eine unbekannte Rührung, die wir zu vertreiben versuchten.

Besiana kehrte in mein Arbeitszimmer zurück, wo meine Frau und ich gerade Kaffee tranken. Ihre Frage war diesmal eher ungewöhnlich: »Soll ich mich besonders schön machen, oder nicht?«

Wir antworteten ihr, sie brauche sich nur wie alle Tage anzuziehen. Kurz vor sechs kam ihre Freundin, um sie abzuholen. Dann schlug es sechs Uhr. Fünf nach sechs. Vom Platz, knapp hundert Schritte von unserem Wohnhaus entfernt, war nichts Ungewöhnliches zu hören.

Um zwanzig nach sechs ging ich mit Elena hinaus. Aus der Ferne sah der Platz wie immer schwarz von Menschen aus. Sie standen so dicht gedrängt, daß man von weitem Mühe hatte, die Demonstranten von den Agenten der Si-

18

gurimi, den Sampisten, den Aktivisten der Parteiorganisationen, den der Sache ergebenen Veteranen zu unterscheiden, die regelrecht glücklich über die Gelegenheit waren, wieder einmal etwas für »die Sache« tun zu dürfen. Alles war miteinander vermischt, halb Traum, halb Wirklichkeit; jeder konnte das nach Gutdünken auslegen. Denn jeder hatte das Recht, seinen Nachbarn zu fragen: Wer bist du, unter welches Banner stellst du dich; zeigst du dein wahres Gesicht oder eine Maske, und welche Rolle spielst du in diesem Drama?

Schon von weitem schlug uns die Spannung entgegen. Als wir auf den Platz vordrangen, tönte aus einer Gruppe junger Menschen kraftvoll eine ruhige Stimme: »Zu spät!« In einiger Entfernung davon eine zweite Stimme: »Sieh auf dein Volk, wie eingeschüchtert es ist!« Aus anderen Gruppen stiegen weitere Rufe auf, aber alle waren ruhig, ernst, würdevoll. Agenten der Sigurimi, Aktivisten und Spitzel hatten sich unter die Menge gemischt. Es war auch nicht zu übersehen, daß aus einigen als Krankenwagen getarnten Fahrzeugen heimlich Kameras filmten. Aber die Menschen achteten kaum auf sie. Angst stieg wie Dampf von der schwarzen Erde auf, das war alles. Diese einem Spaziergang ähnliche Demonstration hatte etwas von einer ersten Liebe oder einem ersten Ball. Es herrschte eine festliche Stimmung, aber in ihr schwang etwas Verhaltenes, etwas Ernstes, und es hätte niemanden überrascht, Wendungen von früher zu hören, aus einer Zeit, als es in Albanien noch Kathedralen gab. Die Augen der jungen Menschen schimmerten mit einem besonderen Glanz, aber ohne ein Anzeichen von Hysterie oder Gewalttätigkeit, und klarer als je zuvor mußte ich denken: Gott sei Dank, hier wird es nicht so sein wie in Rumänien!

Wieder zu Hause ließ ich mir immer wieder diese beiden Worte: »Zu spät!« durch den Kopf gehen. Ich wußte, daß man von mir mehr erwartete, aber meine Freunde hatten darauf bestanden, daß ich an diesem Sonntag auf keinen Fall um sechs Uhr aus dem Haus ging. Die Sigurimi hatte mich schon seit langem aufs Korn genommen, ich erhielt Drohungen von rechts wie von links, dadurch hätten sie unerwartet die Gelegenheit bekommen, die Rechnung mit mir zu begleichen. Ein Zwischenfall, eine nach allen Regeln der Kunst arrangierte Provokation, dort, vor Ort; dann wäre bekanntgegeben worden, »der Schriftsteller wurde von Feinden des Volkes erschlagen, wo er doch mit anderen Aktivisten gekommen war, um die Errungenschaften der Revolution zu verteidigen.«

Darüber hinaus war auch die Gegenseite blind vor Panik. Auch für sie war es eine Premiere; derartig überreizt war sie zu allem bereit.

Sehr schnell erwies sich, daß dann alles wie gehabt verlief. In den Tagen danach versuchte die Sigurimi, die Regierung glauben zu machen, eine Gruppe Intellektueller mit Beziehungen zu westlichen Staaten habe alles organisiert. Sogar eine Liste mit den Namen von fünfhundert Personen (auf der natürlich meiner und der meiner Freunde unter den ersten standen), die entweder zu verhaften oder auszuschalten waren, wurde zusammengestellt. Das Gespenst Havels verfolgte mich schon seit langem, aber vorläufig begnügte man sich damit, mich Tag und Nacht im Auge zu behalten.

4

Der Februar kündigte sich als ein noch düsterer Monat als
der Januar an. In Tirana ist er im allgemeinen der unwirt-
lichste Monat. Die Albaner haben zahlreiche Sprichwörter
über den Februar erfunden, und in der albanischen Sprache heißt er, das dürfte ,soviel mir bekannt ist, einmalig in
ganz Europa sein, mit einer gewissen Verachtung *der Kurze* [Anm. d. Übers: shkurt = kurz]. Und tatsächlich muß
sich der Februar zwischen einem kalten, aber edlen Januar
und einem jugendlichen März notgedrungen verdrießlich
ausnehmen.

Hat es wirklich mehr Todesfälle als sonst gegeben oder
war das nur ein Eindruck, weil man vermehrt Beileidsbe-
suche machte, da man dabei mehr als sonst Neues erfuhr?
Auch früher schon senkten sich die Stimmen auf einer
Beerdigung. Anscheinend wird eine Äußerung angesichts
des Todes genauer, wahrer, entfernt sich von den Schlag-
worten und den banalen Alltagswendungen. Man kann
sich vorstellen, worüber im Laufe dieser Zeremonien im
Februar des Jahres 1990 gesprochen wurde. Über die unglaublichsten Hypothesen. Von Hoffnung, verlorener
Hoffnung, Verzweiflung, wiedergefundener Hoffnung. Es
werde eine Lockerung geben. Es würden Gegenmaßnahmen ergriffen. Ein außerordentlicher Parteitag werde ein-

berufen. Alle Verhafteten des »Sonntags um sechs Uhr« würden auf freien Fuß gesetzt. Niemand werde freigelassen. Ramiz Alia habe »Genug!« gesagt; aber die einen nähmen dieses »Genug« mit Genugtuung auf, die anderen dagegen mit Kritik. Andere sagten, es werde eine weitere Demonstration geben. Deshalb würden die Anführer gesucht. Es sei ein Kern Intellektueller, die die Bewegung leiteten. Sie hätten Ramiz Alias Position ins Wanken gebracht. Usw.

Das alles entbehrte nicht einer gewisser Grundlage: Täglich konnte man in der Führung Unsicherheit feststellen. Es kamen widersprüchliche Befehle. An einem Tag trat die Polizei arrogant auf, mit Gummiknüppeln bewaffnet. Am Tag darauf mit gesenktem Kopf und ohne Knüppel. Am dritten Tag fing alles wieder von vorne an.

Jeder wurde in einen Strudel gezogen, der einem Außenstehenden irre erscheinen mochte. Von Zeit zu Zeit versuchte man, dem Ganzen, wenn auch nur kurz, zu entfliehen. Man lud Freunde zum Abendessen, tanzte, tat so, als verliefen die Tage ganz normal. Aber gerade, wenn man es am wenigsten erwartete, im Klingen der Gläser, wenn zwei Tanzende sich umarmten oder ein Flirt begann, tauchte die Frage auf: Was wird sein?

Diese Frage veranlaßte mich, um ein Gespräch mit dem Präsidenten zu bitten. Am 3. Februar um elf Uhr stellte ich meinen Antrag in seinem Sekretariat, wobei ich betonte, daß es nicht eilig sei, so daß der Staatschef mich empfangen konnte, wann immer ihm sein Terminkalender dazu Zeit ließ.

Eine Stunde später rief mich der Sekretär an:

»Genosse Ramiz möchte Sie sprechen.«

Am Telefon war die Stimme des Präsidenten genauso entspannt wie bei unseren vorherigen Gesprächen.

»Du wolltest zu mir kommen?« sagte er. »Mit Vergnügen. Du kannst sofort kommen, aber um halb eins muß ich zwei Botschafter empfangen.«

»Genosse Ramiz, ich hatte dem Sekretär gesagt, daß es nicht eile.«

»Schon gut Aber auch ich wollte mit dir sprechen. Wie sagt man doch? Verschieben wir es auf morgen? Wir können sogar schon die Zeit festlegen. Zum Beispiel um ein Uhr mittags. Paßt dir das?«

»Ganz wie Sie wünschen.«

Ich kannte den Präsidenten schon seit langem; trotzdem war ich empfänglich für seine Höflichkeit. Dabei ging es nicht nur um gute Manieren und um die Etikette. Sie drückte einen Willen zum Dialog aus, schuf die richtige Stimmung, um wirklich alles anzusprechen, regte sogar an, es zu tun. Ich war ihm dafür dankbar. Selbst heute, da ich diese Zeilen in Frankreich schreibe, bewahre ich ihm gegenüber, ganz abgesehen von allem, was sich danach ereignet hat, diese Dankbarkeit. Genau wie die Diktatur schöpft auch die Freiheit aus zahlreichen Quellen, sichtbaren wie unsichtbaren. Ein Schritt, eine Geste, ein Wortwechsel im rechten Augenblick sind manchmal für einen weiteren Schritt und den Mut dazu unumgänglich. Deshalb besteht kein Grund, jenen unsere Dankbarkeit zu versagen, die sich so verhalten haben, sei es auch nur für kurze Zeit und selbst, wenn sie sich nachher anders verhielten.

Ich kannte den Präsidenten gut, nicht nur, weil ich oft mit ihm zu tun hatte im Laufe des Vierteljahrhunderts, das er für Propaganda und Kultur verantwortlich war, sondern auch wegen besonderer Umstände. Wir besaßen zwei gemeinsame Freunde, die das Unglück ereilt hatte. Obwohl sie nun weit fort waren — einer befand sich in Untersuchungshaft, der zweite im Gefängnis —, banden sie uns wie ein Trauerschleier aneinander. Dieser indirekten Bindung über Dritte, die ihren Platz an der Sonne verloren hatten, wohnte eine besondere Kraft inne. In einem totalitären Regime kommt es oft vor, daß sich nach der Verurteilung eines Freundes oder Bekannten dichte Finsternis auf den Bekanntenkreis senkt. Freundschaften erkalten, zerbrechen, man wendet sich voneinander ab, alle versuchen, die Abendessen zu vergessen, auf denen man zusammen gelacht und gesprochen hat, denn man meint, dadurch vielleicht die Gefahr abzuwenden, die schon seit langem droht. Bei Beamten und Karrieremachern ist diese Erscheinung noch zehnmal stärker ausgeprägt.

Wenn es etwas ähnliches zwischen dem späteren Präsidenten und mir nicht gegeben hatte, dann kam ihm das größere Verdienst zu, denn er trug dabei das größere Risiko. T. Lubonja[2], einer der fähigsten und intelligentesten Menschen, die ich je habe kennenlernen dürfen, sein bester Freund und gleichzeitig einer meiner engsten Freunde von insgesamt zwei oder drei, hat aus dem unterirdischen Verlies heraus, in das er für fünfzehn Jahre verbannt worden war, nie einen Schatten zwischen uns geworfen. Ganz im Gegenteil, Ramiz Alias Wohlwollen, seine Gutmütigkeit mir gegenüber, auf die er in seinem letzten Brief anspielt [Vergl. S. 132ff], verstärkten sich. Ich habe dieser Haltung immer eine Bedeutung zugeschrieben, die über meine Person hinausging. Ich betrachtete sie als eine Art Kummer, eine Sehnsucht, eine gewisse Treue zu etwas Erloschenem und eine Hoffnung, und zwar die Hoffnung, daß sich hinter dem Horizont etwas Gutes verbarg. Und

24

das alles erhielt eine noch tiefere Bedeutung, weil meine alte Freundschaft zu T. Lubonja allen bekannt war, ebenso wie die Tatsache, daß er mich eindeutig bevorzugte. So bekannt war sie, daß ich hier und dort gelegentlich Brokken von Nörgelei auffing: »Das ist ja klar, die beiden bilden ein Paar, sie gehörten seinerzeit der gleichen Gruppe an, das macht aber nichts, unsere Stunde schlägt noch, die Partei vergißt nie etwas!«

Mir scheint, daß ich mich, der ich sonst schnell aufbrause, um mich dann ebenso schnell wieder zu beruhigen, aus diesem Grund nie wirklich über Ramiz Alia geärgert habe. An Gelegenheiten dazu, bei denen alles hätte verderben können, hat es sicher nicht gefehlt. Eine der schmerzlichsten geht auf das Jahr 1975 zurück, noch dazu im gleichen Büro, in dem ich ihn nun sprechen würde. Er kritisierte mich wegen eines Gedichtes mit dem Titel ›Die roten Paschas‹[3] so heftig (vor über einem guten Dutzend Beamter, die sich in absoluter Totenstille Notizen machten), daß ich ihn mit der folgenden Frage unterbrach:

»Wenn ich Sie recht verstehe, betrachten Sie mich als Feind dieses Landes?«

»Es obliegt dir, uns das zu sagen«, erwiderte er.

»Nun gut, ich sage es Ihnen sofort: Ich bin kein Feind!«

(Eine Stunde später gestand ich meiner Frau beim Bericht über das Geschehene ein, daß mein Blick während dieser Anschuldigungen von Zeit zu Zeit zum Fenster gegenüber schweifte, denn mir schien es erträglicher, mich in die Tiefe zu stürzen, als solch einen Schrecken ertragen zu müssen.)

Teilnehmer an jener Sitzung haben es mir später eingestanden: »Jetzt, im Rückblick, haben wir den Eindruck, Opfer einer Täuschung gewesen zu sein.« Das dürfte die schärfste Kritik gewesen sein, die je gegen jemanden in diesem Land ausgesprochen wurde. Im Verlauf des besagten Treffens hatte er namentlich diese Worte hervorgestoßen: »Ich weiß nicht, ob du verstanden hast, was Freundschaft für mich bedeutet? Ich für meinen Teil habe sie mir immer als Freundschaft im Rahmen der Parteigrundsätze vorgestellt«. (Damals war T. Lubonja zwei Jahre im Gefängnis.) Obwohl er das fragend gesagt hatte, gab ich ihm keine Antwort.

Unsere Beziehungen hatten sich 1982 erneut verschlechtert, als bekannt wurde, daß er fortan als Enver Hoxhas Nachfolger zu betrachten sei und daß er praktisch die Geschicke des Landes leitete. Diesmal lieferte ihm der Roman ›Der Palast der Träume‹ den Vorwand. Außer dem Satz: »Ich verstehe wohl, daß es hier um Kritik zum Wohl der Literatur geht«, übte ich keinerlei Selbstkritik, obwohl bei dieser Vollversammlung des Schriftstellerverbandes die Hälfte des Politbüros, angeführt vom zukünftigen Präsidenten höchstpersönlich, anwesend war.

Danach waren unsere Beziehungen wieder so, als sei nichts geschehen. Um ehrlich zu sein, ich hatte ihm mehr als einmal Anlaß zu Ärger gegeben, denn mit fast der Hälfte meiner Werke gab es ernste Probleme bei der Veröffentlichung, und solange er für die Propaganda verantwortlich war, fielen die Unannehmlichkeiten immer auf ihn zurück.

Ich war übrigens nicht der einzige, der undankbar gewesen wäre, hätte ich ihm gegenüber weiter Groll gehegt. Ich habe andere gefragt, und alle haben mir genau das gleiche berichtet. Das erklärt vielleicht, warum ihn die meisten Albaner im Frühling 1990 verehrten, und zwar so sehr, daß die Mehrzahl ihre Hoffnungen auf ihn setzte, einschließlich jener, die sich im Gefängnis befanden.

5

Es war ein Uhr mittags, als ich sein Büro betrat. Ich hatte mich den ganzen Vormittag auf diese Begegnung vorbereitet, und ich hegte weder Besorgnis noch zögerte ich wegen irgendeines Punktes. Ich erklärte ihm, ich sei gekommen, um mit ihm ohne Umschweife über alles zu sprechen, und er antwortete, genau das erwarte er von mir. Mir war nicht unbekannt, daß die Unterhaltungen in seinem Büro aufgezeichnet wurden, das war für mich aber kein Problem. Im Gegenteil, daß von unserem Gespräch etwas erhalten bleiben würde, mußte mich zufriedenstellen.

Als erstes sprach ich von der schweren Zeit, die die albanische Nation gerade durchmachte, sowohl in Albanien selbst wie auch im Kosovo, denn diese Schwierigkeiten und nur sie, sollten im Mittelpunkt unserer Bestrebungen stehen, sie sollten uns am Herz liegen. Natürlich kamen dabei auch die Ereignisse im Osten zur Sprache, die Ereignisse in Rumänien und die beiden Möglichkeiten, eine Katastrophe zu verhindern: die eine sei der Weg des Zwangs, von den Konservativen befürwortet; die zweite der Weg der Demokratie. Als ich betonte, daß ich keinen Augenblick daran zweifelte, daß er selbst den zweiten befürworte, nickte er bejahend. Aber bis zur Demokratie müsse noch eine beachtliche Strecke zurückgelegt werden, fuhr ich fort, denn bestimmte Dinge, die bisher geduldet worden waren, seien fortan unakzeptabel. Damit war ich zum Kern des Problems vorgedrungen: der Verletzung der Menschenrechte in Albanien. Ich wußte, daß er über mich in Zorn geraten war, als ich diese Frage sechs Monate vorher in einem Beitrag über den Roman von N. Tozaj, ›Die Messer‹ angeschnitten hatte, aber das schüchterte mich in keiner Weise ein. Auch ich hatte gegen ihn gewettert, worüber er sicher in Kenntnis gesetzt worden war, und das gleiche wiederholte sich inzwischen schon seit nahezu zwanzig Jahren, ohne das Fundament unserer Beziehungen zu erschüttern. Ich sagte ihm, in Albanien müsse der idiotischen Interpretation der Menschenrechte ein für allemal der Riegel vorgeschoben werden, denn diese Rechte müßten zuerst einmal auf die Gesetzesverstöße, die Gewalttätigkeit der Polizei, die Inhaftierungen und die Gesellschaftsordnung der Diktatur des Proletariats angewandt werden, bevor sie sich auf Wohnung, Arbeit und Sozialschutz beziehen könnten.

Er unterbrach mich erst nach einer halben Stunde ganz ruhig:

»Aber gehören die wirtschaftlichen und sozialen Rechte nicht auch zu den Menschenrechten?«

»Selbstverständlich gehören sie dazu! Aber sie sind ohne die anderen, die problematischeren, sinnlos.«

Ich fuhr mit meinen Ausführungen fort, weil ich wußte, daß die albanische Propaganda mit dem Beistand irgendwelcher Pseudophilosophen und Pseudoakademiker schon seit Jahren die Auffassung vertrat, die Frage der Menschenrechte habe nichts mit Unterdrückung zu tun, sondern betreffe soziale Probleme, und sie stelle sich für jedes Land anders dar.

Ich erzählte ihm, daß mir zwei Monate zuvor in Paris bei einer Sitzung in der Akademie der Geistes- und Gesellschaftswissenschaften, an der ich zum ersten Mal teilnahm, die Schamröte ins Gesicht gestiegen sei, denn ausgerechnet der wichtigste Vortrag habe sich mit der Art und Weise befaßt, wie Diktaturen sich im einzelnen bemühten, die Unterdrückung zu rechtfertigen. Zufällig habe der Berichterstatter Albanien nicht erwähnt, fuhr ich fort, aber die anderen erwähnten Diktaturen griffen zu der gleichen Art Rechtfertigungen wie wir.

Er hörte mir aufmerksam zu, und ich fuhr schnell mit der Erklärung fort, in der zivilisierten Welt gebe es heute eine einheitliche Interpretation der Menschenrechte, diese seien nämlich universal und könnten von den verschiedenen Nationen nicht nach Belieben aufgefaßt werden. Zu behaupten, daß die Menschenrechte in Albanien nicht verletzt würden, sei absurd, sagte ich weiter. Dazu brauche man nur die folgende einfache Frage stellen: Diese Innenminister, die einer nach dem anderen als Verbrecher verurteilt worden waren, was hatten sie verbrochen? Es sei doch bekannt, daß diese Minister sich vor allem darum bemüht hätten, von morgens bis abends die Menschenrechte zu verletzen.

Er hörte mir zu, dann nickte er unerwartet mit finsterer Miene.

»Du hast recht«, sagte er mir. »In Albanien werden die Menschenrechte verletzt.«

Zum ersten Mal hörte ich solch ein Eingeständnis und noch dazu aus dem Mund des Staatsoberhauptes.

Ermutigt kam ich zum Thema der politischen Gefangenen. Albanien erfülle alle Voraussetzungen, um ein wirklich demokratischer Staat zu werden. Im Gegensatz zu gewissen Balkan- oder Mittelmeervölkern neigten die Albaner in keiner Weise zur Anarchie, sie befolgten die Vorschriften (ein Erbe ihres Verhaltenskodexes), wie streng und stupide sie auch sein mochten; kurz, in dieser Hinsicht seien sie den Deutschen ähnlich, so daß der Demokratisierungsprozeß weder Unordnung noch Mißverständnisse wie in gewissen anderen Ländern mit sich bringen dürfte. Albanien könne zum Beispiel ein Land ohne politische Gefangene werden.

Hier unterbrach er mich und hielt sich einige Augenblikke beim Thema auf. Er widersprach mir: »Und unsere Feinde, jene, die mit Gewalt die Macht ergreifen wollen, sollen die frei herumlaufen?«

Ich antwortete ihm, daß jene, die die Macht mit illegalen Mitteln an sich reißen wollten, keine politischen Gegner, sondern Terroristen seien, die man in jedem anderen Land auch verurteilen würde.

Wir setzten unser Gespräch fort, und er gab die Zahl der in Albanien Inhaftierten mit ungefähr fünftausend an, allerdings ohne klarzustellen, ob diese Zahl auch die politischen Gefangenen einschloß.

An diesem Punkt der Diskussion mußte ich ihn unbedingt fragen: »Sagen Sie mir ganz offen, was steht ihrer Freilassung im Wege? Sie wissen sehr wohl, daß die meisten unschuldig sind, wie T. Lubonja, den Sie vor kurzem endlich auf freien Fuß gesetzt haben. Sie wissen sehr wohl, daß die meisten den Staat in keiner Weise gefährden, daß ihre Freilassung diesem Land gewaltige Vorteile bringen würde, selbst wenn sich einige darunter tatsächlich einer ›feindseligen Tätigkeit‹ zuwenden würden.« Die negativen Folgen wären gering, verglichen mit den zu erwartenden positiven Auswirkungen.

Ich bin sicher, daß er im Inneren genau so dachte wie ich. Denn er wußte, daß ihre Inhaftierung unnötig war; nicht vor ihnen hatte er Angst, sondern vor etwas ganz anderem. Er fürchtete sich davor, gegen ein Tabu zu verstoßen. Ein kommunistischer Staat ohne politische Gefangene ist unvorstellbar. Genauso wenig wie ein Haus ohne Fundamente oder ohne Dach. Mit einem Wort: Hier wurde mittelbar an das Wesen der Diktatur gerührt.

Trotz allem waren seine Einwände schwach, und ich hatte das Gefühl, einen halben Sieg errungen zu haben.

Gleich im Anschluß daran schnitt ich — ich weiß nicht warum, vielleicht war ich auf einen vollständigen Erfolg begierig oder um das Thema zu wechseln — anstelle der Außenpolitik eines der wichtigsten Themen an, die ich in meinen Aufzeichnungen mit der Überschrift »DIE KÜHE!« versehen hatte. Ich legte die Sache so dar: Entgegen der Behauptung der offiziellen Propaganda sei Albanien kein armes Land, und die Albaner könnten und müßten eigentlich sehr viel besser leben. Albanien sei in jeder Hinsicht reicher als Griechenland; in der Vergangenheit hätten die Albaner eindeutig besser als die Griechen gelebt. Sie äßen besser (im Süden des Landes erinnerte man sich noch an die Griechen, die auf ihrer Nahrungssuche in ganzen Karawanen nach Albanien gekommen waren), und außer in einigen Gebieten in der Ebene seien ihre Wohnungen geräumig und fest. Immer häufiger stellten die Menschen die Frage: »Warum leben wir heute nicht besser? Woran liegt das? Wer oder was verhindert das?«

Überall werde eine schreckliche Anschuldigung laut: Der Grund liege darin, daß jemand nicht wolle, daß die Menschen gut leben. Daß jemand sich gesagt habe, um das Volk besser zu beherrschen, müsse es im Elend bleiben.

»Wer kann so etwas nur denken?« unterbrach er mich, aber seine Stimme klang unsicher.

Ich erwiderte ihm, da es keine andere Erklärung gebe, hätten die Menschen ein Recht darauf, an dieser festzuhalten. Man könne sie täuschen, indem man ihnen Tag und Nacht mit der Weltwirtschaftskrise komme, mit den schlimmen Folgen der Kreditaufnahme, dem Erdölpreis, der niedrigen Produktivität, der Bürokratie, dem Liberalismus usw., aber dann komme der Augenblick, in dem sie sich nicht mehr täuschen ließen. Und dann komme die schreckliche Frage: Da nun jedermann wisse, daß sofort eine Wende zum Besseren eintrete, wenn man den Bauern nur Kühe und Vieh gäbe, denn die Kuh hängt von keinem internationalen Währungssystem ab, genauso wenig wie vom Erdölpreis, auch nicht von den amerikanischen Interessen im Golf, ja, nicht einmal vom technologischen Wandel in den Fabriken von Tirana, dann müsse man sich fragen: Was widerspricht solch einer Maßnahme? Die marxistisch-leninistische Doktrin? Lenins Lehre, ein Kleineigentum bringe allmählich den Kapitalismus durch die Hintertür herein? Mit anderen Worten: der Sozialismus?

Im Zentralkomitee gebe es Scharlatane, die unter dem Vorwand, die Richtigkeit der marxistischen Grundsätze nicht in Frage stellen zu wollen, bereit seien, das albanische Volk Hungers sterben zu lassen. (Er selbst, Ramiz Alia, hatte in einer Rede vor knapp zwei Jahren den verfluchten Satz von Enver Hoxha aufgegriffen: »Die Albaner essen lieber Gras, als daß sie darauf verzichten, den Marxismus-Leninismus zu verteidigen.« Daran habe ich ihn allerdings nicht erinnert.) Und immer wieder würden sie ohne Scham wiederholen, daß es der Lehre schade, gäbe man den Bauern Vieh...

»Sie selbst haben Anfang Januar jedem das Halten von zwei Lämmern erlaubt«, fuhr ich fort. »Aber wie man sehen konnte, haben die meisten Bauern darauf verzichtet. Sie haben darauf verzichtet, weil sie sich mit so wenig nicht zufriedengeben können. Sie wollen Kühe, und wenn Sie ihrem Wunsch nicht bald nachkommen, dann wollen sie in einem Jahr nicht einmal mehr Kühe! Alles kommt immer zu spät, deshalb gibt es nur Verluste, denn was zu spät kommt, stellt niemanden zufrieden. Die Maschine greift nicht mehr, sie läuft leer. Das ist das Furchtbare.«

Ich hielt mich mit dem Thema der Zuteilung von Kühen mit einer vielleicht erstaunlichen Hartnäckigkeit auf, denn ich gelte eher als Schriftsteller, der in landwirtschaftlichen Fragen kaum bewandert ist. Aber die Sache mit den Kühen war nicht nur ein landwirtschaftliches Problem. Während der vergangenen Monate hatte ich mich mit Journalisten, die bei ihrer Arbeit das Land bereisten, unterhalten, ebenso wie mit Wirtschaftswissenschaftlern, mit prominenten Ärzten. Alle zeichneten das gleiche betrübliche Bild: Die Not der Bauern war unerträglich. Tausende von Kindern bekamen weder Milch zu trinken noch Fleisch zu essen. Wegen Unterernährung traten bis dahin unbekannte Krankheiten auf. Dieses Übel griff das Volk in seiner Substanz an. Unverzüglich waren Kühe zu verteilen. Diese Maßnahme würde nicht nur die Bauern, die zwei Drittel der Gesamtbevölkerung darstellten, stärken, sondern das ganze Land. Weder Schafe noch Ziegen konnten die Kuh ersetzen. Auf keinen Fall durfte man sich auf Ziegen, auf Schafe oder nur auf Lämmer beschränken.

Beim Sprechen spürte ich, wie eine unbekannte, dunkle Wut gegen das Kleinvieh in mir aufstieg. Die »künstlerische« Hälfte meines Gehirns kam zum Tragen. Sie allein war dazu in der Lage, etwas so schwarz auszumalen, wie ich es unter diesem Blickwinkel nie gesehen hatte. In diesem Augenblick kamen mir alle Ziegen und Schafe tatsächlich wie eine schlechte Sippschaft vor, fast... fast stalinistisch! Deshalb nur Kühe! Wenn die albanische Literatur ihnen in der Vergangenheit so zahlreiche rührende Szenen gewidmet hatte, dann war das kein Zufall.

»Sie kennen, Genosse Ramiz, jene berühmte Szene bei Migjeni, in der Bergbewohner in einer eisigen Nacht eine Kuh am Feuer wärmen, ein Kind aber deshalb vor Kälte stirbt... Sie wissen, wie die Kuh in der alten Ballade ›Das schwarze Rind‹ besungen wird.«

Mir war aufgefallen, daß die zeitlosen Balladen das beste Gegenmittel gegen stalinistische Dogmen bilden. In gewisser Hinsicht sind sie immer *dagegen*: Fast könnte man meinen, sie seien ausdrücklich für das Volk als Mittel erfunden worden, um ihm in schwierigen Zeiten beizustehen.

Der Präsident schien erschüttert. Eine ganze Reihe von Menschen hatte ihn gedrängt, Vieh zu verteilen, aber ich gewann den Eindruck, den entscheidenden Anstoß gegeben zu haben.

Übergangslos griff ich die Außenpolitik an. Albanien brauche mehr als je zuvor eine Öffnung. Allein schon die Frage um Kosovo müsse jedes Zögern beenden. Die weiter oben erwähnten Wechselfälle machten solch einen Schritt zur Pflicht. Im Sommer 1989, als Präsident Mitterand mich nach den Festlichkeiten anläßlich der Zweihundertjahrfeier der Französischen Revolution zum Frühstück in den Elysée-Palast einlud, hatte ich ihm insbesondere dargelegt, daß die Demokratisierung Albaniens, Kosovos und Serbiens Teil eines komplizierten Mechanismus sei. (Ich

34

hatte diese Unterredung mit dem französischen Präsidenten, ohne jemanden dafür um Erlaubnis gebeten zu haben, was in Albanien sehr ungnädig aufgenommen worden war; das läßt sich daran ermessen, daß die Presse sie mit keinem Wort erwähnte. Nach meiner Rückkehr hörte ich von niemandem einen Vorwurf, außer daß man, um diese Ablehnung zum Ausdruck zu bringen, mich nicht fragte, worüber ich mit ihm gesprochen hatte.)

Wegen der Schwierigkeiten, die die albanische Nation durchmachte, müsse sie enge diplomatische Beziehungen zur Sowjetunion und zu den Vereinigten Staaten anknüpfen. Ich erwähnte die beiden Supermächte, aber legte den Nachdruck auf die Vereinigten Staaten, denn mir war nicht unbekannt, daß die UdSSR schon ihre eigenen Vorkämpfer besaß: Das halbe Zentralkomitee zügelte nur mühsam seine Ungeduld, sich ihr zu nähern. Dagegen wagte es noch niemand, von den Vereinigten Staaten zu sprechen. Ich dagegen galt ohnehin schon seit langem als »Vertreter des Westens« und, weit davon entfernt, das zu verbergen, bemühte ich mich auch nicht um ein Gleichgewicht (eine hassenswerte Angewohnheit der Bürokratie im Osten: Immer und überall wird vorgegeben, beide Seiten zu betrachten, obwohl jeder weiß, daß immer die gleiche Partei das Übergewicht erhält).

Ich konnte meinem Präsidenten nicht sagen, daß ich in Frankreich während der Zweihundertjahrfeier die mir gebotene Gelegenheit genutzt hatte — ich war zwei Tage hintereinander beim Mittag- und beim Abendessen als persönlicher Gast von François Mitterrand im gleichen Saal wie die Staatschefs anwesend —, um Präsident Bush für die Unterstützung seines Landes in der Sache der Albaner im Kosovo zu danken und mich gleichzeitig bei ihm für die Tatsache zu entschuldigen, daß die albanische Presse, statt dankbar zu sein, auch weiterhin die Vereinigten Staaten ebenso undankbar wie kleinlich angriff.

Ich formulierte es anders, indem ich daran erinnerte, daß Amerika zu Beginn des Jahrhunderts als einziges Land für die albanische Sache eingetreten sei; daß es jetzt, da das 20. Jahrhundert zu Ende gehe, unsere Pflicht sei, Amerika dafür zu danken, wenn nicht, bewiesen wir der Geschichte unsere Inkonsequenz.

Auch in diesem Punkt gewann ich den Eindruck, bei ihm auf ein gewisses Verständnis gestoßen zu sein, aber dann sah ich plötzlich mitten in meinen Notizen den Namen von S. Lazri. Ich hatte diesen Namen rot eingekreist ohne jeden weiteren Hinweis, denn ich brauchte keinen. Dieser wichtigste und vielleicht einzige außenpolitische Berater des Präsidenten, bekannt für seine Feindseligkeit gegenüber Intellektuellen und besonders Schriftstellern (obwohl er den Titel »Professor« trug), slawophil und von einer geradezu krankhaften Empfindlichkeit, galt allgemein als das größte Hindernis für Albaniens Öffnung zur Welt. Ich war sicher, daß er Himmel und Erde in Bewegung setzen würde, um die positiven Ergebnisse meiner Unterhaltung mit dem Staatsoberhaupt zunichte zu machen, wenn ich dem nicht vorbeugen würde.

Es war fast drei Uhr nachmittags, und ich hatte weder die Zeit noch die Energie, um das Gespräch elegant zu Lazri hinzuführen; deshalb begann ich ohne Umschweife.

»Ich weiß nicht, was Ihre Berater von diesen diversen Themen halten, aber ich bin sicher, daß einer davon, Sofo Lazri, den ich eigentlich nicht namentlich erwähnen möchte wegen seines Hasses auf die Schriftsteller, auf der ganzen Linie mein Feind sein dürfte.«

Er schüttelte verneinend den Kopf.

»Er ist mein wichtigster Berater und sehr fähig.«

»Möglich, daß er fähig ist, aber es dürfte Ihnen nicht verborgen geblieben sein, daß er Intellektuelle nicht besonders schätzt und daß das auf Gegenseitigkeit beruht.«

Der Präsident lächelte.

»Ich möchte dich darauf hinweisen, daß auch du nicht immer gerecht bist, und ich kann dir sagen, daß er mir hinsichtlich der Vereinigten Staaten die gleichen Argumente vorgetragen hat wie du, mit fast den gleichen Worten, so daß mir, während du sprachst, die Idee kam, ihr hättet euch vorher vielleicht abgesprochen.«

«Ich bin begeistert«, sagte ich, und einen Augenblick lang spürte ich Gewissensbisse, aber das hielt nicht an. »Natürlich freue ich mich darüber, und ich wünsche mir, mich zu irren; trotzdem bin ich davon überzeugt, daß er sich große Mühe geben wird, alles, was ich Ihnen vorgeschlagen habe, zunichte zu machen, sobald er unser Gespräch gehört hat.«

Der Präsident lächelte erneut.

»Du bist nicht gerecht«, sagte er.

Wie jemand, der gerade eine mühselige, aber notwendige Aufgabe erledigt hat, beeilte ich mich, zu zwei weiteren Fragen zu kommen: Stalin und die Religion. Ich hatte sie schon vorher angeschnitten; deshalb fiel mir die Aufgabe diesmal verhältnismäßig leicht. Hier hatten wir zwei Probleme, die sich schnell lösen ließen, die aber dem Ruf Albaniens so sehr schadeten!

Stalin sei überall zum Gegenstand des Hasses geworden, sowohl in Albanien wie im Kosovo. Er habe sich diffamierend, eines Räubers würdig, gegen die albanische Nation ausgelassen, was in jeder Hinsicht eine sofortige Abwendung von ihm rechtfertige. Seine Standbilder müßten gestürzt werden, sein Name ein für allemal verschwinden.

Was die Religion betreffe, so räche sie sich schon jetzt an ihren Verfolgern. Künftig könne sich ihre Rache noch schrecklicher offenbaren. Deshalb sei es nötig, den begangenen Irrtum zu korrigieren. Die Griechen fürchteten zu Recht für die ihrem Glauben treue Minderheit. Alle guten ethnischen Beziehungen zwischen den beiden Nationen seien wegen dieser Dummheit gefährdet. Unverzüglich müsse die Wiedereröffnung der Kirchen für die griechische Minderheit beginnen (Wir sind eine andere Nation; ihr könnt tun was ihr wollt, wir wollen Kirchen.), ebenso für die Katholiken in Shkodra und für die anderen Christen. Vielleicht strebten auch die Muslime danach, ihre Moscheen zu öffnen, auch wenn diese sich für mein Gefühl etwas weniger ungeduldig als die anderen gebärdeten. Ich war davon überzeugt, daß sich Albanien der christlichen Religion zuneigen würde, denn das Land ist durch die Kultur, die Erinnerung und seine Sehnsucht nach der Zeit vor den Türken mit ihr verbunden. Im Laufe der Jahre würde sich der Islam, der relativ spät im Gepäck der Osmanen mitgeführt wurde, zunächst in Albanien, dann im Kosovo abschwächen. Dagegen werde sich der christliche Glaube oder genauer die christliche Kultur im Land behaupten. Und so würde aus einem Übel (Verbot der Religionsausübung 1967) etwas Gutes entstehen. Die albanische Nation würde diese große historische Korrektur vornehmen, was seine Vereinigung mit dem Mutterkontinent, mit Europa, nur beschleunigen könne.

Er hörte mir nachdenklich zu, ohne ja oder nein zu sagen. Es war fast halb vier nachmittags. Ich bat ihn, mir zu vergeben, seine Zeit so lange in Anspruch genommen zu haben, aber er sagte, das sei unwichtig. Ich versuchte, ihm das, was mir noch zu sagen verblieb, schnell darzulegen. Wiederholt kehrte ich zu den Menschenrechten zurück, zur Unterdrückung, zur Psychose, die die Sigurimi-Agenten verbreiteten, besonders zu ihrer Besessenheit, falsche Nachrichten zu fabrizieren und in Umlauf zu bringen mit dem Ziel, sich als der Stützpfeiler darzustellen, ohne den der Staat zusammenbrechen würde. Ich wies ihn darauf hin, daß ein Teil der Führungskader vom Volk verabscheut würde, aber auch, daß ich nicht das geringste Anzeichen für einen Umsturz im Staat sähe.

Kurz vor sechzehn Uhr verließ ich sein Büro unter dem leicht verdutzten Blick des Sekretärs und der Leibwache.

6

Eine Zeitlang erzählte ich niemandem von meiner Unterredung mit dem Präsidenten, noch weniger, worüber wir gesprochen hatten. Ich wußte, daß voreilige Gerüchte eine günstige Entwicklung in Albanien ruinieren könnten. (Gott, wie einfach das war, alles zu zerstören, alles zunichte zu machen!) Schon ein halbes Wort reichte, und alles lag am Boden zerstört.

Ich wartete gespannt auf Ergebnisse. Zunächst geschah nichts. Dann gab es schüchterne Gerüchte über eine Revision des Strafrechtes, ein neues Wahlgesetz, eine Umbesetzung an der Spitze der Staatsanwaltschaft, des Justizministeriums. Andere waren sicher in der gleichen Richtung tätig gewesen, hatten hier ein Wort gesagt und eins dort, hatten Briefe geschrieben, mit ihrer Unterschrift oder anonym, hatten ihre Laufbahn gefährdet und vielleicht sogar noch mehr; aber unter diesen Bedingungen einer allgemeinen Ungewißheit, während alles in der Schwebe war, erstarrt, sich wie vor den Kopf geschlagen, ohnmächtig erwies, war ich davon überzeugt, daß die Denkanstöße, die ich dem Staatsoberhaupt gegeben hatte, die entscheidenden sein würden.

Auf die erwähnten Gerüchte folgte die Freilassung einiger politischer Gefangener. Was jeder Staat ostentativ getan hätte, das machte man im albanischen Staat heimlich und verstohlen. Die Häftlinge verließen nacheinander das Gefängnis, schweigend, so, als schritten sie auf Zehenspitzen über die Schwelle, um kein wildes Tier zu wecken.

Natürlich hielt ich auch das für eine Auswirkung unserer Begegnung. Aber eines Morgens, als ich die Zeitung öffnete, sagte ich mir: Hier haben wir endlich eine Maßnahme, die unleugbar das Ergebnis unserer Unterredung ist! Der Innenminister (warum gerade er?) veröffentlichte die Zahl der politischen Gefangenen: ungefähr achtzig Personen. (Im Verlauf unseres Gesprächs hatte ich dem Präsidenten die Frage nach der Anzahl der politischen Gefangenen gestellt, wobei ich ihm andeutete, man spreche unter der Hand von kolossalen Zahlen zwischen fünf- und vierzigtausend!)

. Selbstverständlich wurde dieser Statistik kaum Glauben geschenkt, aber das Wichtige daran war, daß sie überhaupt veröffentlicht wurde. Das Aufdecken der Zahl der Inhaftierten wie der Hingerichteten (alles in allem vier im Laufe der letzten zehn Jahre) stellte eine stillschweigende Absichtserklärung dar, die darauf abzielte, die Zahl der Inhaftierten zu senken und die Todesstrafe abzuschaffen. In einem Land, in dem eine solche Veröffentlichung früher als ein »Erlahmen im Klassenkampf« und somit als Verrat an der reinen Lehre bezeichnet worden wäre, war das nicht zu verachten.

Über Stalin jedoch nichts. Über die Legalisierung der Religion nichts. Über die Beziehungen zu den Vereinigten Staaten und der UdSSR war hier und da ein halbes Gerücht zu vernehmen, aber nur äußerst zaghaft.

Ich wußte kaum noch, ob ich weinen oder lachen sollte, als das Fernsehen eines Abends die folgende Nachricht brachte: Die Bauern würden Kühe erhalten! Es war für mich eine doppelte Freude: Zuerst einmal war es eine richtige, grundlegende Entscheidung; diese Sache, um deretwillen so viele Menschen verurteilt worden waren, war endlich bereinigt worden; zweitens wuchs damit meine Hoffnung im Hinblick auf die anderen Fragen. Am 4. Februar hatte der Präsident, der mir die Hand entgegenstreckte, als wir uns auf der Treppe trennten, gesagt: »Es wird alles getan.« Jetzt wiederholte ich in Gedanken diese Worte wie jemand, der einen Ring immer wieder dreht und wendet, um seinen Wert abzuschätzen.

»Aber du hast mir nie etwas von diesen Worten erzählt«, sagte mir meine Frau nach der Durchsage der aufsehenerregenden Nachricht im Fernsehen. »Ich höre sie jetzt zum ersten Mal.«

»Wirklich?... Ich weiß nicht, warum... Aber genau das hat er mir beim Abschied gesagt.«

Und nun bemühte ich mich zu verstehen, warum mir seine letzten Worte einfach entfallen waren, oder stimmte es eher, daß ich derjenige gewesen war, der sie aus dem Gedächtnis gestrichen hatte. Nach und nach fand ich eine Erklärung dafür. Er hatte diese Worte ohne jede Betonung, ohne Nachdruck, ohne ein Lächeln gesagt, sondern ganz im Gegenteil in einem ziemlich kummervollen Ton, wie jemand, der eine wenig erfreuliche Nachricht verkündet.

Obwohl er mir sie so gesagt hatte, ohne Aufsehen, ohne in sozialistische Geschwollenheit zu verfallen, hatte ich mir darin gefallen, immer mehr an diese Worte zu glauben.

Am ersten Sonntag nach der Verteilung von Kühen und Boden suchte ich wie immer ein Café am Meer in Durres auf. Auf der Straße zwischen Durres und Tirana herrschte ungewohntes Treiben.

Der freie Handel von Kühen und anderem Vieh habe begonnen, erklärte mir der Chauffeur. In Shijak sei der frühere große Markt wieder eröffnet worden.

Zu beiden Seiten der Straße kamen Dorfbewohner, die die soeben gekauften Kühe oder Kälber hinter sich herzogen. Andere hatten sie auf Karren geladen. Von Zeit zu Zeit fuhren Motorradfahrer vorüber, deren Beifahrer hinten ein Lamm hielten.

Meine Freude war unermeßlich, und man sollte das nicht als Naivität mißverstehen! Man muß in einem Land im Osten gelebt haben, in dem sich der Wandel ganz langsam vollzieht und wo man monatelang, ja sogar jahrelang auf die positiven Auswirkungen warten muß (wenn sie überhaupt je eintreten), um zu verstehen, welches Wunder sich hier ereignete. An jenem Tag hatten Tausende von Bauern Kühe erhalten; schon am Tag danach würden sie Milch und Butter auf den Tisch stellen und bald Käse und Fleisch. Eine Woche später würden tausend andere die gleiche Freude erleben, und so würde es überall sein. Mindestens eine halbe Million Kinder, die unter mangelnder Nahrung an Geist und Körper litten, würde quasi wiedergeboren werden, und für die zahlenmäßig kleine albanische Nation war das eine gewaltig Leistung. So als würden in Frankreich acht Millionen Kinder Milch und Fleisch erhalten!

Nein, meine Freude war alles andere als naiv. Mit diesen Kühen und diesem Boden, die dem Bauer einen Teil seiner verlorenen Unabhängigkeit und Würde zurückgaben, schickte man sich an, ihm auch seine moralische Gesundheit zurückzugeben. Es war kein Zufall, daß die Diktatur, genau wie die heute verschwundenen alten Hexen es früher getan hatten, die Milch versiegen ließ. Milch war ungemein wichtig in den Augen ihrer zahlreichen unsichtbaren Feinde, denn sie nährt und besänftigt die Nation. Dadurch, daß es wieder Milch gab, würde ein Blutvergießen sicher vermieden.

Als wir am Nachmittag von Durres zurückkehrten, war die Straße noch belebter. In der Nähe von Shijak fragte mein Chauffeur einen der Passanten:

»Was machst du in Shijak?«

»In Shijak?« erwiderte der andere. »Auf mein Wort, was für ein großer Markt! Selbst im Traum habe ich dergleichen nie gesehen.«

Das war vielleicht das ursprüngliche Albanien, das hier neu geboren wurde, nicht das alte, sondern das ewige, wie von Dh. Pasko beschrieben. Das Albanien der Herden und der großen Märkte, zu denen der ganze Balkan strömte, um zu kaufen, und wo die Völker müheloser als auf allen internationalen Versammlungen oder Foren Freundschaften schlossen.

7

Wie erwartet, ließ der Beginn der Gegenoffensive nicht lange auf sich warten. Die Sigurimi entwickelte eine fieberhafte Tätigkeit, um die Dinge zu behindern. Radio, und Fernsehen, die Festungen des Konservativismus, nutzten jede Gelegenheit, um die Vereinigten Staaten anzugreifen. ›Zeri e Popullit‹, das Zentralorgan der Partei der Arbeit Albaniens handelte ebenso. Die gleiche Ausgabe, in der kurz gemeldet wurde, die Unterdrückung der Albaner im Kosovo sei durch den amerikanischen Senat verurteilt worden, enthielt fünf abfällige Beiträge über die Vereinigten Staaten. Ich trank mit M. Elezi, dem frisch ernannten Pressereferenten im Zentralkomitee, im *Dajti* [Anm. d. Übers: das wichtigste Hotel in Tirana] Kaffee und sagte ihm, diese Tatsache sei beschämend, bestialisch, antinational, proserbisch! Er folgte meinen Worten aufmerksam, und ich spürte, daß auch er darunter litt, aber er antwortete nicht. Das bedeutete, daß alles an höherer Stelle beschlossen worden war. Die meisten Menschen glaubten, die Wurzel des Übels sei beim außenpolitischen Berater des Präsidenten zu suchen. Einige Stimmen behaupteten genau das Gegenteil. (Um ehrlich zu sein, kann man bei einem solchen System nie wissen, wo sich das Übel einnistet.)

Es herrschte eine Art allgemeiner Lähmung. Zahlreiche Delegationen, die aus dem Westen kamen, kehrten verärgert mit leeren Händen zurück. Hier und dort tauchte auf Betreiben einiger professioneller Intellektueller eine »Theorie« auf, derzufolge Albanien ein Land ohne demokratische Traditionen sei — deshalb sei es notwendig, sich wachsam, sehr wachsam, außerordentlich wachsam zu verhalten!

Das Gegenteil jedoch trifft zu; Albanien ist von Grund auf der demokratischen Tradition verbunden. Als einziges Land auf dem Balkan hatte es hier, mitten im Osmanischen Reich, seinen alten Verhaltenskodex bewahrt. Bestimmte Grundsätze wie Gleichheit vor dem Gesetz und die Achtung des Einzelnen (des Mannes) waren auf das Niveau eines Kultes gehoben worden, um dieses Volk zu lehren, trotz seiner sonstigen Einfachheit und Tragik ein demokratieähnliches Leben zu führen. Darüber hinaus war die Albanische Republik seit 1924 für kurze Zeit der demokratischste Staat auf dem Balkan, und sein Präsident, der Bischof und Schriftsteller Fan Noli, konnte unbestritten als der aufgeklärteste aller damaligen Staatsoberhäupter gelten.

Um welche Traditionen sollte Albanien Deutschland und Polen, ja, Ungarn oder die Sowjetunion beneiden?

Diese These von den fehlenden demokratischen Traditionen war nichts anderes als eine gemeine Unterstellung, die aus dem Lager der Unterdrücker kam. Nicht zum ersten Mal bewarfen dogmatische Intellektuelle ihr eigenes Volk mit Schmutz, genug, um der Diktatur des Proletariats die Hand zu stärken.

Indessen überschatteten schmerzliche Nachrichten die guten. Menschen, die man beim Abfassen von Flugblättern überrascht hatte, wurden verhaftet. Es hieß, an der Grenze herrsche Mord und Totschlag. Jede Woche verbreitete die Sigurimi Gerüchte über die Aufdeckung von Verschwörungen in diesen oder jenen Bezirken, die sie mit einem Kontrollnetz überzogen hatte, aber bald wußte man, daß es damit nichts auf sich hatte. Die aus der Provinz zurückkehrenden Journalisten wunderten sich über die große Anzahl von Vieh, das überall zu sehen war. Woher kamen alle diese Tiere? Das Rätsel war schon bald gelöst: Tausende von Kühen und Schafen waren von den Bauern in Hütten und unbenutzten militärischen Unterständen bis zur Verabschiedung des neuen Gesetzes verborgen worden; sie kamen also direkt aus dem Untergrund. (Immerhin waren diese verhaßten Bunker doch noch für etwas gut gewesen!)

»Es war ein herrlicher Anblick«, berichtete ein Journalist. »Die Tiere gingen schwankend voran. Man könnte fast sagen, die Augen hätten Schaden genommen, dadurch, daß sie so lange im Dunkeln leben mußten.«

Ich wußte nicht so recht, ob die Journalisten diese Sehbeschwerden übertrieben, aber es ist durchaus denkbar, daß Dunkelheit dem Augenlicht der Kuh genauso schadet wie dem des Menschen.

Die prekäre Lage und die über allem schwebende Unsicherheit verführten mich dazu, der Zeitschrift des Jugendverbandes ein Interview zu geben.

Ich hielt die Zeit dafür gekommen, den Fragen, die ich mit dem Präsidenten diskutiert hatte, eine neue Dimension zu geben, und zwar durch Ausarbeiten, Verbreiten, selbst nur halbes Aussprechen in der Öffentlichkeit dessen, was hinter geschlossenen Türen gesagt worden war.

Kurz, es würde in gewisser Weise die Dimension eines Zeugnisses annehmen, eines Berichtes für die Geschichte, gleichzeitig verbarg sich dahinter auch eine Drohung: Was wir unter vier Augen gesagt haben, fällt nicht in den Bereich des Privaten, ebenso wenig darf man es mit Füßen treten.

Schon lange hatte mich der Chefredakteur der ›Stimme der Jugend‹, R. Lani, um ein Interview gebeten. Eines morgens hob ich den Hörer ab, und zu seiner lebhaften Überraschung erklärte ich ihm, ich werde ihm sein Interview innerhalb von zwei Tagen geben; ich würde einen Teil seiner Fragen beantworten und einige andere nach Gutdünken hinzufügen.

Achtundvierzig Stunden später überreichte ich ihm dann das Interview, zusammen mit zwei kurzen Begleitbriefen und einem »eigenartigen« Text, der ihn verblüffte.

Das sind die Briefe. Der erste lautet: »*Lieber R., vielen Dank für Dein Verständnis beim Interview.*« Im zweiten heißt es: »*Genosse R., ich habe Deine Bemerkungen gelesen, und ich stimme ihnen überhaupt nicht zu. Veröffentliche das Interview, so wie es ist, oder schicke es sofort an mich zurück.*«

Am Tag darauf trafen wir uns zum Kaffee, er war sehr zufrieden. Das Interview gefiel ihm recht gut, aber die beiden Briefe und der dritte Text hatten ihn eindeutig belustigt.

»Deinen zweiten Brief hebe ich zur Erinnerung auf, aber ich werde ihn nicht gegen dich verwenden.«

Alle, die bei der Presse arbeiteten, wußten, daß ein Chefredakteur, wenn er etwas »Negatives« veröffentlichte, gefragt wurde, ob der Verfasser irgendeinen Druck auf ihn ausgeübt habe, besonders, wenn besagter Verfasser eine bekannte Person war. In diesem Fall war der Chefredakteur eines Teils seiner Verantwortung enthoben, die dem Vefasser zufiel.

»Das bringt dich zum Lachen«, sagte ich zu ihm, »aber ich weise dich darauf hin, daß dieses Interview dir Unannehmlichkeiten einbringen könnte. Ich habe selten so ernst gesprochen. Du wirst dafür vielleicht noch einmal teuer bezahlen müssen, nicht ich, darum...«

»Nein«, antwortete er. »Ich werde in aller Seelenruhe dieses Interview veröffentlichen. Deinen zweiten Brief würde ich vor dir zerreißen, wenn mir nicht daran läge, ihn als Andenken aufzuheben... Und der Text über das Gericht, das ist geradezu ein kleines Wunderwerk.«

Er zog ihn aus der Tasche, um ihn erneut zu lesen. Es war ein kurzer Sketch, den ich wie im Schwebezustand verfaßt hatte. Hier ist er:

»AUSZUG AUS EINER GERICHTSSITZUNG IN MITROVISTA, TITO - BEZIRK.

Richter Zemfirovitch: Angeklagter R. Lani, stimmt es, daß I. Kadaré Druck auf Sie ausgeübt hat, damit Sie sein empörendes Interview veröffentlichen?

R. Lani: Das ist richtig. Er hat auf mich Druck ausgeübt und Drohungen ausgesprochen, wie sie die Menschheit seit dem Jahr 1732 nicht mehr gehört hat. Unter anderem hat er mir zum Beispiel gesagt, er habe Maßnahmen ergriffen, damit seine Rache mich auch noch nach seinem Tode erreiche. Er habe sogar dafür gesorgt, daß nach meinem Tod jemand alle drei Jahre mein Grab plündere.

Richter Zemfirovitch: Angeklagter I. Kadaré, ist das richtig?

I. Kadaré: Nicht nur ist das nicht richtig, sondern genau das Gegenteil ist wahr. Ich mußte R. Lani unter Eid schwören, daß ich ihm ein Interview gewähren würde. Dabei hat er mich nicht nur darum angefleht, sondern mir angekündigt, als er mein Zögern sah, er werde sich aus dem neunten Stock des Gebäudes stürzen, in dem er wohnt, noch dazu auf der von der benachbarten Poliklinik abgewandten Seite, damit jede mögliche Hilfe zu spät kommt, falls ich es ihm nicht auf der Stelle gewähre...«

Wir haben einige Augenblicke darüber gelacht. So grotesk dieser Text auch war, er enthielt doch ein Körnchen Wahrheit. Sowohl von der Überschrift her (damals fand gerade in Mitrovista im Tito-Bezirk in Jugoslawien ein Mammutprozeß statt) wie auch wegen des serbischen Vaternamens des Richters usw., nahm sich das alles in gewisser Hinsicht unsinnig aus, aber aus anderer Sicht betrachtet fehlte nur wenig, um es als Produkt eines Schriftstellerhirns zu identifizieren, jenes Ortes, an dem gemäß verschiedener, manchmal wenig expliziter Berichte Wahrheiten geboren werden.

Das Interview erregte das Aufsehen, das ich mir versprochen hatte, vielleicht sogar noch mehr. Das bestätigte mir, daß ich es zur rechten Zeit gegeben hatte. Es enthielt nur einen Bruchteil der beim Staatsoberhaupt angeschnittenen Fragen, noch dazu so behutsam wie möglich, aber das reichte, um jedermann darauf aufmerksam zu machen — vor allem auf den verborgenen Teil des Eisbergs, auf diese versteckten Fragen, die dort unten in den eisigen Tiefen im Dunkeln lauerten.

Das Interview entfachte eine allgemeine Aufregung. Mehrere tausend Exemplare der Zeitung riß man sich buchstäblich aus den Händen, sie wurden fotokopiert, und Zigeuner verkauften sie auf dem Schwarzmarkt. Man konnte fast sagen, es hätte alle ein wenig wachgerüttelt. Nach und nach wurden Gegenstimmen laut. Anfangs schüchtern (man wartete auf ein Zeichen von oben), dann offener. Dagegen war vor allem, das versteht sich, ein Teil der Sigurimi-Agenten (aber, das war die zweite Überraschung: nicht alle), außerdem nicht wenige Beamte, vor allem jene, die im Zentralkomitee arbeiteten, viele der führenden Parteikader in den Bezirken, schließlich alle Arten von Dummköpfen, die sich stets und überall gegen mich verbündeten. Das Fehlen eines Zeichens von oben (sie waren seit je daran gewöhnt, ein solches zu erhalten) verunsicherte sie. Deshalb hatten ihre Anschuldigungen ihre frühere Heftigkeit verloren. (»Nun, er ist nicht mehr da, *Er*; er hätte es ihm gezeigt, diesem I. K.!« murmelte es auf den Korridoren des Zentralkomitees. »Er«, das war Enver Hoxha, der je nach der Richtung, die die Diskussion einschlug, mit den verschiedensten Konnotationen zitiert wurde: einmal als mein Beschützer, ein anderes Mal als derjenige, der mich zur Strecke gebracht hätte).

Von den beiden Anschuldigungen, die man gegen mich erhob, war die eine harmlos (er tut das, um den Nobelpreis zu erhalten), verglichen mit der zweiten, die ausgesprochen gefährlich war: Er will Präsident werden, genau wie Havel. Die zweite wurde zunehmend lästiger, sie behinderte mich bei jedem Schritt, denn jede Geste, jedes geäußerte Wort zog unweigerlich den böswilligen Kommentar nach sich: »Ah, das hat er gesagt, um es Havel nachzumachen.« »Ach so, er macht das, um wie H. eine Opposition auf die Beine zu stellen...«

Havel wurde meine Daumenschraube, für meine Gegner war Havel dagegen ein wunderbarer Stock, den sie mir nach Gutdünken zwischen die Beine werfen konnten, und so sehr ich mich auch anstrengte, ich stolperte immer wieder darüber.

Zu meinem Pech förderten ausländische Journalisten diese Spekulationen. Ich stellte mir ziemlich beklommen unser Staatsoberhaupt bei der Lektüre des Sonderbulletins vor, das Beiträge über Albanien in Übersetzung veröffentlichte, aber meine Besorgnis wuchs, als ich erfuhr, seine Berater ließen Worte wie die folgenden fallen: »Noch einmal diese Arbeit à la Havel, nun gut, man wird ja sehen, wohin das führt.«

Man stelle sich vor, auf welche Goldgrube von Vorwänden die Sigurimi gestoßen war, die sie nun gegen mich einsetzen konnte. Sie konnte mühelos allerlei Erhebungen durchführen, die ihr erlaubten festzustellen, daß »feindliche Elemente und eine gewisse Zahl naiver Personen«, ermutigt durch meine Stellungnahmen, sich bemühten, mich zum Präsidenten zu machen, was der Aussage gleichkam, daß die Bezeichnung potentieller Regimegegner Nummer eins bestens auf mich zutraf.

Bei ihrem Feldzug gegen mich fand die Sigurimi unvermittelt einen neuen Verbündeten: einen gewissen Arshi Pipa, einen albanischen Schriftsteller, der seit 1960 in den Vereinigten Staaten lebte. Er gewährte der »Voice of America« für ihre albanischen Sendungen ein Interview, in dem er erklärte, er widerspreche meinen veröffentlichten Aussagen. Er vertrat die folgende These: Schriftstellern wie I. Kadaré, die unter dem kommunistischen Regime publiziert hätten, stehe nicht das Recht zu, von Demokratie zu sprechen.

Nicht zum ersten Mal bezog er damit Stellung gegen mich und andere Intellektuelle. Kurz zuvor hatte er sich ebenso an N. Tozajs Roman ›Die Messer‹ gestoßen wie an dem Beitrag, den ich ihm gewidmet hatte, wobei er die folgende These vertrat: Der Verfasser, N. Tozaj, und sein Beschützer, I. Kadaré, sagen nicht die Wahrheit, wenn sie die albanische Sigurimi anprangern; nicht die Sigurimi sei zu anzuklagen, sondern die Partei; solange sie nicht den Mut besäßen, offen die Partei anzugreifen, hätten sie kein Recht, etwas zu sagen. A. Pipa wußte sehr wohl, daß es im Sommer 1989 nicht nur in Albanien, sondern in den meisten Ländern des Ostens unmöglich war, die Partei anzugreifen. N. Tozaj hatte seinen Kopf aufs Spiel gesetzt, als er den Roman schrieb und veröffentlichte, und nun erlaubte sich A. Pipa die irreführende und engstirnige Erklärung, dieser Roman sei im Auftrag der Sigurimi selbst entstanden.

Wandte man die gleiche Logik an, fände man genug Argumente, um den Vorwurf der Kollaboration mit der albanischen Sigurimi gegen A. Pipa zu richten. Mit seiner These, daß die albanische Intelligenz, die sich unter dem kommunistischen Regime behauptet hatte, kein Recht besitze, am Demokratisierungsprozeß des Landes teilzuhaben, bezweckte er lediglich, diese Intelligenz auszuschalten. Ein Ergebnis, das zu erreichen die Sigurimi und das ganze Lager der albanischen Dogmatiker nicht einmal zu träumen wagten!

In einem Interview, das ich der »Voice of America« gab, sah ich mich gezwungen, in bezug auf A. Pipa eine ziemlich bittere Erinnerung zu erwähnen: Ich meinte die »Studie«, die er mir Anfang der 80er Jahre widmete, als ich am Rande des Abgrunds stand. Im Interview habe ich die erwähnte Studie als »eine Denunziation, eine Verleundung, einen Spionageakt zugunsten der Polizei« bezeichnet.

Und das ist die reine Wahrheit, wie in meinem Buch ›Einladung ins Atelier‹[4] dargelegt.

Natürlich gefiel den albanischen Offiziellen bis hin zum Präsidenten meine Antwort auf A. Pipa gar nicht, wie Ramiz Alia selbst in seinem Brief vom 21. Mai unterstrich [Siehe S. 132ff].

Wer sich um die Demokratisierung kümmern sollte, wenn die Intelligenz, das Gehirn der Nation, davon auszuschließen war, das war eine knifflige Frage für A. Pipa und Quacksalber seinesgleichen. Durch seine Einmischung hat dieser Versager von Schriftsteller einmal mehr bewiesen, daß der ätzende Neid mittelmäßiger Schaffender in dieser niederen Welt zum Unkraut gehört, von dem uns weder die Jahrtausende noch veränderte Bräuche, keine Ideologien oder Epochen, ja nicht einmal die allgemeine Humanisierung der Zivilisation haben befreien können, wie wenig dazu auch gehören würde!

8

Der April, für den Albaner früher einmal der Monat der Liebe (*Entschwunden der März mit seinem Schneid, hier der April mit seiner Liebe zu uns eilt...*), machte 1990 seinem Ruf keine Ehre. Der Innenminister, der das Zögern des Präsidenten und das dadurch geschaffene Vakuum nutzte, verstärkte seinen Druck.

Unentschlossenheit und Widersprüche waren nie zuvor so klar zutage getreten. Jede Initiative verlief nach drei oder vier Tagen im Sand. Auf jede Tat folgte ein *Aber*. Man badete förmlich in der Vorstellung, es müsse Ballast abgeworfen werden, um nicht vorzeitig abzustürzen. Aber gleichzeitig war eine andere Philosophie in Umlauf: Wenn du nichts machst, stürzt du auch. Der Anblick Ceausescus mit dem tragischen Krawattenknoten um den Hals stand jedem lebhaft vor Augen.

»Die Stalinbüste vor der Akademie wird entfernt«, sagte mir eines Tages der Sekretär der Akademie, »aber an seine Stelle kommt kein Gjon Buzuk [Anm. d. Übers: Mönch, der 1555 das erste bekannte Werk in der albanischen Sprache verfaßte], wie du es in deinem Interview vorgeschlagen hast.«

Dieses bemerkenswerte Beispiel beweist, daß es wirklich »eine Zeit der *Aber*« war, wie jemand sie getauft hatte.

Ein Mittel wurde gesucht, es »beiden Lagern«, »beiden Seiten« recht zu machen. Das Bibelwort »Jauchze nicht, der du fröhlich bist; weine nicht, der du betrübt bist«, war anscheinend ausdrücklich für Zeiten wie diese geschaffen worden. Menschen wurden verhaftet, auf der Wache verprügelt, *aber* man ließ sie nach zwei oder drei Tagen wieder laufen. (Früher hatte man es mit dem Schlagen vielleicht nicht ganz so eilig, *aber* sie wurden auch nicht freigelassen. Jetzt dagegen wurden sie geschlagen, *aber* man setzte sie wieder auf freien Fuß, oder: Zwar ließ man sie wieder frei, *aber* man schlug sie.)

Mit diesem kleinlichen Spiel des »Ja, aber...« konnte die Regierung vorgeben, endlich die goldene Mitte gefunden zu haben.

Der Innenminister, der sich diese Ungewißheit zunutze machte, forderte »wegen der kritischen Lage« die Verabschiedung eines beispiellosen Gesetzentwurfes: das Recht, jemanden ganz legal nicht nur drei, sondern, so wollte es das Gesetz, vierzehn Tage in Polizeigewahrsam zu behalten. Das war eine zynische Offensive dunkler Mächte, anscheinend ganz auf die *Aber*-Theorie abgestimmt, um wenigsten die Hälfte dieser »Zeitspanne« durchzusetzen.

Die Volksversammlung sollte in zehn Tagen zusammentreten. Der Abgeordnete Ylli Popa, ein bekannter Arzt und Wissenschaftler, setzte wenigstens durch, daß dieser Text im Gesundheitsausschuß abgelehnt wurde[5]. Zwei weitere Ausschüsse widersetzten sich ebenfalls. Zum ersten Mal lehnte die Volksversammlung damit eine Gesetzesvorlage ab. Aber der Minister Simon Stéfani und das Politbüro, dem er angehörte, blieben hartnäckig, und zu seiner größten Schande fegte das Politbüro die Einwände der Abgeordneten beiseite.

Der Innenminister und besonders seine erbärmlichste Abteilung, die Sigurimi, verharrten in unbändiger Erwartung. Eines Tages, kurz vor dem Zusammentreten der Volksversammlung, hielt der Chef der Sigurimi, Z. Ramizi, einer der verabscheuungswürdigsten Menschen und rechte Hand des Ministers Simon Stéfani, auf dem Großen Boulevard seinen Wagen an, um einem meiner Freunde zu sagen: »In zwei oder drei Tagen habe ich dieses Gesetz mit den vierzehn Tagen in der Tasche... Er wird schon sehen, dein Freund, der Schriftsteller... und die anderen wie dieser Arzt, Ylli Popa...«

Aber da ich von diesem Zwischenfall nichts wußte, hatte ich unterdessen einen langen Brief an den Präsidenten geschrieben. [Siehe Seite 117ff]

Ich beschloß, ihm zu schreiben, als ich davon überzeugt war, daß sich die Gefahr eines Rückschlags immer drohender abzeichnete. Die Volksversammlung sollte an einem Montag zusammentreten. Am Samstag vorher war mein Brief fertig, aber der Präsident noch nicht von einer Reise in den Süden des Landes zurückgekehrt. Es hieß, er werde im Laufe des Abends zurückkehren.

Am Spätnachmittag erreichte ich seinen Sekretär am Telefon. Sie waren gerade eingetroffen, und ich teilte ihm meine Besorgnis mit. Ich wollte um jeden Preis, daß der Präsident meinen Brief vor Beginn der Sitzung der Versammlung las. Der Sekretär sagte es mir ohne zu zögern zu, und wir kamen überein, daß ich ihm diesen Brief am kommenden Tag, d. h. an einem Sonntag, übergeben würde.

Wir trafen uns um zehn Uhr im Hotel *Dajti*. Nach einem gemeinsamen Kaffee gingen wir auseinander. Es war Viertel vor elf. »Ich gebe den Brief jetzt bei ihm ab«, sagte mir der Sekretär, als er den Brief entgegennahm. »Um elf Uhr müßte er ihn in der Hand haben.«

Am Montag morgen trat die Regierung eine Stunde vor dem Beginn der Volksversammlung zu einer dringenden Sitzung zusammen. Ich hatte die Freude, annehmen zu dürfen, daß das irgendwie mit meinem Brief zusammenhing, aber ich wollte mich nicht zu früh freuen.

Wir warteten alle gespannt. Und was für eine Überraschung — eine wirkliche Überraschung und gleichzeitig ein seltener Augenblick —, das Warten hatte sich gelohnt: die Genehmigung freier Auslandsreisen; die Absicht, die Beziehungen zu den Vereinigten Staaten und der UdSSR zu erneuern, Ablehnung des Vierzehn-Tage-Gesetzes und, wenn auch etwas verhalten, Hoffnung für Religion, Privateigentum, Kredit und auf die Änderung einiger Verfassungsartikel. Kein Zweifel, das war nicht gerade wenig!

Am Tag darauf (die Versammlung fuhr mit ihrer Arbeit fort) rief mich mein Freund N. Tozaj, dem ich den Brief gezeigt hatte, gegen Mittag an:

»Glückwunsch, einer deiner *Sieben* ist gestürzt. Viel Glück! Ich bin davon überzeugt, daß sie noch alle stürzen werden.«

Während einer Sitzungspause war plötzlich die Nachricht von der Absetzung des Präsidenten des Obersten Gerichtshofes, eine der finstersten Gestalten damals, durchgesickert. Ihn hatte ich zusammen mit sechs weiteren Vertretern des Staates in meinem Brief namentlich angegriffen (die anderen waren der Vizepräsident der Republik, Rita Marko; der Chef der Staatssicherheit, Z. Ramizi; der Generalstaatsanwalt, der Generaldirektor der Polizei und zwei Sigurimi-Sadisten in der Hauptstadt).

Meine Befriedigung war nicht gerade gering. Selbst wenn man andere Fragen schon seit langem anschnitt, diskutierte, Druck ausübte — vor allem, angesichts des kurz bevorstehenden Besuches von Perez de Cuellar —, das Zurückziehen des Vierzehn-Tage-Gesetzes und die Amtsenthebung des Präsidenten des Obersten Gerichtshofes hingen mit meinem Brief zusammen. Daraus konnte ich schließen, daß er wohlwollend aufgenommen worden war, was mir die Hoffnung gab, nun werde endlich damit begonnen, die Fossilien aus dem Weg zu räumen, die dieses Land am Atmen hinderten.

Drei Tage später wurden die beiden Sigurimi-Sadisten der Hauptstadt ihres Amtes enthoben, nicht ohne daß man ihnen verhehlte, daß ein Brief von I. Kadaré an den Staatschef nicht ganz unschuldig an ihrer Ungnade war.

So ein Verfahren war bis zu jenem Tag unüblich gewesen. Die angesichts des Schlags, der ihre »Genossen« traf, vor Zorn wahnsinnigen Sigurimi-Leute hetzten offen gegen mich: Man werde ihm zeigen, mit welchem Holz geheizt wird! Die Entlassenen paradierten auf der Straße, kamen ins *Dajti*, ihren Kaffee zu trinken, umgeben von ihren »Kampfgenossen«, darunter gelegentlich der Sigurimi-Chef, der allmächtige Z. Ramizi, höchstpersönlich.

Auch ich versagte es mir nicht, gegen sie zu wettern. Nicht nur verblaßte allmählich die Freude über den ersten Sieg, ich war sogar regelrecht gekränkt, denn es schien mir unerträglich, daß Z. Ramizi nach meinem Brief weiterhin im Amt blieb. Ich empfand diese Tatsache als eine so ernste Beleidigung, daß ich eines Tages im Hotel *Dajti*, ausgerechnet dort, wo niemand die Tatsache ignorieren konnte, daß die Gespräche abgehört werden, meinen Freunden erklärte: Wenn Z. Ramizi nicht kaltgestellt werde, würde ich versuchen, Albanien zu verlassen!

Unterdessen traf der von allen aus den verschiedensten Gründen so sehr erwartete Perez de Cuellar in Tirana ein. Einige setzten große Hoffnungen in diesen Besuch. Andere klagten bereits von vornherein: Perez de Cuellar werde Sand in die Augen gestreut; man werde ihn mit einigen Versprechungen täuschen, und alles bleibe beim alten. Zweifellos verdankten wir das jetzige Tauwetter nur seinem Besuch, nach seiner Abreise würde der Machtmißbrauch, dann aber verstärkt, wieder an der Tagesordnung sein.

Ich schloß mich weder den einen noch den anderen an. Die ersten, die eine gute Dosis Konformismus besaßen, gingen mir mit ihrem blökenden Optimismus auf die Nerven. Aber die zweiten, bei denen jeder Satz mit den Worten: »Ich habe doch gesagt, daß nichts geschieht«, begann, gaben nicht weniger Anlaß zu Ärger, denn sie konnten kaum den Augenblick abwarten, in dem sich ihre Prophezeiungen erfüllen würden; sie freuten sich, wenn sie sahen, wie sich die Dinge zunehmend verschlimmerten; sie waren es zufrieden, auf den Trümmern und der Not prahlen zu können: »Genau das habe ich gesagt«

Ich hatte Perez de Cuellar schon in Paris auf der Sitzung der Akademie der Geistes- und Gesellschaftswissenschaften, an der wir beide teilnahmen, kennengelernt. Ich traf ihn auf dem offiziellen Empfang im Palast der Brigaden wieder. Obwohl wir uns nur kurz sprachen, sagte Perez de Cuellar mir in Gegenwart des Ministerpräsidenten und des albanischen Außenministers, von allen meinen Werken gefalle ihm ›Der Schandkasten‹ am besten, und er lese gerade ›Das Konzert‹, eine Bemerkung, die den Chef unserer Diplomatie erstaunte.

»Es überrascht mich, daß Sie diese Bücher gelesen haben«, sagte er verblüfft. »Wenn man bedenkt, daß die UNO so um die hundertfünfzig Mitglieder hat«

»Herr Minister, ich bin nicht dazu verpflichtet, die Romane aus allen hundertfünfzig UNO-Mitgliedsstaaten zu lesen«, erwiderte ihm Perez de Cuellar. »Ich lese zu meinem Vergnügen.«

Den größten Teil dieses zu seinen Ehren veranstalteten Empfangs verbrachte Perez de Cuellar allerdings in einem Winkel, in den ihn Ramiz Alia gezogen hatte. Zweifelsohne hatten die Anwesenden den Wunsch, ihm vorgestellt zu werden, seine Gesellschaft zu genießen, aber sie verzichteten gerne darauf, sie gaben sich damit zufrieden zu sehen, wie er sich so lange mit dem Präsidenten unterhielt. Sollen sie doch über so viele Themen wie nur möglich und so offen wie es geht unter vier Augen sprechen!

9

Das mit den UNO-Insignien geschmückte Flugzeug war kaum gen Himmel gestartet, als sich auf der Erde die schwerwiegende Frage stellte: Und was geschieht nun?

Eine bestimmte Zeitlang geschah nichts als dumpfes Abwarten. Dann kam ein erstes Zeichen, aber ein schlechtes.

In Korça hatte Rita Marko, Mitglied des Politbüros und Nummer zwei in der Staatshierarchie, auf einer Sitzung der Kader als erster gegen die Gäste gewettert, die uns gerade verlassen hatten.

»Nun, Perez de Cuellar, willst du uns eine Lektion erteilen? Wir haben die von Enver Hoxha, und wir brauchen keine anderen. Cuellar! Solche Leute kennt man schon...«

Das war die Sprache eines Strolches und ein ganz krasser Verstoß gegen die offiziellen Höflichkeitsregeln, insbesondere hier in Albanien, wo die Beleidigung eines Gastes zu allen Zeiten mit dem Tode bestraft worden ist.

Abgesehen von der Tatsache, daß Rita Marko zu den unfähigsten und ungebildetsten Machthabern gehörte (die Mitglieder des Politbüros hatten zum Teil noch nicht einmal eine höhere Schule besucht), war er auch ein *shule*, das heißt nichtalbanischer Nationalität, und das war kein Zufall. Die Albaner, die auf dem Gebiet des Rassismus nicht gerade Engel sind, bezeichnen die in Albanien lebenden Makedonier — insgesamt rund vier- bis fünftausend Menschen — verächtlich als *shule*. Obwohl die Albaner überhaupt kein Recht haben, ihren Nächsten zu verachten — das ist einer ihrer unverzeihlichen Fehler —, darf man ihnen zugestehen, daß sich hier Eigenartiges abspielte. Es ist tatsächlich verwunderlich, daß im Land der »Adlersöhne«, die zu gewissen Zeiten der Geschichte das gewaltige Osmanische Reich lenkten, ausgerechnet diese verachteten *shule* stets einen nicht unwichtigen Platz in den oberen Führungsschichten innehatten. Im allgemeinen war ein Viertel, ja, ein Drittel der Mitglieder des Politbüros *shule* oder Walache. Man erinnere sich nur, daß der zweite Mann hinter Enver Hoxha, der berühmt-berüchtigte Koçi Xoxe, ebenfalls *shule* war. (Von ihm heißt es, er habe im Gefängnis vor seiner Verurteilung zum Tode erklärt: »Mir wird vorgeworfen, Albanien nicht zu lieben, aber ich muß es nicht lieben, ich bin doch Bulgare!«)Welcher Herkunft auch immer, es war klar, daß das kein Zufall war. *Shule* oder Walache, von der Komintern oder Enver Hoxha gewählt, paßten der kommunistischen Führung ausgezeichnet ins Konzept, ganz einfach, weil sie, da sie keine Bande zur albanischen Nation hatten, auch keinerlei Mitgefühl zu ihr empfanden. Ihnen konnte man sagen: »Schlagt erbarmungslos drauf!« Und ohne mit der Wimper zu zukken, schlugen sie auf alles ein: auf die Fundamente der Nation, auf ihre Geschichte, auf den Einzelnen. Sie würden mit größter Begeisterung die stolze Rasse der Albaner dezimiert haben, denn in diesen Eifer mischten sich nicht wenig Durst nach Vergeltung für alte Beleidigungen, Rachegelüste und Minderwertigkeitskomplexe.

Dieser Realität waren sich die Albaner, die nur bei Heiraten, nicht aber in der Politik sehr auf Fragen der rassischen Abstammung und nationalen Zugehörigkeit achteten, nur selten bewußt. Diese Fahrlässigkeit kam sie teuer zu stehen.

Eine weitere verabscheuungswürdige Persönlichkeit, Muho Asllani, ehemaliger Stellmacher einer Genossenschaft und gegenwärtig Mitglied des Politbüros, hetzte ebenfalls gegen Perez de Cuellar mit Ausdrücken, um die ihn jeder stockbetrunkene Stellmacher beneidet hätte.

War es da noch Zufall, daß die Sigurimi und die konservativste Fraktion des Politbüros mit Lenka Çuko, Prokop Murra, Simon Stéfani und Vangjel Çerrava, diese Ansammlung von Analphabeten, Dummköpfen und Rohlingen, in den Perez de Cuellar diffamierenden Chor einfielen? (Später, auf dem Treffen zwischen Intellektuellen und Präsident, das nach den tragischen Ereignissen im Juli stattfand, stellte ich ihm gegenüber fest, daß die erneute Enttäuschung der Menschen, die in die Krawalle mündete, genau an jenem Tag begann, an dem die hochrangigen Funktionäre ihre Galle gegen Perez de Cuellar zu verspritzen anfingen. Der Präsident gab vor, zum ersten Mal davon zu hören. Die meisten glaubten ihm nicht.)

Diese Phase des Abwartens, eine der hassenswertesten in einem diktatorischen Regime, hielt eine Zeitlang an. Man hatte Mühe sich vorzustellen, wie sich das Vakuum füllen würde: durch ein erneutes Anziehen der Schraube oder durch mehr Nachgiebigkeit? Es gab viele Zeichen, die Argumente sowohl für die eine wie auch die andere Hypothese lieferten. An der Akademie der Wissenschaften wurde die Stalinbüste entfernt, und zwar nachts, unter großen Vorsichtsmaßnahmen. Um diesen Henker nicht zu beleidigen, ersetzte man sie nicht durch die Büste des Mönches Gjon Buzuk, wie ich vorgeschlagen hatte, aber man ersetzte sie auch nicht durch die Büste von Fan Noli, wie von der Akademie vorgeschlagen — vielleicht um mich (!) nicht zu beleidigen. Auch in Shkodra wurde die Stalinbüste entfernt, allerdings am Tage, mit Hilfe eines Krans und unter den Augen einer Menschenmenge. Eine schöne Anekdote (ein Passant sagt zu dem Gärtner, der die Blumen um den nun leeren Platz pflegt: »Begieß ihn nicht, sonst wächst er nach!«) zog den Schlußstrich unter eine schmerzliche Geschichte, die das Leben unzähliger Menschen vernichtet hatte.

Aber das Entfernen der Statuen kam zu spät, wie alles andere, um jemanden damit zufriedenzustellen. Der Rückstand war wieder an der Tagesordnung. Es war das Verhalten von Geizhälsen: Alles wurde von der Idee beherrscht, man müsse die Dinge verschleppen, um Zeit zu gewinnen. Fast konnte man sagen, die Uhren im albanischen Staat seien stehengeblieben.

Dieser Eindruck der Stagnation wurde noch durch eine neue Manie bestärkt: die der Sorge um das Gleichgewicht. Als Ausgleich zur Entfernung der Büsten wurden, um die Konservativen nicht zu verärgern, alle Wirtschaftsdelegationen mit leeren Händen davongeschickt. (Auch die gegenteilige Interpretation ergab Sinn, nämlich daß zuerst die Delegationen unverrichteter Dinge davongeschickt wurden, um dann zum Zorn der Konservativen, die sich darüber gefreut hatten, die Büsten zu entfernen!) Alle Projekte fielen ins Wasser: die Erdölsuche im Meer mit den Deutschen oder den Norwegern, der Bau einer Autobahn, eines internationalen Flughafens, einer Ladenkette mit ausländischer Ware, eines Netzes von dreihundert Fastfood-Restaurants usw.

Widersprüchlichste Nachrichten und Reden rundeten das Bild ab. War die Überwachung ein wenig gelockert worden oder hatte die Sigurimi im Gegenteil ihre Wachsamkeit verstärkt? Ramiz Alia hat die Konservativen auf die Knie gezwungen; oder aber die Konservativen haben Ramiz Alia auf die Knie gezwungen. Die Beziehungen zur BRD haben sich dank Foto Çami[6] anläßlich seines Besuches dort verschlechtert. Oder aber auch genau das Gegenteil davon: Die Beziehungen, die Foto Çami praktisch wiederhergestellt hatte, wurden vom Berater des Präsidenten, Sofo Lazri, einem Mann mit trauriger Reputation, wieder aufs Spiel gesetzt. Nexhmije Hoxha hält das Heft fest in der Hand. Nein, das stimmt überhaupt nicht, die Zügel sind ihr aus der Hand geglitten, und was *ihn* betrifft, er hat die Kontrolle verloren. Und daß sein Hund vergiftet wurde? Ist das nicht eine vielsagende Warnung, daß sein Hund vergiftet wurde? Was denn für ein Hund, um Himmels willen, welcher Hund wurde vergiftet? Eines Tages würden wir noch alle wahnsinnig werden.

Der Zwischenfall, bei dem ich mit Nexhmije Hoxha in Streit geriet, ist ein typisches Beispiel für das Klima in jenen Tagen.

Es geschah auf der Sitzung der Demokratischen Front Albaniens — sie war Präsidentin und ich Vizepräsident —, auf der der Bericht verschiedet werden sollte, den sie für die Jahresversammlung des Generalrates verfaßt hatte. Nach zwei schmeichlerischen Reden ergriff ich das Wort, um zu sagen, daß ich mit dem Bericht nicht einverstanden sei, denn er sei nicht im Sinne des letzten Plenums des Zentralkomitees über die Demokratisierung des Landes abgefaßt.

Ich legte noch meine Gründe dar, als sie mich mit vor Erregung zitternder Stimme unterbrach:

»Später habe ich noch mehr zu auszuführen, jetzt wollte ich Ihnen nur sagen, wie sehr ich es bedaure, daß Sie, Genosse Kadaré, sich dem Chor der Feinde innerhalb und außerhalb dieses Landes anschließen, und daß Sie mich in letzter Zeit zur Zielscheibe genommen haben, als sei ich das einzige Hindernis für die Demokratisierung.«

»Ich habe so etwas nie gesagt«, erwiderte ich.

»Genau das haben Sie gesagt.«

»Ich habe etwas Derartiges nicht gesagt. Sie brauchen nur das Protokoll zu lesen.«

Die fünfundzwanzig Mitglieder des Präsidiums der Demokratischen Front, eines der konservativsten Gremien im Land, dessen Vizepräsident ich nun leider einmal war, verfolgten verdutzt diese früher undenkbare Auseinandersetzung. Für sie dürfte kaum etwas unerträglicher und unheilverkündender gewesen sein als dieser Abtausch apokalyptischer Erwiderungen. Hinzu kam, daß wir beide, sie und ich, am oberen Ende des Tisches nebeneinander saßen, eine Sitzordnung, die für eine Konfrontation denkbar ungeeignet war.

»Entschuldigung, verzeihen Sie mir, Sie unterbrochen zu haben, fahren Sie bitte fort«, sagte sie.

Ich sprach ungefähr zwanzig Minuten lang, vor allem von den Menschenrechten. Ich erklärte ohne Umschweife, daß in Albanien im Gegensatz zu dem, was die Presse behauptete, und im Gegensatz zu dem, was in diesem Bericht stehe, die Menschenrechte mit beiden Füßen getreten würden. Ich verwies auf die Beschwerden, die ich als Vizepräsident der Front über Verhaftungen, Prügeleien und Morde an der Grenze erhalten hatte, außerdem erwähnte ich die Menschen, die gekommen waren, um mir ihren von den Knüppelschlägen der Polizei blau geschlagenen Rükken zu zeigen.

»Haben Sie nicht auch solche Beschwerden erhalten?« fragte ich den Präsidenten der Demokratischen Front für Tirana.

Er murmelte ein »Nein« zwischen den Zähnen.

»Das ist sehr schade«, sagte ich ihm. »Das bedeutet, daß man Ihnen nicht vertraut.«

Ich sprach schließlich von allem, was ich dem Staatsoberhaupt mitgeteilt hatte. Ich wollte auch die Meinung der Mitglieder des Präsidiums über das hören, was ich gerade gesagt hatte.

Am Ende meiner Rede erwartete ich, daß sich die Präsidentin wie eine Furie auf mich stürzen würde; daher hatte ich auch ruhiges Blut bewahrt. Ich hatte vorgehabt, nach dem erwarteten Angriff des Präsidiums meinen Rücktritt einzureichen, um damit ein Mißverständnis, das mir schon seit langem ein Dorn im Auge war, zu beenden.

»Sie haben jetzt das Wort, Genossen«, sagte N. Hoxha.

Aber zu meinem großen Staunen (ihres dürfte noch größer gewesen sein) folgte ein ungewöhnlich langes Schweigen. Schließlich wurde es gebrochen, aber nicht so, wie erwartet. Etwas Unvorhergesehenes geschah. Die Mitglieder des Präsidiums, die das Wort ergriffen, stimmten nacheinander dem Bericht der Präsidentin zu, aber auf der anderen Seite »sollten die Bemerkungen von Genosse Kadaré, der von dieser Sache etwas versteht, ebenfalls berücksichtigt werden«. Das entsprach ganz dem Zeitgeist! Kompromiß, Dualität!

Zwei oder drei Mitglieder, darunter auch der neue Pressebeauftragte des Zentralkomitees, erklärten ausdrücklich, sie seien ganz meiner Meinung. (Anscheinend zahlte dieser Pressebeauftragte, M. Elezi, für seinen Mut einen ziemlich hohen Preis, denn einige Wochen später wurde er seines Amtes enthoben, ohne allerdings verhaftet zu werden.)

Nexhmije Hoxha bewies Scharfblick. Als sie das Wort ergriff, versicherte sie zum Erstaunen aller (auf dieser Sitzung löste eine Überraschung die andere ab), sie sehe ein, daß sie einen schlechten Bericht verfaßt habe. Sie bedankte sich beim Präsidium, und dankte mir persönlich für meine Bemerkungen, dabei wiederholte sie, wie sehr sie meinen lebhaften Ton ihr gegenüber bedaure.

So endete diese Sitzung, die zweite und letzte des Präsidiums der Demokratischen Front, an der ich teilnahm, eines Präsidiums, das die ausländische Presse wiederholt glossierte.

Einige Tage später schickte mir N. Hoxha ihren umgeschriebenen Bericht zusammen mit einem Brief, in dem sie sich für dieses ganze Mißverständnis bei mir entschuldigte. Als ich ihr den Bericht zurückschickte, war auch er von einer Entschuldigung für meinen »unangemessenen Ton« begleitet.

Dieser Zwischenfall erregte in Tirana einiges Aufsehen, aber, um noch einmal die Theorie der Gleichgewichts zu strapazieren, ich hatte das ungute Vorgefühl, daß ich dafür noch ziemlich teuer würde bezahlen müssen. Fortan befand ich mich auf der falschen Waagschale.

Die Gerüchte, die in den Cafés die Runde machten, vergifteten die Atmosphäre weiter: (Es hieß, die Sigurimi setze einen nicht geringen Teil davon selbst in Umlauf.) Schon bald würde irgendetwas passieren, Ramiz Alia sei erneut isoliert; aber nicht er, wie man vielleicht gedacht hätte, sondern Nexhmije Hoxha sei verhaftet worden.

Etwas von dieser Widersprüchlichkeit schien auch in den über Nacht auf die Mauern geschriebenen Parolen durch. Zu den Worten: »Es lebe Ramiz Alia!«, geschrieben sowohl von Regimegegnern wie auch von seinen Verteidigern, gesellten sich jetzt auch schon einmal gegenteilige Inschriften: »Nieder mit Ramiz Alia!« Trotzdem stammten sie ab und zu, wie mir jemand bewies, der sich damit beschäftigte, von der gleichen Hand, die, nachdem sie die ersten Buchstaben »Es le...«, geschrieben hatte, diese durchstrich, um sie mit »Nieder!« zu ersetzen.

10

Meine Vorahnung erwies sich als begründet. Als am 21. Mai nachmittags das Telefon läutete und eine unbekannte Stimme die Worte: »Das Büro des Präsidenten. Es gibt Material für Sie«, sprach, war es, als habe ich es schon gewußt.

Ein Brief traf ein, den ich nicht erwartet hatte. Ich wollte, er hätte Monate, Jahre auf sich warten lassen, er wäre nie eingetroffen. Dieser Brief würde mein Leben verändern.

Als meine Frau mich dabei ertappte, wie ich die Häufigkeit des Wortes »Partei« zählte, erfaßte sie, so sagte sie mir später, eine Art Grauen. »Ich habe dich noch nie weder so ruhig noch so bewegt, weder so verzweifelt noch so lächelnd noch so mürrisch erlebt. Du warst... wie soll ich es sagen... der Art Mensch entfremdet!«

Die Zeit fror ein. Ich trank den Kaffee, den sie mir gebracht hatte, langsam in kleinen Schlucken, bevor ich zu ihr sagte:

»Rate, wie oft sich das Wort »Partei« in diesem Brief wiederholt.«

»Wie oft?«

»Dreiundzwanzig Mal.«

Nachdem wir eine halbe Stunde auf der Straße verbracht hatten, sprachen wir vom Abreisen, so verhalten, als sei ein Leichnam anwesend.

Ich dachte, ich hätte alles in meiner Macht stehende getan, um das Regime zur Nachgiebigkeit zu bewegen. Ich hatte mir gesagt, sobald ein totalitäres Regime bereit ist, mit der wahren Literatur zusammenzuleben, ist das ein erstes Anzeichen dafür, daß es auch bereit ist, sich zu ändern (menschlicher zu werden). Mit meinem Werk hatte ich diese Illusion unter den Albanern und unter Tausenden von Lesern auf der ganzen Welt verbreitet. Ich erkannte jetzt, daß, selbst wenn dieser Traum ein Körnchen Wahrheit enthielt, die Illusion eben doch nur eine Illusion blieb. Um daraus eine greifbare Realität zu machen, war ein Anstoß von einer neuen Dimension nötig. Das würde meine ABWESENHEIT sein.

Wer kennt nicht die gewaltige Macht der Abwesenheit, der Schatten, der Gespenster? Nicht zufällig waren die allerersten Balladen (die ›Gesänge der Abwesenheit und der Rückkehr‹) gerade ihr gewidmet. Unter diesen Bedingungen, da meine Anwesenheit nicht mehr die Wirkung meiner Bücher unterstützte, sondern sie im Gegenteil behinderte, mußte ich fortgehen. Eine Million Exemplare meiner Werke, verbreitet unter einer Bevölkerung von fast dreieinhalb Millionen Menschen, würden ohne mich mehr ausrichten als mit mir. Ich selbst würde, da ich nicht mehr da wäre, einen gewichtigeren Einfluß auf sie ausüben. Das, was mir hier, wo ich den Gegebenheiten zu sehr verhaftet bin, zu vollbringen versagt war, könnte ich von anderswo her, aus der Ferne verwirklichen[7].

Dadurch, daß ich mich um die Schaffung eines anderen Universums bemüht hatte, hoffte ich auf die Auflösung, das Verkümmern einer Welt, die zunehmend unerträglich geworden war: die Welt der Losungen, Paraden, Festivals, der Armut, der mit Anweisungen gespickten Leitartikel, der Parteiinstrukteure, der Brutalität ihrer Aktivisten, der Fälschung, Heuchelei, Langeweile. Aber das alles war fester verwurzelt, als ich es mir vorgestellt hatte. Deshalb mußte jetzt etwas mehr unternommen werden, um voranzukommen: Die Abwesenheit, diese blinde Dimension, würde mein Werk fortführen. Trotz ihrer Blindheit würde sie ihm einen ganz neuen Sinn und eine ganz neue Ausstrahlung geben, diese Ausstrahlung, die die Patina der Zeit getrübt hatte. So erneuert, würde mein Werk, genau wie das meiner Kollegen, genau wie die ganze neue Kultur, die im Entstehen begriffen war, Zweifel an diesem ganzen absurden Universum wecken, an seinem oberflächlichen Jubel, seiner vorgespielten Sicherheit. Das würde diese Welt direkt in Frage stellen, und sie zur Schande, zu Gewissensbissen, und zur Reue führen.

Damit würde sich der Auftakt zu einer wirklichen Selbstbefreiung ergeben. Und das wäre die einzige Möglichkeit, daß dieses Universum es ohne Blutvergießen schafft. Und selbst, wenn das alles nur ein Traum war, selbst wenn ich jetzt, da sich unsere Illusionen trotz allem zerschlagen hatten, auch weiterhin an solch eine Entwicklung glaubte, bewies ich damit nur, daß ich immer noch an der Hoffnung festhielt, daß das Böse in diesem Land nicht ganz so tiefe Wurzeln geschlagen hätte und daß man auf jeder Ebene, angefangen beim einfachen Bürger bis zum Staatsoberhaupt, das Gute suchen, es sammeln und es gewinnen konnte.

Daran dachte ich an jenem Morgen des 21. Mai. Die übrigen Umstände wie die Mühe, die sich der Staatssicherheitsdienst gab, um mich zu diskreditieren, die Verbreitung von Verleumdungen, von verzerrten Informationen, von Erklärungen, die ich nie abgegeben hatte usw., kamen mir lächerlich vor. Genau wie die Drohungen der Sigurimi, die mir schon vertraut waren. Nein, sie hatten nicht die Macht, jemanden zu solch einem Schritt zu veranlassen. Etwas anderes trieb mich dazu, etwas Verborgeneres, etwas Uraltes.

Ich fragte mich, nachdem ich meine letzten Zweifel aus dem Weg geräumt hatte, schließlich in meinem Innersten: Habe ich das in meinen Büchern nicht immer wieder hin- und hergewälzt, dieses Thema des halb lebendigen, halb toten Menschen? Habe ich mich nicht mit ihm identifiziert? Er war anscheinend das mir vorbestimmte Schicksal. Und ich mußte mich ihm fügen.

Die Flucht...

Die Flucht war eine Versuchung, die sich den meisten Albanern, wenn auch nur für einen Augenblick, auf die eine oder andere Weise im Leben geboten hatte. Ich selbst hatte dazu schon zweimal Gelegenheit gehabt. Das erste Mal war irgendwann im Sommer 1962 in Prag auf der Heimreise von Finnland. Die Diktatur kam mir unerträglich vor, aber meine Motive waren einfach. Die monatlichen Militärübungen, die nicht enden wollenden Versammlungen, Losungen wie: »Überall und an allem sparen«, »Wir essen Gras, um den Marxismus-Leninismus besser zu verteidigen« usw., das sind nur einige Beispiele für das, was mich demütigte und erbitterte. Aber auch und vor allem dieser Pflichthaarschnitt, von dem zunehmend die Rede war, nahm für mich unerträgliche Dimensionen an. Eines der Mittel, derer sich ein Diktaturapparat bedient, zielt darauf ab, den Menschen das Leben zu verderben, und die Sache mit dem Haarschnitt verdarb dann auch prompt das Leben aller. Bei mehreren Gelegenheiten wurden die Haare Gegenstand von Auseinandersetzungen zwischen Tausenden von jungen Albanern und dem Apparat. Dieser gab sich Mühe, allen das Haar zu stutzen, und jene strengten sich an, es nachwachsen zu lassen. Die Diktatur nahm dabei eine Legende für bare Münze, die vermutlich aus dem Gefängnisleben stammte und der zufolge das Haar die Wurzel allen Übels sei. Um eine Gleichschaltung des Einzelnen und eine Verarmung des Geistes durchzusetzen, mußten Haarschnitt und Kleidung vereinheitlicht werden, eine Methode, die schon die Chinesen angewandt hatten. Jede Weigerung galt als Widerstand, der erbarmungslos gebrochen werden mußte. (Die albanische Regierung internationalisierte die Schikanen mit der Haartracht, indem sie auf dem Flughafen in Rinas einen Friseur installierte.)

Man wird verstehen, wie naiv ich war, wenn ich jetzt sage, daß ich damals in die Sowjetunion fliehen wollte! Zwar zögerte ich zu fliehen, damals zurückgehalten von meiner Familie und einer Studentin, die ich kennengelernt hatte — meine zukünftige Frau — aber es zogen mich, ganz abgesehen von der Tatsache, daß ich dann den Schikanen mit der Frisur entfliehen würde, zwei oder drei russische Freunde nach Moskau.

So entwischte ich am allerletzten Tag, die Haare länger als erlaubt, störrisch abstehend und bedrohlich wie eine Bürste, der Delegation, der ich angehörte. Die Enge eines Hotelzimmers reichte jedoch aus, um mich umzustimmen. Nach zwei oder drei Stunden Bummeln durch die Straßen von Prag war es mir gelungen, unweit vom Wenzelsplatz ein Zimmer aufzutreiben. Es war abends. Nach einem aufreibenden Tag versuchte ich, mich ein wenig auszustrecken. So auf dem Bett liegend, bemerkte ich, daß das Zimmer fast zum Fürchten häßlich war. Ich hatte den Eindruck, daß es immer enger, immer erdrückender, immer mehr wie ein Grab würde. Ich stand auf, ohne genau zu wissen, was ich tun würde, und ging hinaus. Ich ging wie ein Schlafwandler durch die Straßen. Als ich auf dem Wenzelsplatz ankam, stieg ich in eine Straßenbahn, die mich in ein anderes Hotel brachte. Dort fand ich mein ursprüngliches Zimmer wieder, und ohne mir irgendetwas zu denken, noch meinem Zimmergenossen, dem Maler V. Kilica, zu antworten, wohin ich den ganzen Tag verschwunden war, schlief ich auf der Stelle fest wie ein Murmeltier ein. (Am nächsten Morgen erklärte er mir: »Ich habe durchaus bemerkt, daß du entwischt bist, aber sei unbesorgt, niemand hat etwas davon bemerkt, denn ich habe ihnen gesagt, daß du in irgendeinem Laden aufgehalten wurdest.«) Der wunderbare Mann, er hat nie wieder auf diesen Zwischenfall auch nur angespielt!

Wenn ich mir im Rückblick auszumalen versuche, was aus mir geworden wäre, wäre ich geflohen, wobei ich mit besonderem Schrecken daran denke, daß keiner meiner Romane geschrieben worden wäre (damals hatte ich lediglich zwei oder drei Gedichtsammlungen veröffentlicht), überkommt mich das Grauen bei der Vorstellung, daß alles in dieser niederen Welt von so wenig abhängt, und daß die Enge eines vor hundert Jahren erbauten Hotelzimmers solch einen starken Einfluß auf die Literatur eines anderen Landes im folgenden Jahrhundert ausüben konnte.

So darf man mir glauben, wenn ich sage, daß ich schon oft den unbekannten tschechischen Architekten, seinen

Stil, die Armut seiner Gestaltung, ja sogar seine Mittelmäßigkeit gesegnet habe, die zur Entstehung jenes entsetzlichen Hotels geführt hatten.

Zum zweiten Mal war ich im November 1983, während eines Frankreichaufenthaltes, versucht zu fliehen, damals jedoch aus sehr ernsten Gründen. Infolge ernsthafter Differenzen mit dem Regime, die das ganze Jahr 1982 über andauerten, wurden Morddrohungen gegen mich laut, angeblich von Rowdies. Diese ganze finstere Zeit habe ich in einem Kapitel des Buches ›Einladung ins Atelier‹ beschrieben, dem einzigen, das ich nicht zu veröffentlichen wagte. [In der albanischen Ausgabe, die kurz vor der Abreise des Verfassers 1990 erschien.] An einem kalten Novemberabend erzählte ich Michel Piccoli und seiner Frau bei einem Essen in der Coupole als ersten von meiner Besorgnis. Wir betrachteten das Problem aus allen Blickwinkeln und kamen dann zum Schluß, daß ich nach Albanien zurückkehren müsse.

Später habe ich meine alten Freunde gesegnet, ohne deren Rat ich meine Werke ›Das schwarze Jahr‹, ›Mondschein‹, ›Die Cheopspyramide‹, ›Äschylos‹, ›Einladung ins Atelier‹ sowie die endgültigen Fassungen der Romane ›Das Konzert‹ und ›Das Ungeheuer‹ nicht geschrieben hätte.

Das dritte Mal schließlich, als ich am 27. September 1990 meinen Fuß auf französischen Boden setzte, kam mir als erstes in den Sinn: Wie viele Werke gehen damit endgültig verloren?

Das weiß niemand. Vielleicht soll das auch niemand wissen, niemand dafür leiden.

Was ist los mit dir? Warum schreibst du solch ein dummes Geschwätz?

Obwohl ich den Brief des Präsidenten irgendwo in meinen Unterlagen vergraben hatte, um ihn nie wieder zu lesen, mußte ich immer wieder an ihn denken. In diesem Brief erkenne ich ihn nicht wieder. War er der Verfasser, oder einer seiner Mitarbeiter? Ich zog zwei- oder dreimal S. Lazri in Betracht (der Ausdruck »dreitausend Worte«, den er gebrauchte, um zu unterstreichen, daß er mit dem Sprachgebrauch der amerikanischen Presse vertraut war, ließen mich aber daran zweifeln). Dieses erneute Aufbranden der Worte »Partei« und »Enver Hoxha«, die er in letzter Zeit nicht mehr verwendet hatte, nicht einmal in seinen Reden, diese alte hölzerne Bürokratensprache, über die er selbst gespottet hatte und die eine Rückkehr zu einer verflossenen Epoche erahnen ließ, brachten mich immer wieder aus der Fassung. Ich sagte mir manchmal: Meine Überraschung war vielleicht unbegründet, vielleicht war das im Grunde nur der Preis für zu naive Hoffnungen und unentschuldbare Illusionen. Wahrscheinlich ist er immer hart und ohne jeden Weitblick diktatorisch gewesen, aber hatte ich bei ihm nicht auch bestimmte Eigenschaften überbewertet wie ein Ertrinkender, der sich an jeden rettenden Strohhalm klammert, um meine Einstellung ihm gegenüber zu rechtfertigen?

Diese Zweifel habe ich auf der Stelle von mir gewiesen. Es kann schon sein, daß ich mich geirrt habe, aber wie war es möglich, daß sich Abertausende von Menschen in die Irre hatten führen lassen, die noch zwei Monate vorher bereit gewesen waren, für ihn die Hand ins Feuer zu legen? Jene, die nachts auf die Mauern schrieben: »Nieder mit der Diktatur! Es lebe Ramiz Alia!«? Wie konnten sich schließlich die politischen Gefangenen irren, die in ihren Briefen an mich frei heraus erklärten: Im Augenblick ist er unsere einzige Hoffnung?

Wie in einem Tagtraum stellte ich mir unaufhörlich die Frage: Was ist plötzlich mit ihm geschehen? Er hatte mehr Glück als Gorbatschow, denn im Gegensatz zu ihm, den man im Ausland mehr schätzt als zu Hause, wäre er sowohl im Inland wie im Ausland geschätzt worden.

Manchmal bohrte die Frage tiefer, stürzte sozusagen in einen schwarzen Abgrund: Was hat ihn innehalten lassen, welcher Widerstand war unüberwindbar?

Die Vergiftung seines Hundes, von der man in oberen Kreisen gemunkelt hatte, kam mir in den Sinn. Das sah tatsächlich nach einer ersten Verwarnung aus und paßte zu den anderen Gerüchten über eine Erpressung, oder genauer gesagt, über einen ihn belastenden Bericht, der irgendwo deponiert war. Und das alles war nicht unvereinbar mit den überall, in In- und Ausland, kolportierten Gerüchten, die von seiner Ermordung sprachen.

Ist es möglich, daß alles mit der Vergiftung eines Hundes begann?

Am Morgen danach, eigentlich ein Zeitpunkt entspannterer Betrachtungsweise, wirkte dieser Brief dagegen noch weitaus finsterer auf mich. Plötzlich wurde ich mir einer anderen Dimension des Bösen bewußt. Diesem Brief fehlte der Sinn für die Zukunft, für die Geschichte. Der Mann, der ihn geschrieben hatte, zeigte klar, daß er sich darum nicht scherte. Das kam mir nicht nur schmerzlich, sondern vor allem gefährlich vor.

Genau das war die Botschaft dieses Briefes: ein böser, *gefährlicher* Gedanke.

Meine Lage war gefährlich. Ich stand zwischen Scylla und Charybdis. Einerseits forderten die Menschen täglich etwas mehr von mir; andererseits wurde ich ständig staatlicherseits überwacht.

Havels Schatten ließ mich nicht los. Er wurde in zwei Richtungen eingesetzt: Einerseits wollte man damit die Menschen gegen mich aufhetzen; andererseits sollte damit der Präsident in die Knie gezwungen werden. (Bei den Kommunisten gibt es einen Punkt, an dem sich ihr Verstand verwirrt und ihre Augen erblinden: die Macht.)

Er muß wie Havel werden. Keine Frage, daß er Havel wird. Er ist nicht Havel.

Aber ich war nicht, selbst wenn ich gewollt hätte, in der Lage, Havels Schicksal nachzuvollziehen! In meinem Vorwort zu den Gedichten von Migjeni hatte ich erklärt, daß, falls es eine Art Diktatur gäbe, in der es dem gefeierten Dichter nicht gelinge, im Gefängnis zu landen, dann darum, weil er die letzte Gelegenheit dazu verpaßt hatte. Sind ihm die Gefängnistore verschlossen, bleibt ihm nur noch das Tor zur Hölle.

Meine Freunde und mir wohlwollende Menschen sagten oft zu mir: »Vorsicht, die Falle schließt sich, siehst du das nicht?« Unterdessen skandierte der andere Chor immer das gleiche: Havel, nicht Havel... Dem schlossen sich häufig ausländische Journalisten an, darunter gewisse Kneipenhokker, die ein Schauspiel sehen wollten, ohne die Tatsache zu bedenken, daß die Schauspieler tatsächlich auf der Bühne getötet werden würden wie in dem Stück von Alberto Moravia, in dem ein Ensemble jüdischer Laienschauspieler in einem Konzentrationslager »König Ödipus« aufführt: Unter den Blicken des Publikums werden den Darstellern die Augen ausgestochen, und sie sterben wirklich.

80

Man hat gefragt, ob aus mir ein Pasternak, ein Havel, ein Sacharow, ein X oder ein Y werden würde, aber niemandem ist es je eingefallen, die Frage einmal anders herum zu stellen: Hätten jene so werden können wie ich? Man verglich mich mit den Dissidenten, die ihr Werk in der Zeit nach der Diktatur geschaffen hatten, also jeweils in einer Zeit des Tauwetters, wobei vergessen wurde, daß mein Werk zu Zeiten der Diktatur entstanden war, noch dazu während der schwärzesten Nacht dieser Diktatur. Ich war einer von jenen wenigen Schriftstellern in diesem halben Jahrhundert, die unter solchen Bedingungen nicht nur geistige Nahrung für ihr Volk schufen, sondern denen es sogar gelungen war, ihm diese Nahrung auch zu servieren und nicht nur in kleinen Happen, sondern sie, mit einiger Anstrengung, zu einer Grundnahrung im Leben der Menschen zu machen. Dadurch hatte ich ein riesiges Paradox bewirkt: Das Volk der Albaner besaß unter der Diktatur des Proletariats eine Kultur von universeller Bedeutung auf einem mit den freiesten Nationen der Welt vergleichbaren Niveau. Dieses Paradox, das die einen störte und die anderen freute, hat zu vielen Mißverständnissen und Fragen geführt: Was hat es mit diesem Rätsel auf sich? Wie hat er das fertiggebracht, der Schriftsteller? Und wem gebührt dafür das Lob? Will man uns damit vielleicht einreden, Diktaturen seien doch nicht ganz so schlimm?

Es besteht nicht der geringste Zweifel daran, daß die Diktatur keinerlei Verdienst daran hat. Aber ohne jede falsche Bescheidenheit habe ich meine Überzeugung ausgedrückt, daß das Verdienst auch mir nicht uneingeschränkt zukommt. Es gebührt zuallererst dem albanischen Volk, der gesamten albanischen Nation, wo immer sie sich auch befindet, die Mittel und Wege (so viele, daß ich sie hier nicht alle darlegen und aufzählen kann) gefunden hat, dieses Werk zu bewahren.

Man muß ein Volk lieben, um es gut zu verstehen. Eine ganze Reihe von Menschen zerbrechen sich wegen so einer scheinbaren Kleinigkeit nicht den Kopf. Es ist ihnen gleichgültig, ob diese tragische Nation geistige Nahrung besitzt oder nicht. In gewisser Hinsicht hat — und das stand schon in der Presse — diese unter der Diktatur geborene Literatur einem fertig in ihrem Gehirn vorgezeichneten Schema widersprochen, und deshalb hätten sie eigentlich nichts gegen seine Ausmerzung gehabt.

Dieses Gefühl der Vernichtung, das schon so lange in mir wohnte und das mich wahrscheinlich dazu veranlaßte, mein Buch über Äschylos zu schreiben, stürmte jetzt von allen Seiten auf mich ein.

Was tun? (»In Albanien bleiben, selbst wenn man dich wie Christus kreuzigt«, schrieb mir der Märtyrer von Kosovo, der Schriftsteller Adem Demaçi, in einem offenen Brief, nachdem ich meine Heimat verlassen hatte. Wie soll ich meinem Kollegen erklären, daß sogar die Kreuzigung, auf die ich wiederholt in meinem letzten Buch, ›Einladung ins Atelier‹, anspielte, ein Mindestmaß an Demokratie erfordert: ein Forum, eine mehr oder weniger freie Presse, zumindest Anspruch auf ein öffentliches Verfahren? Wo findet man in einem totalitären Staat solch einen Luxus? Ist es Zufall, daß man während der fast dreißigjährigen Herrschaft Stalins niemanden zum Kreuzigen fand? Was soll man da zu Albanien sagen! Unter einer Diktatur darf man nicht gekreuzigt werden. Sicher, man darf *getötet* werden wie Jesus, jedoch nie *gekreuzigt* wie Er.)

Meine heimtückische Ermordung hätte entgegengesetzte Wirkung haben können. Sobald man einen Leichnam als Missetat von »Volksfeinden« präsentiert hätte, würde er vom Regime auf die Zinnen gehoben werden: der Gipfel tragischer Verhöhnung eines Schriftstellers!

Und das ist keine bloße Ausgeburt meiner Phantasie. Im Sommer 1990 schrieb die spanische Journalistin Elvira Huebles in »El Mundo«: »In Tirana sagten mir eines Abends Unbekannte auf der Straße, wenn I. Kadaré nicht seine Kritik gegen das Regime einstellt, werde das geplante Attentat gegen ihn ausgeführt.«

Die bösen Jahre von 1982-1983 kehrten zurück. Was für Menschen waren diese Unbekannten: Sigurimi-Agenten, die mir drohen wollten, oder Sympathisanten, die mich warnen wollten (woran ich lieber glaube)? Die Frage bleibt unbeantwortet.

11

Seit Junibeginn konnte man merken, daß der Sommer anders als sonst werden würde. Nicht nur das Wetter, die Landschaft, die Farbe der Blätter änderten sich, sondern auch etwas anderes: das Aussehen bei einem Teil der jungen Männer. Jeden Tag, der verging, wurden einige hinter Schloß und Riegel gebracht und das nicht im übertragenen Sinn! Wenn sie eingelocht wurden, dann vor allem wegen ihres Bartes. Zum ersten Mal sah man auf albanischen Straßen in Tausenden von Gesichtern junger Männer Bärte sprießen.

Der Staat, halb verwirrt, halb beunruhigt, stellte Nachforschungen über diese »Masken« an, die immer schwärzer wurden und nichts Gutes verhießen. Das sozialistisch-optimistische Lächeln auf den Massenveranstaltungen und in den Fernsehreportagen war anscheinend für immer unter der Barttracht verschwunden. Diese Gesichter hatten nichts mit den Zügen des neuen Menschen gemeinsam, dessen Ruhm in den letzten Jahren so laut besungen worden war. Sie waren fremd, nüchtern, bedrohlich. Man konnte deshalb verstehen, daß die Beamten und mit ihnen die Polizei, die Spitzel und alle Stützen des Regimes Angst vor ihnen bekamen. Sie beklagten sich auf den Versammlungen, verfaßten Beschwerden an die Parteikomitees, und knurrten: Was soll das bedeuten, das ist die Sache des Staates, warum greift er nicht ein?

Der Staat verhielt sich, wie er es sich in letzter Zeit angewöhnt hatte, abwartend. Seine ganze Aufmerksamkeit galt noch der Aufdeckung der »Gruppe der Intellektuellen«, die die Unruhen förderte.

Wenn früher solch ein Verdacht laut wurde, war schon im voraus bekannt, wie das Szenario ablaufen würde, und das Auffliegen besagter Gruppe war das Selbstverständlichste der Welt. Vier oder fünf Wochen vergingen, bevor die erste Verhaftung erfolgte. In der Woche darauf die zweite Verhaftung, aber die Menschen nickten, ohne auf die dritte zu warten, nachdenklich mit dem Kopf: Noch eine Gruppe!

Allerdings griff man in Albanien inzwischen weniger flott zu. Zwar hatte Ramiz Alia seit dem Herbst vergangenen Jahres nach Erscheinen des Romans »Die Messer« eine Gruppe Intellektueller mit einem Bann belegt, wobei er auch Foto Çami, Sekretär des Zentralkomitees und verantwortlich für die Propaganda, wegen seines fehlenden Weitblicks scharf kritisierte. (Danach mußte F. Çami noch mehr Kritik einstecken, bis S. Lazri schließlich die Leitung der Presse übernahm, was mehr oder weniger bewies, daß er derjenige gewesen sein dürfte, der die Intrige gesponnen hatte.) Aber mehr als ein halbes Jahr war vergangen, ohne daß von der Gruppe wieder die Rede gewesen wäre.

Es gab nun zwei Möglichkeiten. Die erste: Entsprechend einem seit langem erprobten Verfahren war diese Gruppe nach einem exakten Plan bis in alle Einzelheiten erfunden worden, sobald sich die ersten Anzeichen prophetischen Verdachtes bemerkbar machten. Die zweite:

Die Gruppe würde sich wirklich enthüllen, mit anderen Worten, ihre Existenz offenbaren.

Man vermutete, daß die Sigurimi fieberhaft daran arbeitete, derjenigen ein Präsent zu überreichen, die die allseitige Gönnerin war: die Partei. Die Sigurimi sparte keine Mühe, um besagte Gruppe aufzuspüren oder, genauer, sie zu erfinden. Es hieß, sie setze sich aus mehreren Listen zusammen: Die längste umfasse hundertfünfzig Personen, die kürzeste zwölf. Auch die Namen waren zum Teil bekannt: die Ärzte Y. Popa und S. Berisha, die in den Zeitungen mutige Beiträge veröffentlicht hatten; das Akademiemitglied H. Beqja, der in einem Aufsatz erklärt hatte, man müsse die begangenen Fehler öffentlich eingestehen; der Wirtschaftswissenschaftler G. Pashko, der der »Voice of America« ein kritisches und offenes Interview gegeben hatte; der Schriftsteller B. Mustafaj[8], der auf einer Versammlung die Sigurimi angegriffen hatte; der Chefredakteur R. Lani, der das Interview mit mir veröffentlicht hatte; dazu kamen noch viele andere Journalisten, Filmemacher, Schauspieler, Wirtschaftswissenschaftler, Juristen, Professoren und Studenten. Natürlich tauchten N. Tozaj und auch ich in allen Versionen auf, gelegentlich auch ganz oben auf der Liste.

Gemäß den Kriterien der Sigurimi wies die Gruppe wie bei einer guten Mahlzeit alle Zutaten einer »guten Gruppe« auf. Sie war *fett*, das bedeutete, bekannte Personen gehörten ihr an, und sie war vielseitig, letzteres eine der wesentlichsten Eigenschaften, die von einer Gruppe gefordert wurden. Personen aus mindestens drei oder vier Hauptbereichen des öffentlichen Lebens, besonders Spezialisten, mußten vertreten sein. (Y. Popa, Arzt von Enver Hoxha, meinte hierzu: »Aha, ihr ›Weißkittel‹, seit dem armen Stalin ist es nicht mehr gelungen, euch in Verlegenheit zu bringen!«) Hinzu kam, daß diese Spezialisten die Möglichkeit hatten, ins Ausland zu reisen... (Man mußte schon ein großer Dummkopf sein, um dabei nicht an ausländische Geheimdienste zu denken.)

In der dritten Juniwoche gab ich aus Anlaß des Erscheinens von meiner Übersetzung des »Aischylos« einer Literaturzeitschrift ein Interview, in dem ich die Überwachung Intellektueller und die Listen mit den Namen der zu Verhaftenden anprangerte. Ich bezeichnete jene, die solches Material fabrizieren, als »Abschaum«. Das war mein letztes Interview in Albanien. Um die gleiche Zeit traf die Journalistin Elvira Huebles in Tirana ein, und Unbekannte vertrauten ihr auf der Straße an, gegen mich sei ein Attentat geplant.

Drückende Hitze schien den Lauf der Zeit in den letzten Junitagen zu lähmen. Die Botschaft der Türkei, deren Gitter als erste überwunden wurden, liegt gegenüber dem Sitz des Schriftsteller- und Künstlerverbands, was uns Gelegenheit gab, die Ereignisse von nahem zu verfolgen. In erdrückende Staubwolken gehüllt, stürzten sich die Menschen von der türkischen Botschaft zum Hotel Arberia, in dem die ersten Flüchtlinge, falls es ihnen gelungen war, ein Visum zu ergattern, ihre letzte Mahlzeit in Albanien aßen, bevor sie nach Istanbul aufbrachen. Familie, Freunde, Bewunderer, verzweifelt oder fröhlich, mit Tränen in den Augen oder auch nur neugierig, betrachteten jene, die trotz allem das Unerreichbare erreicht hatten: das eigene Land zu verlassen.

Die Hauptstadt, hilf- und ratlos wie nie zuvor, bestand nur noch aus Angst und Erregung. Die Menge lief einmal in die eine Richtung, dann wieder in die andere. Die Polizei war wie vor den Kopf geschlagen. Es regnete Anweisungen, die durchweg widersprüchlich waren, bis überhaupt keine mehr kamen.

Die Menschen hatten feuchte Augen, erstickten beim Sprechen fast vor Zorn. Die Gitter der Botschaft von Frankreich konnten überwunden werden. Die Italiens auch. Die Deutschen wollen nicht. Das stimmt nicht, bei den Deutschen ist es leichter als anderswo. Das stimmt, Kurs auf die Deutschen!

Andere, ältere Menschen fragten: »Warum diese Eile, wenn das Gesetz schon verabschiedet worden ist? Wartet wenigstens, Kinder, bis der Staat euch einen Paß gibt; warum euch an diesen Gittern aufreißen und verletzen?«

Aber die in Bewegung geratene Menschenmenge hatte ganz andere Argumente. »Geh du dir doch einen Paß holen, Dummkopf! Geh nur hin, und du kommst von der Polizei mit gebrochenen Rippen zurück.«

Nach und nach erfuhr man, wie die Dinge standen. Das Gesetz war zwar verabschiedet worden, aber der Innenminister konnte sich damit noch nicht anfreunden. Er befand sich in einer sehr verzwickten Lage: Ein großer Teil seines Einflusses und ein beachtlicher Teil seiner Macht lösten sich in Nichts auf. Daher wurden die Pässe nur tröpfchenweise ausgehändigt, man versuchte sogar, überhaupt keine auszustellen, oft wurden die Antragsteller auch ins Innere der Behörde gelockt, wo man sie kurzerhand verprügelte.

Die Menschenmenge reagierte entsprechend auf die Schikanen dieses Staates, der alles immer zu spät gab und obendrein kleinlich und widerwillig, so als bedaure er es zutiefst. Überall war nur von den Unruhen die Rede.

Abends berichtete das Fernsehen vom serbischen Terror an Albanern in Kosovo, dort, wo ein Teil unserer Nation Leid anderer Art über sich ergehen lassen mußte. Dieses zweifache Unglück ließ die Menschen tief aufseufzen, wenn sie ein jahrhundertealtes Sprichwort wiederholten: Unglück über dieses Volk!

12

Am 2. Juli waren wir abends bei Pashko, als um Punkt zehn Uhr einer seiner Vettern anrief: »Wenn ihr die Absicht habt spazierenzugehen, laßt es sein! Geht nicht hinaus! Auf der Straße herrscht Aufruhr!«

Ich rief zu Hause an, wo sich meine Schwester und meine jüngste Tochter aufhielten. Sie bestätigten, Schüsse gehört zu haben, allerdings weiter weg.

Beunruhigt sahen wir uns die Nachrichten im jugoslawischen Fernsehen an, um zu erfahren, was sich in Kosovo abspielte. Kosovo wurde von Serbien bedrängt. An jenem Tag war das Parlament aufgelöst worden. Ein Trauertag für die gesamte albanische Nation. Und als sei das noch nicht genug, mußte ein weiterer Schlag her, führte man auch hier eine Tragödie auf (ziert nicht die albanische Fahne ein schwarzer Adler mit zwei Köpfen?): Zum ersten Mal nach sechsundvierzig Jahren kommunistischer Herrschaft brach in Tirana der Aufruhr aus.

War es reiner Zufall, oder hatte hier der Teufel seine Hand mit im Spiel, hatte er dafür gesorgt, daß diese beiden Ereignisse auf einen Tag zusammenfielen?

Vielleicht hatte irgendwo jemand Interesse an solch einem Zusammentreffen? Wem mochte wohl daran liegen, daß das eine Drama den Blick vom zweiten ablenkte, ähnlich wie bei Mördern, die, um ihre Opfer ruhig in einem Winkel der Stadt töten zu können, Unruhen in einem anderen anzetteln?

An jenem Tag hat man sich diese und Hunderte ähnliche Fragen gestellt; in gewisser Weise schienen sie sogar in der Presse durch. Niemand hat darauf eine Antwort gegeben.

Aber allein die simple Tatsache, daß diese Fragen gestellt wurden, ließ darauf schließen, daß sich hier und dort eine Antwort auf ganz andere, viel düsterere und verfänglichere Fragen abzeichnete. Wenn man zugestand, daß dieses Zusammentreffen für das eine oder andere Lager oder auch für beide zusammen (das war das Wahrscheinlichste) von Interesse war, wie kam es dazu, daß sich die Nutznießer so gut verstanden? Auf welche Art und Weise, auf Grund welches Geheimabkommens?

Wenn die Geschichte eines Tages den rätselhaften 2. Juli 1990 aufklären wird, liefert sie gleichzeitig vielleicht auch den Schlüssel, mit dessen Hilfe eine Reihe unerklärter Ereignisse entwirrt werden können, die das tragische Los der Albaner in der zweiten Hälfte des 20. Jahrhunderts besiegelten. (Ich sage mir manchmal: Gott, laß mich das nicht mehr erleben, damit ich es nie erfahre. Wir haben so viele Schrecken erlebt, so zahlreiche Enttäuschungen über uns ergehen lassen müssen, daß wir etwas davon zukünftigen Generationen überlassen sollten.)

Gegen ein Uhr morgens sahen wir auf dem ganzen Weg nach Hause Lastwagen, die Soldaten und Gruppen von bewaffneten Polizisten transportierten. Beim Stadtzentrum im öffentlichen Park, der unserer Wohnung gegenüberlag, patrouillierten Ordnungskräfte mit Hunden. Es herrschte eine Atmosphäre wie bei einem Belagerungszustand.

In jener Nacht schlossen in Tirana nur wenige die Augen. Die Wahrheit über die Ereignisse auf der Skanderbeg-Straße (die Straße der Botschaften) wurde erst am nächsten Morgen bekannt.

Den ganzen Tag über war es im gesamten Botschaftsviertel zu Unruhen gekommen: Menschenansammlungen, leichte Zusammenstöße mit der Polizei, Nervosität, Spannung auf der einen wie auf der anderen Seite. Am Abend kamen und gingen Tausende junger Menschen auf der Skanderbeg-Straße entlang oder standen drohend auf dem Bürgersteig. Die schwarzen Gitter der bundesdeutschen Botschaft lagen nur wenige Schritte davon entfernt. Vermutlich waren diesen jungen Albanern Demokratie und Anziehungskraft des Westens, seine Musik noch nie so nahe und gleichzeitig so eng verzahnt mit Gefahr und Tod erschienen, wie beim Anblick dieser Gitter.

Mit dem Einbruch der Nacht steigerte sich die Erregung. Gegen zehn Uhr wurden die Gitter nach einem letzten Versuch der Ordnungskräfte, die Menschen zu zerstreuen, von der Vorhut der Menge, den *alabak*, im Sturm genommen. (Dieses Wort aus der Umgangssprache bezeichnete einen neuen Typus, der sich, ob es einem nun gefällt oder nicht, eine gewisse Würde erhalten hatte, selbst wenn man den Parasiten, den Müßiggänger, den Abenteurer und den Strolch dazu zählte.) Dieses Wort, mit dem anfangs zu Unrecht alle Flüchtlinge bezeichnet wurden, war fortan unumgänglich, um die Ereignisse zu beschreiben. Und zwar nicht nur aus dem Grund, daß ein Teil davon wirklich *alabak* waren; auch nicht aus dem zweiten Grund, daß sie zwar nur eine Minderheit, aber trotzdem überall tonangebend waren, sondern aus einem sehr viel tieferen Ursprung heraus. Die *alabak*, die bis dahin die Hauptstadt belästigt und ihre Einwohner zur Verzweiflung getrieben hatten, wobei sie ihre »Heldentaten« oder »Scherze« immer nur gegen die Einwohner, nie gegen das Regime richteten, diese *alabak*, die die Sigurimi oft für ihre Zwecke einzuspannen verstand, um sie besser gegen die Intellektuellen aufzuhetzen, hatten zum ersten Mal politisch gehandelt. Und weil das Wort *alabak* tagtäglich in unser aller Munde war, nahm es auch eine völlig andere Bedeutung an, es fand eine Korrektur statt. Einige Tage später, nachdem die *alabak* ausgereist waren, nachdem sie die Hauptstadt endlich in Frieden ließen, erinnerte man sich sehnsüchtig an dieses Wort, vielleicht sogar mit Tränen in den Augen. In der Folge wurde es nie wieder verwendet, als hätten sie es mit in die Ferne genommen.

Gegen zehn Uhr abends gingen die *alabak* also zum Angriff über. Die Polizei schoß, anfangs in die Luft, dann auf die Angreifer. Die *alabak* zogen sich zurück, aber nur einige Schritte, bis zum Bürgersteig gegenüber. Sie sahen die Waffen, die neu geladen wurden, sie sahen die ersten Verletzten, und doch zogen sie sich nicht weiter zurück. Fünf Minuten später griffen sie wieder an, diesmal unter einem Kugelhagel. Sie schlugen sich mit den Polizisten bis zu den schwarzen Gittern, verletzten sich unbeschreiblich, besudelten sich mit Blut, ohne sich um den Tod zu kümmern. Die Zahl der Toten ist unbekannt. Genau wie die Zahl der Verschwundenen. Später war die Rede von Verletzten, die kaltblütig erledigt worden seien, Exekutionen von Verhafteten und heimlich im »Berg der Löcher« vor Tirana verscharrten Leichnamen. Es wurde sogar behauptet, man habe beschlossen, die Tore der Botschaften zu öffnen, um dieses »Verschwinden« erklären zu können. Auch andere, jedoch nie bestätigte, Gerüchte waren im Umlauf.

13

Wie alle bedeutsamen Ereignisse so wiesen auch diese, für die die Botschaften den Rahmen abgaben und die im wesentlichen tragisch verliefen, groteske oder tragikomische Züge auf.

Entsprechend dem neuen Regierungsstil trafen abweichende oder widersprüchliche Befehle ein, so daß die Botschaftstore, die noch am Abend zuvor Todespforten geglichen hatten, sich plötzlich allen öffneten. Nach einiger Zeit schlossen sie sich erneut, um dann wieder geöffnet zu werden. Viele stellten sich die Frage: Was haben diese unterschiedlichen Anweisungen für eine Bedeutung? Wird Unglaubliches wahr?

Nicht ohne einen gewissen Neid sahen die *alabak*, die das Erklimmen der Gitter so teuer bezahlt hatten, den anderen zu, wie sie sich direkt unter den Augen der Polizisten, ja manchmal sogar von einem Lächeln begleitet, zusammenrotteten. Die Menge schwoll unaufhörlich an: ehemalige politische Gefangene, junge Ehepaare, schwangere Frauen, Arbeitslose, Studenten, Maler, Ärzte, Zigeuner. Menschen, denen es noch nie in den Sinn gekommen war auszureisen, wurden plötzlich von Abenteuerlust ergriffen: Wir gehen, komme, was wolle!

Vor der bundesdeutschen Botschaft war der Andrang

am größten. Dann folgte die französische und die italienische Botschaft. Auch die tschechische, polnische, griechische, türkische, sogar die chinesische Botschaft öffnete ihre Tore. Kubas Botschaft war die verhaßteste, denn sie hatte der Polizei die beiden einzigen Flüchtlinge ausgehändigt, die bei ihr Zuflucht gesucht hatten: zwei Brüder. Die Verachtung gegenüber Kuba war so stark, daß die kubanische Botschaft als »Dritte Polizei-Abteilung Albaniens« bezeichnet wurde. Damit jedoch nicht genug: Am Morgen danach explodierte eine Bombe vor der verabscheuten Botschaft, eine Vergeltungsmaßnahme.

Die albanische Regierung versuchte, dieses Bombenattentat so darzustellen, daß die Ereignisse den Anstrich eines internationalen Komplotts erhielten, aber niemand maß dem Bedeutung bei.

Tatsächlich muß dieses Bombenattentat als »Ausrutscher« verstanden werden. Um das Verhalten der albanischen Flüchtlinge zu verstehen, sollte man bedenken, daß die Hartnäckigkeit, mit der sie in den Botschaften um Asyl baten, in ihrem alten Sittenkodex begründet liegt, der sich, obwohl vom Sozialismus zu Tode gehetzt, von Zeit zu Zeit regt, anscheinend immer dann, wenn man es am wenigsten erwartet. Gemäß diesem Kodex muß der Eigentümer des Hauses, an dessen Tür geklopft wird, öffnen; weigert er sich, wird er streng bestraft. Die alte Formel »Nimmst du Freunde auf, oh Herr des Hauses?« — jetzt abgewandelt in »Nimmst du Freunde auf, oh ausländische Botschaft?« — hat für einen Albaner auch heute noch die gleiche Selbstverständlichkeit wie früher. Deshalb war bei ausländischen Betrachtern der erste Eindruck von den albanischen Flüchtlingen der von »ganz speziellen Flüchtlingen«. Sie zeigten sich weder unterwürfig noch dankbar;

im Gegenteil, sie verhielten sich ziemlich fordernd und launisch, was besonders in der französischen Presse seinen Niederschlag fand. Die Flüchtlinge meinten, daß Frankreich, die Bundesrepublik und alle anderen Länder, die sie aufnahmen, nur eine moralische Pflicht erfüllten und den Flüchtlingen, die mitten in der Nacht als Freunde an ihre Tore geklopft hatten, eine besondere Ehre gebühre. Demnach waren die lautstark geforderten »Marlboro«-Zigaretten, die französische Journalisten ihnen übelnahmen, das mindeste, was sie erwarten durften.

Zweifellos ein Mißverständnis, das noch zu den anderen tragischen Mißverständnissen hinzukam, mit denen sich der albanische Menschentyp seit jeher hat auseinandersetzen müssen.

Wie im antiken Theater folgte auf das Drama vom 2. Juli ein satirisches Zwischenspiel, bevor zum Zeichen der Trauer der Vorhang fiel.

Die Gärten der Botschaften, insbesondere die Deutschlands, Italiens und Frankreichs, waren brechend voll. Da es nicht mehr besonders schwer war, hineinzukommen, überlegten es sich mehrere Dutzend, nachdem sie eingedrungen waren, anders und zwar aus den unterschiedlichsten Beweggründen: Weil ihnen jemand gesagt hatte, bei den Deutschen sei es besser, oder weil sie entweder nicht das Mädchen oder Freunde, die sie suchten, gefunden hatten. Oder auch nur so aus Neugier verließen sie die eine Botschaft, um in eine andere zu gehen. Dann bereuten sie ihren Schritt, kehrten in die zurück, die sie verlassen hatten, und erzählten von dem, was sich »in der Welt« tat, mit anderen Worten, im Garten anderer Botschaften.

Andere gingen nachts nach Hause, um am Morgen darauf wieder ihren »extraterritorialen Status« zurückzuerhalten. Wieder andere erledigten Besorgungen, wie Dollars umtauschen oder sich von Verwandten verabschieden. An den Gittern flehten betagte Männer und Frauen ihre Kinder an zurückzukehren, weinten, brachten ihnen Kleidung, Schuhzeug und *Burekas*. Von Zeit zu Zeit sah man einige die Botschaft verlassen, aber die meisten machten ihren Eltern von weitem deutlich spöttische Zeichen.

Eine dumpfe Angst bemächtigte sich der Familien in der Hauptstadt. Mit bangem Herzen warteten Eltern auf die Heimkehr ihrer Söhne und Töchter. Sie versuchten, die Absichten ihrer Kinder herauszufinden, um das Unglück zu verhindern. Aber oft kam es vor, daß ausgerechnet dann, wenn die Eltern sich mehr oder weniger damit beruhigt hatten, die Kinder würden sich ein, zwei Stunden zum Abendessen verspäten, jemand vorbeikam, um ihnen mitzuteilen: »Sie sind zur Botschaft gegangen.«

Man kam sich fast schon wie in Ionescos Stück »Die Nashörner« vor.

In dieser Zeit entstanden in den Botschaftsgärten neue Bräuche. Die Worte »Herr«, »Frau« und »Fräulein« wurden wieder verwendet, ein Kind wurde getauft, fast alle trugen ein Kreuz um den Hals. Wie immer in solchen Situationen wurden komische Anekdoten erzählt, wie die vom Dorftrottel, der, kaum mit dem Zug in Tirana angekommen, eine Botschaft sucht, um darin Zuflucht zu suchen. Plötzlich befindet er sich vor zwei Torflügeln, die ihm so beeindruckend erscheinen, daß er sich sagt: Das hier ist sicher die beste Botschaft. Sobald er über die Schwelle getreten ist, ruft er dem Polizeibeamten, der ihm ein Zeichen macht zu gehen, zu: »Das geht dich nichts mehr an, ich bin in einer ausländischen Botschaft!« Woraufhin der Polizist erwidert: »Was für eine Botschaft, du Vollidiot, hier ist das Kultusministerium. Geh mir aus den Augen, bevor ich die Geduld verliere!« (Noch zwei Wochen vorher wäre er mit Handschellen auf die Wache geführt worden: zehn Jahre Gefängnis wegen versuchter Flucht. *O tempora, o mores!* dürften wohl die Parteiveteranen gemurmelt haben.)

Diese Veteranen des Dogmatismus hatten tatsächlich Denkanstöße erhalten. Das am 2. Juli vergossene Blut genügte ihnen nicht. Sie beklagten sich, der Staat habe nicht stark genug zugeschlagen, der Präsident mache Ausflüchte. (Oh, warum ist er nicht mehr da, *er*, der andere! *Er* hatte nicht gespaßt!)

Um das Gleichgewicht der Kräfte zu erhalten, um ein Gegengewicht zu dem Versprechen, den Flüchtlingen die Ausreise zu gestatten, in die Waagschale zu werfen und um zu beweisen, daß der albanische Staat weder dem äußeren noch dem inneren Druck erlegen war, wurde jetzt wieder mit der Faust gedroht.

Die Brutalität der Polizei auf der Straße war beispiellos. Menschen wurden angefahren, geschlagen, verhaftet, manchmal auch völlig grundlos, nur weil ihre Aufmachung oder ihr Gang darauf schließen ließen, »woran man bei ihnen war«. Insbesondere machte man Jagd auf Bartträger, das heißt auf die Schlechtrasierten, die Diktatur bewies damit einmal mehr ihre dünne Haut gegenüber den «Behaarten».

(Ist Ihnen nicht schon von Anfang an aufgefallen, wie wenig Gutes diese Bärte ahnen ließen? Wie konnten wir nur solch eine fehlende Urteilskraft an den Tag legen? Wie konnten wir ihnen nur so lange diese Narrenfreiheit gewähren! Nun muß kräftig zugeschlagen werden, um die verlorene Zeit aufzuholen!)

Dann bemühten sich in beispiellosen diplomatischen Verhandlungen die interessierten Regierungen, die UNO, das Internationale Rote Kreuz und Perez de Cuellar persönlich darum, die dringende Frage der Ausreise der Flüchtlinge zu lösen. Wieder einmal wurde dabei die Farce vergessen, die den zweiten Teil einer Trilogie bildet. Der Tag oder vielmehr die Nacht der Abreise kam schneller als erwartet.

In jener Nacht schloß in Tirana niemand die Augen. Man zählte über fünftausend Ausreisende in dieser winzigen Hauptstadt. Das war, als würden hundertzwanzigtausend junge Menschen Paris verlassen oder zweihunderttausend Moskau. Der Abend senkte sich auf die Stadt. Was wurde nicht alles gesagt! Was wurde nicht alles gemurmelt! Man wußte, daß sie mit dem Zug bis Durres fahren würden, um dort auf die Schiffe zu gehen, aber niemand wußte genau wann. Man nahm an, daß die Abreise noch in der gleichen Nacht stattfinden würde, aber es war unbekannt, wann die Busse am Bahnhof eintreffen würden. Man wußte nicht einmal, welchen Weg sie einschlagen würden. Bis Mitternacht und noch viel länger wandte sich die Menge schweigend und wie blind einmal der Straße nach Durres, dann wieder der nach Kavaj zu, dann wieder dem Großen Boulevard, in der Hoffnung, wenigstens einen Blick von den Bussen zu erhaschen.

Gegen ein Uhr morgens fuhren sie dann vorüber, dunkel und schweigend wie Leichenwagen (ein UNO-Vertreter wachte darüber, daß es weder Schreie noch Tumult gab). Nur Motorengeräusch war zu hören. Als die Züge nach Durres abfuhren, waren zwar vereinzelt Rufe, einige Hochrufe zu hören, aber erst beim Besteigen der Schiffe ertönte Schluchzen. In der Dunkelheit küßten die Abreisenden den Boden. Dann gingen sie in die Richtung, in der ihr Land endete und wo das Wasser begann.

Am Morgen danach, es war noch nicht ganz hell geworden, entdeckten Fußgänger auf den Straßen, die die Busse entlanggefahren waren, Papierfetzen mit einer Anschrift oder einer Telefonnummer, Umschläge mit Bildern, Geld oder irgendeinem Erinnerungsstück. Auf den meisten stand neben der Anschrift oder der Telefonnummer ein Satz, der für den Fußgänger, den Finder, bestimmt war: »Fußgänger, bitte, bring diese Botschaft meiner Mutter.«

Zwar waren alle von verschiedener Hand geschrieben, aber alle waren ausnahmslos in einem einheitlichen Stil abgefaßt, dem von Grabinschriften.

Was sich am Morgen danach ereignete, war widerwärtiger als die Entweihung eines Heiligtums, grausamer als ein Blutbad.

Es war eine Versammlung.

Eine von der Partei veranstaltete Versammlung.

Um über die Flucht von fünftausend jungen Albanern zu frohlocken.

Um der Trauer zu applaudieren.

Um den Albanern zu beweisen, daß die Partei stärker als die Nation war, daß sie nicht nur der Blutsbande spottete, sondern daß sie die Nation dazu zwang, zu dieser Beleidigung auch noch Beifall zu klatschen.

Vom Skanderbeg-Platz bis zu den Säulenreihen des Kulturpalastes traten vor die mit Gewalt zu dieser Versammlung gezerrten hunderttausend Menschen nacheinander der Ministerpräsident, der noch erbärmlicher als sonst aussah, der Sekretär des Parteikomitees von Tirana, der »Narr der Partei«, Pirro Kondi, und am Schluß des Aufmarsches der Funktionär, der, wie das Radio meldete, gerade erst aus seinen Bergen abberufen worden war, um zur Nummer Zwei des Regimes und zur Nummer Eins für Grausamkeit aufzusteigen: Xhelil Gjoni, aus der Familie Hysni Kapos, was eine Reihe von Menschen als sicheres Zeichen dafür interpretierten, daß Albanien erneut in die Finsternis herabsinken würde. Hinter diesen nahmen in guter Ordnung andere Beamte, Veteranen, Vertreter der Jugend, der Frauen, der Arbeiter, der Philosophen, der Schriftsteller Platz[9].

Die Diktatur, die auch hier wieder einmal ihren Riten gehorchte, schickte sich nach der Ausführung des Verbrechens an, es zu verkünden. Wie die Asche des Vesuv mußte das Verbrechen auf die Schultern vieler Einzelnen fallen, wenn möglich auf die Schultern aller, so daß es sich in gewisser Hinsicht rechtfertigen ließ. Das wenigstens versuchte diese barbarische, ja vielleicht am stärksten von Unmenschlichkeit geprägte, Versammlung, die je in diesem Land stattfand, zu beweisen.

Die Partei meinte, daß sie mit dieser finsteren Zeremonie das Volk würde zerbrechen können. (Die grausamsten Aspekte des tyrannischen Denkens, insbesondere das kommunistischer Diktaturen, zeigten sich stets in Verbindung mit Feierlichkeiten: Paraden, Versammlungen, Prozessionen, Festivals, Olympiaden, Spartakiaden.) Und wirklich zerbrach an jenem Tag auf dem Skanderbeg-Platz etwas — aber nicht das, was sich der kommunistische Staat erhofft hatte.

Die Albaner, schon daran gewöhnt, daß Festtage zugleich Trauertage sein können und umgekehrt (war in der

Nacht, in der man in Kosovo die Toten beweinte, nicht in Belgrad mit Champagner angestoßen worden?), würden diese Demütigung noch einmal einstecken. Aber es würde bestimmt die letzte sein.

14

Daß diese unheimliche Versammlung nicht ihr Ziel erreichte, davon zeugte das Beispiel der kleinen Stadt Kavaj hinreichend. Diese Ortschaft mit ihren dreißigtausend Einwohnern, die nirgends in Berichten über Albanien erwähnt wird, hatte sich plötzlich als ein Bollwerk des Widerstands gegen das Regime entpuppt. Tag und Nacht trafen beunruhigende Nachrichten ein.

Die Funktionäre aus Tirana wagten es nicht mehr, im Wagen hindurchzufahren. Es war klar, daß man Kavaj eine Lektion erteilen mußte, sonst würde das Übel weiter um sich greifen.

Die Sigurimi rüstete sich, diesen kleinen friedlichen Flecken auf dem Lande niederzuzwingen. Der genaue Plan ist ein Geheimnis geblieben. Etwas klappte nicht, und man verzichtete auf seine Ausführung, aber die erste Etappe, die verwirklicht werden konnte, reichte aus, um zu zeigen, wie schrecklich das Vorhaben gewesen sein mußte. Ein Gemetzel, daran bestand kein Zweifel. Das sprang schon von weitem ins Auge.

So verlief der Beginn des Unternehmens: Zwei Lastwagen voller *Sampisten* brechen wie rasend aus einem der Dörfer im Bezirk Durres auf. Zum ersten Mal machen sie in Golemi zwischen Durres und Kavaj halt, wohin die Einwohner von Kavaj im allgemeinen zum Baden kommen. Sie stürzen sich wie besessen auf den Strand, prügeln auf die Sommergäste ein, zerfetzen die Badeanzüge der Frauen, verletzen und beleidigen sie alle. Bevor die Opfer Zeit haben zu begreifen, wie ihnen geschieht, klettern die *Sampisten* zurück in ihre Lastwagen und fahren in Richtung Kavaj los. Dort strömen sie mit dem Ausruf: »Wir sind die Söhne von Enver Hoxha!« über die Straßen, brechen in Cafés ein, beleidigen und schlagen die Gäste: »Ha, wo sind sie geblieben, die Tapferen von Kavaj? Ha, ha!« Sie töten einen jungen Mann auf der Schwelle eines Hauses.

Es war das klassische Szenario einer Provokation, der sich eigentlich ein Blutbad anschließen mußte.

Kavaj nahm die Herausforderung an. Die Menschen stürzten sich wie rasend auf die verhaßten *Sampisten*, schlugen auf sie ein, verletzten sie schwer, ließen sie vom Angesicht der Erde verschwinden.

Aber der Zorn der Menschen legte sich nicht. (Das war im Plan der Sigurimi so vorgesehen.) Sie stürmten Gebäude der Sigurimi, der Polizei, des Parteikomitees, die Schaufenster der Geschäfte. Das typische Bild einer Konterrevolution, die ein Eingreifen mit Panzern zu rechtfertigen schien. Darauf würde das Gemetzel folgen. Nach diesem Blutbad wäre es nur noch ein Kinderspiel, ein Komplott zu konstruieren: der Feind im Inneren hatte Verbindungen zum Ausland (waren in letzter Zeit in Kavaj nicht Wagen des diplomatischen Korps zu sehen gewesen?), und damit hingen auch die Ausreise der Flüchtlinge, die »Gruppe der Intellektuellen«, die CIA, die NATO zusammen — »wie Genosse Enver es uns seit langem gelehrt hat...«

Warum wurde dieses Drehbuch nicht bis zum Ende

durchgespielt? Warum hat es nicht geklappt? Erschrak jemand plötzlich vor dem Ausmaß dieser Tragödie?

In der Folge suchten Hunderte die Wahrheit, aber anscheinend verbirgt sie sich im Dunkel. Es ließ sich weder feststellen, wer das Blutbad geplant hatte, noch wer es verhinderte. Allerdings hatte ein beispielloses Ereignis stattgefunden: Die ganze Stadt, einschließlich ihrer Dissidenten, einschließlich ihrer Kommunisten, einschließlich der Behörden, einschließlich der Vollversammlungen, alle hatten sich gemeinsam widersetzt.

Der Staat wich zurück. Der Parteichef in Durres, zu dem Kavaj gehört, der verhaßte Muho Asllani, wurde seines Amtes enthoben. Der noch verhaßtere Z. Ramizi, der Sigurimi-Chef, wurde endlich seines Amtes enthoben. Dann folgten der Generaldirektor der Polizei, D. Bengasi, und der Innenminister, Simon Stefani, höchstpersönlich. Als Rita Marko aus dem Politbüro entlassen wurde, rief mich N. Tozaj an:

»Das macht sechs. Jetzt bleibt nur noch der siebente, der Generalstaatsanwalt.«

Aber unsere Zufriedenheit blieb mäßig, denn uns war nicht nach Freuen zumute. Diese Amtsenthebungen, die wir noch vor kurzer Zeit mit großem Geschrei begrüßt hätten und durch ein Abendessen mit Freunden gefeiert hätten, um auf die Demokratie anzustoßen, rührten uns nicht mehr im geringsten. Nicht nur uns nicht: niemanden.

Es war jetzt *zu spät*. Zu spät für alles. Der Begriff gehörte für uns scheinbar zur gleichen Familie wie das Wort »Tod«.

Ramiz Alia hatte die Gelegenheit verpaßt, in die Geschichte einzugehen. Das große Tor, das für ihn eine Zeitlang geöffnet gewesen war, hatte sich geschlossen wie in

Kafkas »Prozeß«. Vielleicht stand ihm noch eine andere Tür auf, die Seitentür. Es stimmt, daß man die Tore der Geschichte, selbst wenn es nur eine Seitentür ist, nie vernachlässigen sollte.

Am Meer, wo wir das Wochenende verbrachten, bat ich meine älteste Tochter, die für die Ferien gekommen war und wieder ins Ausland zurückkehren würde, um dort ihr Studium fortzusetzen, ein wenig mit mir spazierenzugehen. Ich nutzte den Lärm der Wellen, um ihr mitzuteilen, daß ich mich entschlossen hatte, das Land zu verlassen. Eigentlich hatte ich sie damit nicht belasten wollen, aber dann kam ich zu dem Schluß, es sei besser, wenn sie eingeweiht wäre. So würde sie sich wenigstens von allem verabschieden können, was ihr am Herzen lag.

Sie hörte mir zu, ohne ein Wort zu sagen. Nur ihre Augen füllten sich mit Tränen.

15

Der Sommer ging zu Ende. In der Hauptstadt öffneten die Oberschulen wieder ihre Türen. Man sah der Rückkehr der Schüler besorgt entgegen, da sie wegen der Ferien nicht an dem Drama, das sich abgespielt hatte, beteiligt gewesen waren, und man nicht wußte, wie sie sich verhalten würden. Die Parteikomitees, verwirrter als die Wolken am Himmel, bereiteten sich auf den Herbst vor. Die Sondergesandten, die von lokalen Konferenzen zurückkehrten, die Instrukteure, die Aktivisten, die Denunzianten warfen die Tür hinter sich zu. Sie steckten ihr ganz von der Sorge um den Staat gezeichnetes Gesicht nur heraus, um sich auf weitere Sitzungen, aufs Gericht oder auf ihren Beobachtungsposten zu begeben.

Jetzt legte sich der erste Schleier des Vergessens über die Ereignisse. Die Einzelheiten verwischten sich, um das Wesentliche besser herauszubringen. Die Helden des Dramas zeichneten sich immer besser ab: jene, die sich mit Polizei und *Sampisten* geschlagen hatten; jene, die aus dem Land geflüchtet waren; jene, die von der Sigurimi ergriffen und ins Gefängnis oder in die Kasernen geworfen worden waren. Aber dann trat Anfang September wie ein ferner Abglanz der Ereignisse, so weich wie ein Traum, eine andere Gruppe von Menschen in Erscheinung: jene, die in die

Botschaften geflüchtet waren, sie dann verlassen hatten, ohne jemandem etwas zu sagen, und nicht zurückgekehrt waren. (»In unserer Klasse gibt es vier Jungen, die verdächtigt werden, dorthin gegangen zu sein«, erzählte mir eines Tages meine Tochter, die Oberschülerin. »Sie sind davon noch immer wie betäubt, man könnte sagen, sie haben keinen Kopf mehr auf den Schultern, sie sind wie umgewandelt.«)

Das war wirklich eine andere Menschenart. Sie waren dorthin gegangen, hatten im Vorraum der Sünde von der verbotenen Frucht gekostet, auf dem Ball der Vampire getanzt. Sie bewegten sich wieder unter den anderen, aber ihr Bewußtsein blieb durch das Zeichen *da drüben* markiert. (»Alle betrachten sie neugierig«, erzählte mir meine Tochter weiter, »wie Bewohner von einem anderen Stern.«)

Es war nicht schwer, die in ihrer Stimme mitschwingende Bewunderung herauszuhören.

Die Tage drängten sich in steriler Verwirrung und Aufregung.

Von Zeit zu Zeit forderten Stimmen, man soll Ursachen, Schuldige liefern (die »Gruppe der Intellektuellen« usw.), aber nicht sehr nachdrücklich. Alle waren müde.

Im Rückblick präsentierten sich die Ereignisse in ihrem ganzen Schrecken. Menschen waren abgeschlachtet worden, weil sie das gefordert hatten, was ihnen versprochen worden war. Man hatte sie beleidigt, ins Gefängnis geworfen, auf beschämende Weise geschlagen. Es waren alles Albaner, getötet oder geschlagen von Albanern, in ihrem eigenen Land. Und alles war inmitten einer Zeit der Illusionen geschehen; Illusionen, die ich aus ganzer Seele unterstützt und mit meiner Autorität des bekannten Schriftstellers gerechtfertigt hatte. Gewissensbisse waren unausweichlich.

Der albanische Staat dachte gar nicht daran, sich zu entschuldigen. Um Entschuldigung zu bitten oder Mitleid zu haben ist ein im kommunistischen Universum unbekanntes Verhalten. Als erstes sorgt der Kommunismus dafür, das Mitleid verschwinden zu lassen. Das ist eine Folge des gefühllosen Herzens von Marx, der Engstirnigkeit Lenins, der Grausamkeit und Komplexe ihrer Nachfolger.

Als ich im September auf einer Begegnung des Präsidenten mit Intellektuellen Stellung zu diesem Thema bezog, indem ich ausdrücklich erklärte, im offiziellen Albanien von heute gebe es weder Mitleid noch Verzeihen, zwei der höchsten Werte des Menschen, fanden sich viele, die sagten: »I. Kadaré wirft völlig uninteressante Fragen auf. Was soll uns diese Sache mit dem Verzeihen jetzt sagen?« Ihre vom Marxismus-Leninismus eingetrockneten Gehirne konnten nicht verstehen, daß diese »Sache mit dem Verzeihen« einer der Eckpfeiler jeder Gesellschaft ist.

Aber während es dem albanischen Staat nicht im geringsten einfiel, das albanische Volk für die Ereignisse um Verzeihung zu bitten, war er von der Sorge besessen, daß diejenigen, die ihres Amtes enthoben oder in untergeordnete Ämter zurückversetzt worden waren, ihm nichts nachtrugen. Für Rita Marko wurde ein funkelnagelneuer Mercedes gekauft. Was den ehemaligen Präsidenten des Obersten Gerichtshofes betraf, der so viele Verbrechen auf dem Gewissen hatte, er wurde nach Straßburg auf eine Konferenz über Menschenrechte geschickt!

Es fing an, kalt zu werden. Im »Berg der Löcher« suchten die Menschen die Leichname der Verschwundenen. In meinem Arbeitszimmer ordnete ich meine Manuskripte:

die, die in zwei Jahren veröffentlicht würden; jene, die erst später folgen sollten. Zweihundert Seiten, die wirklich nur unter ganz besonderen Umständen veröffentlicht werden konnten, die aber, das war wahrscheinlicher, nie erscheinen würden, denn ich hatte geschworen, sie zu verbrennen, falls eines Tages die Demokratisierung nach Albanien käme, legte ich ganz beiseite. Das war ein Gelübde, das ich vor den Göttern abgelegt hatte, nicht nur aus Aberglauben, sondern auch weil mir schien, das wäre das Beste, was dieser Nation passieren konnte.

Unterdessen war der Regen gekommen, und die nassen Gitter der Botschaften sahen jetzt noch schwärzer aus. Rührung ergriff die Menschen, wenn sie daran vorbeikamen, die Erinnerung kehrte zurück. Sie hatten sich auf diese Eisen geworfen, hatten sich daran zerfetzt und getötet. Dann waren alte Frauen auf der Suche nach einer Spur, irgendeiner Sandale oder Mütze tagelang herumgeirrt. Hatten sie das Glück, solch einen Gegenstand zu finden, drückten sie ihn, vor Schlamm tropfend, wie er war, gegen das Herz, und jede meinte, er habe ihrer Tochter oder ihrem Sohn gehört.

16

Ich war mit meinen Manuskripten beschäftigt, als meine Frau mit einem Exemplar meines letzten Buches »Einladung ins Atelier« nach Hause kam, das noch nicht in den Geschäften zu haben war.

»Ich habe dieses Exemplar aus der Druckerei«, sagte sie zu mir. »Aber was hast du getan? Du hast deine Abreise angekündigt und noch dazu ganz offen!«

Sie blätterte im Buch, um die Seite zu finden, auf der das Gedicht »Die Zeit reicht nicht« steht. Ich hatte es als letztes Gedicht geschrieben und es im letzten Augenblick ins Manuskript gelegt, einen Tag bevor es in die Druckerei ging.

Wir lasen es beide langsam. Sie hatte recht: Dieses Gedicht war mehr als überraschend, und ich staunte jetzt, wie mir solch eine Torheit unterlaufen konnte.

In den Versen stelle ich mir meine letzten Augenblicke, die des Todes vor. Plötzlich, wie ein Wunder, verwandele sich das Grab, dem ich mich nähere, in ein Flugzeug:

Wie der Reisende mit übergewichtigem Gepäck,
nahe dem Flugzeug, das bald startet,
schwer beladen noch,
nähere ich mich meinem Grab...

Es war alles da: das zu viele Gepäck, das ich zweifelsohne mitnehmen würde, und das, was ich zurücklassen mußte, und das mir schon jetzt fehlte.

Wohin damit, mit diesem Gewicht und wie?
Wie sie tragen, diese Last?
Ich kann damit nicht hinuntersteigen hier,
ich kann es nicht lassen dort oben...

Der Abstieg ins Grab und das Aufsteigen im Flugzeug, mit anderen Worten: Diese Welt verlassen und Albanien verlassen, waren eins. Und hier noch die letzte Strophe:

Gemartert bis zum letzten Augenblick
von Nichtgesagtem, von tragischem Bedauern,
mache ich allen ein Zeichen,
unverständlich vielleicht, aber ich gehe fort.
Unten auf der Seite die Worte: »Frühjahr 1990«.

Alles lag offen da: Ohne es zu wollen, hatte ich das offenbart, was ich mein größtes Geheimnis nannte. Das Buch über Aischylos, das mit der Auswanderung des Schriftstellers endet, hatte mir nicht gereicht, jetzt gab es diese neuen Zeichen.

»Was gibt es da noch zu machen?« sagte ich zu Elena. »Jetzt ist es der Bericht einer angekündigten Abreise.«

Aber ich bedauerte nichts, denn mit einem gewissen Aberglauben hatte ich immer daran festgehalten, daß ein Unglück, das uns ein Gedicht bringt, meistens weniger unerträglich als ein anderes ist.

Mein Verleger Claude Durand, den ich zu kommen gebeten hatte, traf am 11. September mit seiner Frau in Tirana ein.

Nach dem Abendessen bei mir begleitete ich ihn zurück ins Hotel *Dajti* und setzte ihn von meiner Absicht in Kenntnis. Er hörte mir ruhig zu. Genau wie Michel Piccoli hatte er mich zu diesem Schritt nie ermutigt.

Ohne etwas gegen mein Vorhaben einzuwenden, erinnerte er trotzdem an die Schwierigkeiten, die entstehen könnten, ein echter Freund, der er ist.

Am Tag darauf gingen wir an einem verlassenen Strand bei Durres spazieren, um uns auszusprechen. Während wir über den feuchten Sand schritten, sagte ich zu ihm:

»Gestern abend, als ich mich ins Bett legte, wünschte ich mir aus ganzer Seele, daß es nie wieder Tag wird.«

»Ich verstehe sehr gut«, sagte er zu mir.

Am Tag darauf, am 13. September, begleitete ich die Durands und unsere jüngste Tochter, die sie mitnahmen und die noch nichts ahnte, bis zum Flugzeug. Elena und ich hatten Flugkarten für den 27. September reserviert. Auf dem Rollfeld, das ich betreten durfte, wiederholte ich Claude, was ich schon vorher angedeutet hatte:

»Wenn die Anwesenheit unserer Tochter dort unserem Kommen im Weg steht, muß sie sofort zurückgeschickt werden. Ich werde sie dann (im letzten Augenblick konnte ich das Wort »opfern« gerade noch vermeiden) hier lassen müssen.«

Er nickte bejahend mit dem Kopf (es war ein besonderes, ernstes Nicken, das ich bei ihm schon kannte), und wir trennten uns.

Zwei Wochen später, am 27. September, reisten wir unsererseits ab. Elena hatte Beruhigungstabletten eingenommen. Ich für meinen Teil fühlte mich sehr deprimiert.

Wir sprachen kaum.

Als sich das Flugzeug Norditalien näherte, sagten wir uns, es sei vielleicht gut, uns eine Zeitlang in ein Kloster zurückzuziehen.

Das Flugzeug mußte zweifellos schon über französischem Gebiet sein, als ich zu Elena sagte, diese Reise sei für mich wie ein Gang ins Gefängnis. Da es mir nicht gegeben war, in Albanien im Gefängnis zu sein, würde ich das jetzt in Frankreich nachholen.

Frankreich, im November 1990

Teil 2

Briefe

Die in diesem Teil veröffentlichten Briefe sind nicht nur für ein Verständnis der Abfolge der Ereignisse und ihre Entstehungsgeschichte nützlich; sie erlauben es auch, etwas Wichtigeres wahrzunehmen. Sie zeigen, auf welche Weise und in welchem Rhythmus sich in jenem denkwürdigen Jahr die Mentalität der Menschen in jenem Teil der Welt geändert hat.

Das Auftauen der Gehirne nach über vierzig Jahren ist ein schmerzhafter Vorgang, den alle Einwohner der kommunistischen Welt, vom einfachen Bürger bis zum Staatsoberhaupt, in unterschiedlichem Maße über sich ergehen lassen müssen. Nicht vergessen werden sollte dabei, daß die Menschheit eine ihrer erhabensten Sagen, die des Prometheus, der Befreiung von diesen Herren gewidmet hat.

Diese Briefe sind weder als Zeugnis für ein Kuriosum gedacht, noch sollen sie als Anklageschrift dienen. Sie sind vor allem eine Botschaft der Hoffnung und des Glaubens an die Fähigkeit des Menschen sich zu entwickeln und zu befreien.

Brief von Ismail Kadaré an Ramiz Alia vom 3. Mai 1990

Genosse Ramiz,

Ein Kanadier libanesischer Abstammung, Mehlem Mobarak, bat mich, Ihnen zur Kenntnisnahme ein Buch zu überreichen. Es ist das beschämende Werk von V. Georgewitsch, »Die Albaner und die Großmächte«, mit einer handschriftlichen Widmung von Fürst Kara Georgewitsch: »Auf bald in Albanien, wohin wir, davon bin ich jetzt überzeugt, in Kürze gehen und bleiben werden.«

Der gleiche Herr Mobarak hat mir ebenfalls bedeutet, er besitze rund achthundert Bände und verschiedene für Albanien wichtige Dokumente, die er unserem Land schenken möchte.

Ich nutze die Gelegenheit, um Ihnen meine Freude und die aller Intellektuellen über die Beschlüsse des IX. und X. Plenums auszudrücken und vor allem über Ihre Rede zur Demokratisierung von Wirtschaft, Gesellschaft und Außenpolitik unseres Landes.

Alle aufrichtigen Intellektuellen unterstützen genau wie alle Albaner, die ihr Land lieben, uneingeschränkt Ihre Anstrengungen, das Wohl unseres Volkes zu bessern und das öffentliche Leben in Albanien zu demokratisieren.

Das sind Ereignisse von historischer Reichweite, deren Bedeutung im Laufe der Jahre sicher noch wächst.

Erlauben Sie mir deshalb — gerade aus diesem Grund und nur dadurch angeregt —, Ihnen eine Reihe von Überlegungen und Sorgen zu unterbreiten, die ich mir als Bürger und Schriftsteller, der ich bin, mache, die aber, glaube ich, die Überlegungen und Sorgen vieler Menschen widerspiegeln.

Selbst wenn eine erdrückende Mehrheit der albanischen Bevölkerung begeistert die allerersten Schritte auf dem Weg zur Demokratie begrüßt hat und eine tiefergreifende Demokratisierung fordert, gibt es andererseits eine Handvoll von Elementen, die sich solchen Schritten widersetzt haben und diese Haltung auch bis zu ihrem letzten Tag beibehalten werden. Das Spektrum dieser feindlichen Kräfte ist bedeutsam.

Dazu zählen an erster Stelle die eingeschworenen Feinde unseres Landes: wie z. B. A. Pipa[1], der die Wiederaufnahme der diplomatischen Beziehungen zwischen Albanien und den Vereinigten Staaten als etwas Negatives bezeichnet hat.

An zweiter Stelle die serbischen Chauvinisten, für die die Ankündigung der beginnenden Demokratisierung und Umorientierung in der albanischen Außenpolitik ein Trauertag war.

Schließlich, so paradox es auch aussehen mag, dogmatische und konservative Kreise in Albanien selbst, die sich aus Sorge um ihre engstirnigen Eigeninteressen jedem Wandel widersetzen. Eine wahrhaft paradoxe Haltung insoweit, als sich diese Elemente als die Hüter der richtigen Linie aufführen; obwohl sie sich, wie beschränkt sie sonst auch sein mögen, durchaus der Tatsache bewußt sind, daß

118

sie die gleiche Meinung wie die Feinde Albaniens vertreten, halten sie weiterhin daran fest. Dadurch wird das Ausmaß ihrer Böswilligkeit eindeutig bewiesen und damit haben sie die letzte ihnen sich noch bietende Gelegenheit verpaßt, als reine Dummköpfe durchzugehen. Immer mehr verwandelt sich ihr Verhalten in bewußtes Agieren gegen den Demokratisierungsprozeß.

Im Augenblick versuchen diese Elemente aus reiner Selbsterhaltung, wenn schon nicht geschlossen, dann wenigstens gemeinsam vorzugehen. Sie versuchen, die Schwächen und Sorgen für sich auszunutzen, die der Demokratisierungsprozeß verursacht, der ja bekanntlich schwierig und voller Hindernisse ist.

Demokratie ist ein sehr schönes Wort, aber der Weg bis dahin ist kein Spaziergang. Im Gegenteil, einen beschwerlicheren könnte kein Land einschlagen. Aber wie alle Wege, die in die Freiheit führen, ist er für die Völker auch der großartigste und sicherste, den es gibt. Alle anderen führen früher oder später in den Abgrund.

In Albanien versuchen heute reaktionäre Kräfte, direkt oder indirekt, diesen lebenswichtigen Schwung zu bremsen, und auch morgen werden sie es noch versuchen. Sie schlachten Fehler aus, indem sie sie übertreiben; derzeit nehmen sie Zuflucht zu Provokationen, in dem sie die Menschen irreführen und ihre Verbitterung hervorrufen.

Ich nähre keinen pseudo-intellektuellen Fanatismus gegen den Innen- und den Polizeiminister. Wie jedem wahren Intellektuellen ist mir diese Ziererei gegenüber den Ordnungskräften, wie sie bestimmte Leute schon fast automatisch an den Tag legen, völlig fremd. Meine Verehrung für die Beamten des Inneren, vom Inspektor bis hinunter zum einfachen Gendarmen, die die ganze Nacht auf dem Posten sind und sich wirklich für die Verteidigung der Interessen der Bürger und die des albanischen Staates einsetzen, ist aufrichtig. Mich beunruhigt nicht der Knüppel — für bestimmte Leute geradezu das Symbol der Diktatur — und auch nicht der Nachdruck der Polizei gegenüber Strolchen, Räubern, Dieben und Verbrechern. Übrigens, und das ist das wenigste, was man sagen kann, ist die Polizei mit ihnen nicht immer so streng verfahren, wie es nötig gewesen wäre.

Nein, etwas ganz anderes bereitet mir Sorgen: der blinde Eifer und diese Psychose, die sich in letzter Zeit im Innenministerium breitgemacht haben. Das ist eine bittere Wahrheit, aber ich denke, daß Sie als Staatsoberhaupt eines winzigen, aber nicht zu übersehenden Landes darüber die Wahrheit hören sollten. Denn dieser blinde Eifer, diese ungesunde Glut, die nichts Gutes verheißen, werden, wenn keine Gegenmaßnahmen ergriffen werden, eines Tages noch verhängnisvolle Auswirkungen haben.

In letzter Zeit versuchten bestimmte hohe Beamte im Innenministerium sich einzureden — bevor sie andere davon überzeugten —, sie seien der Garant für die Stabilität des Staates, ohne sie werde dieser einstürzen und auf ihnen ruhe Hoffnung und Rettung.

Um dieses Gefühl glaubwürdiger erscheinen zu lassen, werden gemäß dieser Logik die Ihnen übermittelten Informationen sehr sorgfältig ausgewählt und gesteuert. Solche Falschmeldungen in die Welt zu setzen ist überhaupt nicht schwer, nicht schwerer, als eine Panik auszulösen, um anschließend falsche oder von Vorurteilen gefärbte Konsequenzen zu ziehen.

Die Albaner, die bei uns ihren Unmut offen äußern, lassen sich in ihrer großen Mehrheit nicht dazu hinreißen, die

120

Rückkehr der Beys oder Großgrundbesitzer zu fordern. Ganz im Gegenteil, sie sehen in den führenden Kadern von heute deren Reinkarnation.

Für ihre Verbitterung gibt es mehrere Gründe: die Wirtschaftslage, die Wohnungsbedingungen, die Probleme im Alltagsleben usw. Aber der für sie unerträglichste Grund ist und bleibt die Verletzung der Menschenrechte: die Verprügelungen, willkürlichen Verhaftungen, alle Arten von Drohungen und Demütigungen... Nun begreift der Innenminister anscheinend nicht, daß dieser Mißbrauch, der bisher mehr oder weniger hingenommen wurde, unter den jetzigen Umständen absolut unzulässig geworden ist und daß es zu tragischen Folgen kommen kann, falls daran festgehalten wird.

Die Organe der Diktatur geben sich große Mühe, diesen Mißbrauch zu legitimieren, um die Hände frei zu haben, noch weiter zu gehen. Sie haben nicht gezögert, überall die Floskel: »Ramiz Alia hat es uns erlaubt, so vorzugehen!« zu verbreiten.

Ganz Albanien ist auf dem laufenden über die Prügeleien in den Räumen der Dega [Sitz der örtlichen Sigurimi, der politischen Polizei] und der Polizei, von denen kaum ein Echo zu Ihnen dringen dürfte. Und wenn, dann sicherlich nur in abgeschwächter Form, da jene, deren Aufgabe es wäre, Sie über die wirkliche Lage zu unterrichten, kein Interesse daran haben, daß Sie davon etwas erfahren. Diese Leute bedrohen gar die Opfer der Mißhandlungen, um sie zum Schweigen zu bringen; sie glauben, sie könnten damit die Quelle zum Versiegen bringen, die die Wahrheit verkündet. In Wirklichkeit verbreitet sich die Wahrheit aber schon überall. Und diese Wahrheit ist unheimlich.

Als Vizepräsident der Demokratischen Front Albaniens erhalte ich immer wieder Dutzende von Beschwerden von Bürgern, deren Menschenrechte auf die übelste Weise verletzt wurden.

Hier möchte ich nur einige Fälle von Personen, die Künstlerkreisen nahestehen, erwähnen:

Hektor Pustina und Reiz Çiço, beides Kameraassistenten im Kinostudio, und Yeli Beqiraj, Kunstmaler, wurden in den Räumen der Dega furchtbar geschlagen und mißhandelt, ohne daß irgendeine Anklage gegen sie erhoben worden wäre.

Auf einer öffentlichen Sitzung in Anwesenheit des Sekretärs des Parteikomitees von Tirana haben sie diese Tatsache publik gemacht, aber ihre Beschwerden sind auf taube Ohren gestoßen: Niemand hat ihnen gegenüber auch nur die Andeutung einer Entschuldigung gemacht, außerdem werden sie auch weiterhin wie Rowdies behandelt.

Als sich Fatmei Musaj, ein Maler in Kavaja, über die an seinem Bruder, einem Musiker, verübten Gewalttaten beschwerte, wurde er auf die Dega zitiert, wo er beleidigt und bedroht wurde, damit er schweigt.

Illir Adili, ein Wirtschaftswissenschaftler aus Tirana, wurde willkürlich verhaftet, und sechsunddreißig Stunden lang festgehalten, in denen er geschlagen und bedroht wurde, wobei sich körperliche Gewalttätigkeit mit psychischem Terror abwechselte.

Ich will diese schwarze Liste nicht weiter verlängern. Trotzdem halte ich mich bei diesem letzten Fall auf. Im Laufe seines Verhörs wurde Illir Adili von den Beamten der Dega in Tirana mit hysterischen Beleidigungen überhäuft. Eine richtete sich gegen »die Schriftsteller und Intel-

122

lektuellen vom Typ Kadaré, die Albanien an den amerikanischen Imperialismus verkaufen wollen...«.

Diese Beleidungen wurden von den Sigurimi-Beamten Hodo Hodaj und Gezim Bejko ausgesprochen.

Daß ich keinen wie auch immer gearteten Fanatismus gegen den Innenminister hege, brauche ich wohl kaum zu erwähnen, aber auch keine besondere Achtung. Denn schon seit Jahren sind mir die Gefühle bekannt, die er mir gegenüber hegt: Seine Böswilligkeit läuft jedoch ins Leere, denn seit gut zwanzig Jahren wird von seinem Ministerium meine Post regelmäßig geöffnet, ohne daß mich das je beunruhigt hätte. Es beunruhigt mich so wenig, daß ich es während unserer Unterhaltung neulich, bei der ich von zahlreichen heiklen Angelegenheiten sprach, sogar unterließ, darauf auch nur anzuspielen. Mir ist bekannt daß es vom Öffnen der Post bis zum Abhören von Telefongesprächen nur ein Schritt bis zur völligen Überwachung ist. Aber selbst das hat mich nie wirklich gestört, nicht, weil ich besonders mutig wäre, sondern weil ich durchaus zwischen bestimmten Rädchen des Staates und dem Staat selbst unterscheiden kann, und weil mir nicht unbekannt ist, daß der Mechanismus jedes Staates, wie frei er auch sein mag, stets eine gewisse Dosis Absurditäten in sich birgt.

Doch zurück zu den beiden Sigurimi-Beamten. Es geht mir dabei nicht so sehr um die Tatsache, daß sie meinen Namen erwähnten — daran bin ich gewöhnt! — mich beunruhigt die allgemeine Psychose, die beim Innenministerium gegen die Intelligenz heranwächst.

Meiner Überzeugung nach, ist der Gebrauch des Wortes *Intellektuelle* nur ein Euphemismus, mit dem die demokratische Orientierung des IX. und X. Plenums aufs Korn genommen werden soll. Vom Haß auf die Intelligenz bis zum Haß auf die demokratische Neuorientierung dieser Plenen und auf Ihre eigenen Erklärungen ist es nur ein Schritt.

Den stellvertretenden Innenminister Zylyftar Ramizi[2] kenne ich nicht, aber er wird mir überall schlimmer als ein Henker beschrieben. Ist es denn denkbar, daß das albanische Volk schon soweit seinen politischen oder eher seinen gesunden Menschenverstand verloren hat, daß es unbegründet Beschuldigungen ausstößt? Oder anders ausgedrückt, unbegründet haßt oder liebt? Meiner Meinung nach hat unser Volk den Kopf nicht verloren; es weiß sehr gut, wen oder was es liebt und wen oder was nicht.

In der albanischen Öffentlichkeit ist Zylyftar Ramizi dafür bekannt, daß er sich sowohl mit bemerkenswertem Eifer persönlich an den Prügelsitzungen beteiligt, als auch im wesentlichen hinter dieser krankhaften Psychose steht, die ich vorhin erwähnte, und daß er ebenfalls für den Haß verantwortlich ist, der sich unter der Bevölkerung ausgebreitet hat.

Als der Generaldirektor der Polizei, Dilaver Bengas, gerade seinen »Forschungsbericht« über *Den Einsatz von Polizeikräften zum Auseinandertreiben von Menschenmengen* Ihnen zur Kenntnisnahme unterbreitete, hatte ich Gelegenheit, ihn näher kennenzulernen. Es hat mich immer wieder erstaunt, wie dieser mittelmäßige Schwindler eine so steile Karriere machen konnte und daß ihm eine so delikate Aufgabe anvertraut wurde. Während er die Staatsanwaltschaft in Tirana leitete, versuchte er, mich vor Gericht zu stellen.

Die soeben erwähnten Personen sind vom Haß auf die Intelligenz beseelt. Wie kann man nur sein Volk und sein

Land lieben, wenn man die Repräsentanten seiner Kultur verabscheut?

Auf Grund eines eigenartigen Zufalls ist Zylyftar Ramizi Vizepräsident des juristischen Ausschusses der Volksversammlung, der die Aufgabe hat, das richtige Funktionieren seines Ministeriums zu überwachen!

Lange Zeit wachte Spiro Koleka[3] als Verantwortlicher im Präsidium der Volksversammlung über die Anwendung der Gesetze. Damals war ich Abgeordneter, und ich erinnere mich, wann immer es darum ging, die Menschenrechte zu verteidigen, handelte er gegen sie. In gewisser Hinsicht war das nur logisch, denn sein eigener Sohn, Untersuchungsrichter am Innenministerium, war berühmt-berüchtigt als sadistischer Verbrecher, gegen den jede Beschwerde wirkungslos blieb.

Eine völlig unschuldige Studentin wurde »dank« seiner Fürsorge mit einer Eisenstange zusammengeschlagen. Sie lebt noch immer in Tirana, für immer körperbehindert, während dieser sogenannte Beamte im Namen welcher Verdienste auch immer befördert und ins Außenministerium versetzt wurde, wo er heute noch arbeitet.

Rita Marko[4], der Spiro Koleka ablöste, hat ebenfalls nicht die geringste Vorstellung von Recht. Das ist einer der Gründe, weshalb die Menschen diese ganze Sippschaft als Machthaber nicht mehr wollen. Diese Herrschenden, die wissen, daß das Volk sie ablehnt, hassen es dafür. Sie halten sich an ihm schadlos, prangern seine angebliche Undankbarkeit an und verabschieden Gesetze, die es ihnen ermöglichen, all jene hinter Schloß und Riegel zu bringen, die es wagen, sie zu kritisieren.

Es betrübt mich, Ihnen solch bittere Zeilen schreiben zu müssen. Aber Sie haben dem albanischen Volk neue Horizonte eröffnet, und wenn Sie nicht wollen, daß sie sich wieder verdunkeln, daß sie verblassen, bis sie sich am Ende wieder verschließen, haben wir als Bürger dieses Landes, im Namen dieser neuen Horizonte die Pflicht, Ihnen zu Hilfe zu kommen und Sie zu unterstützen.

Den Demokratisierungsprozeß wollen all jene Kräfte bekämpfen, die nur ein engstirniges Ziel eint: die Sorge um die eigenen Privilegien. Denn wie jede wahrhaft fortschrittliche Bewegung gefährdet gerade die Demokratisierung der Gesellschaft, die Stellung der Priviligierten und deren Untätigkeit.

Jeder spricht von diesen Privilegien, aber ich bin davon überzeugt, daß Ihnen darüber eine stark abgeschwächte Version zu Ohren kommt. Nur einige notorische Nörgler in Albanien werden es wohl nicht einsehen, daß das Staatsoberhaupt und bestimmte hochrangige Machthaber genau wie in anderen Ländern unter anderen Bedingungen leben. Dabei sind diese Bedingungen in den meisten Fällen ein Erfordernis der Sicherheit und stellen deshalb sowohl ein Nachteil als auch ein Privileg dar.

Der Unmut des Volkes richtet sich nicht gegen die Privilegien selbst, sondern das Volk mißbilligt die durch nichts gerechtfertigten Privilegien, den Mißbrauch und die Verletzung eines der wesentlichsten Grundsätze unserer Verfassung: die Gleichberechtigung aller Bürger. Kurz: Das Volk lehnt sich gegen eine Situation auf, in der eine ansehnliche Zahl von Familien ihre traditionellen Privilegien behält, die durch nichts mehr gerechtfertigt sind. Familien, die eine ganze Horde von Verwandten hinter sich herschleppen, immer weiter entfernte Vettern und Kusinen, Onkel und Tanten, Schwiegertöchter und Schwiegersöhne, die sich nicht nur mit den ihnen nicht zustehenden Privile-

126

gien zufriedengeben (Sonderverpflegung, Urlaub an ihnen vorbehaltenen und gut bewachten Orten usw.), sondern es auch noch für richtig halten, damit zu prahlen, was zurecht den Zorn der weniger Privilegierten weckt.

Wer sich auch nur etwas in der menschlichen Natur und besonders im Temperament der Balkanbewohner auskennt, versteht schnell, wie sehr solch eine ständige Herausforderung als unerträglich empfunden wird, noch dazu in einem sozialistischen Land, in dem es angeblich die klassenlose Gesellschaft gibt.

Ich bin davon überzeugt, daß Ihnen das Echo dieser Empörung entstellt und umgedeutet zu Ohren kommt, es wird Ihnen sicher als Wunsch dargestellt, das Regime zu stürzen. Diese Interpretation paßt den konservativen Kräften gut ins Konzept.

Diese Kräfte sind bereit, alle Mittel einzusetzen, um den Demokratisierungsprozeß zu sabotieren: den Zorn der Bevölkerung wecken, Unruhe schüren, um dann sagen zu können: »So, dahin führt uns also die Demokratisierung, dahin also bringen uns die Beschlüsse des IX. und X. Plenums!« Eine klassischere Methode gibt es kaum.

Um ihre Interessen weiterhin zu erhalten, wollen die Konservativen beweisen, daß der Sozialismus ohne Gewalt nicht fortbestehen kann, und in diesem Punkt, wie auch in vielen anderen, stimmt ihr Standpunkt hervorragend mit dem der Feinde des Sozialismus überein. Für sie sind Sozialismus und Demokratie zwei Begriffe, die sich gegenseitig ausschließen, weil Sozialismus für sie ganz einfach Privilegien, Gesetzesverstoß, Mißbrauch, Unwissenheit und Lethargie bedeutet.

Die öffentlichen Auftritte der konservativen Kader reizen die Bevölkerung. Ihre hohlen Reden, und die offenen

Drohungen bereiten dem Volk Verdruß, der allmählich in offene Feindseligkeit umschlägt..

Auf dem letzten Plenum des Zentralkomitees des Jugendverbandes unterdrückte der Präsident des Obersten Gerichtes, Aranit Çela, als er von der Demokratisierung unseres Justizapparates sprach, nur mühsam seine Nervosität, die offensichtlich durchbrach, als er seine Drohungen wiederholte: »Wer immer heute einen Fluchtversuch wagt, er riskiert sein Leben an der Grenze!« Ist so eine Sprache bei einem Richter vertretbar, ganz zu schweigen vom Präsidenten eines Obersten Gerichtshofes?

Viele Menschen fragen sich durchaus zu Recht, wie es kommt, daß die »Experten«, die mit der Demokratisierung unseres Justizapparates betraut sind, genau die gleichen sind, auf deren Konto so zahlreiche Rechtsbrüche gehen.

Als Beispiel möchte ich den Präsidenten des Obersten Gerichtes erwähnen oder auch den Generalstaatsanwalt, Rapi Mino, der lange Jahre hindurch eifrigster Mitarbeiter des Innenministeriums war, jenes Ministeriums, von dem es seinerzeit hieß, es sei ein »Vipernnest« unter der Leitung von Verbrechern wie Kadri Hazbiu und Feçor Shehu[5].

Besser als jeder andere wissen Sie, wie sehr diese unheilvolle Gesetzgebung dem Ruf unseres sozalistischen Staates beim albanischen Volk und vor allem auf internationaler Ebene unwiederruflich geschadet hat. Heute versuchen fortschrittsfeindliche Kräfte, die Gesetze um jeden Preis zu erhalten und so den Keim des Bösen zu bewahren. Dabei geben sie vor, zum Wohl von Staat und Sozialismus zu handeln, während der tatsächliche Vorteil unerheblich ist im Vergleich mit dem ganzen Bösen, das sich daraus ergibt. Denn wenn Albanien nach der gegenwärtigen Sitzung der Volksversammlung seine anachronistischen Gesetze beibehält, die in keinem anderen Land Europas mehr in Kraft sind, verschlimmert sich sein schlechter Ruf noch weiter, und vieles wird dadurch gefährdet. Albanien würde dagegen eine erstaunliche Wirkung erzielen, würde es der übrigen Welt zeigen, daß der Sozialismus demokratisch werden kann. Nichts wäre bedrückender, als wenn das Land genau das Gegenteil bewiese.

Mangelnde Kohärenz, eine gewisse Nachsicht gegenüber dem Bösen und noch mehr die Befriedigung, mit der es manchmal betrachtet wird, schaden dem guten, durch das IX. und X. Plenum geschaffene Klima. Mir ist völlig unverständlich, welcher Vorteil unserem Land aus den ungerechtfertigten Morden an unseren Grenzen erstehen soll, wie z.B. die Ermordung jenes Paares bei Shkodra, das völlig grundlos erst eingekreist, dann niedergemetzelt wurde. Dieser Doppelmord, genau in dem Augenblick begangen, in dem das neue Gesetz über die Freizügigkeit von Auslandsreisen diskutiert wurde, hat die öffentliche Meinung in Albanien bestürzt; eine Untersuchung und Verurteilung der Schuldigen wäre weitaus angebrachter gewesen als die hier und dort bezeugte Zufriedenheit, wie sie Anhänger der Gewalt zynisch offenbaren: »Geschieht ihnen recht! Das nennt man gute Arbeit!«

Man kann die Bürger eines unabhängigen Landes nicht einfach in den Schmutz werfen, willkürlich verhaften, demütigen, verprügeln, und noch weniger dürfen sie wie Hunde abgeknallt werden.

Ich bin untröstlich, Sie mit den betrüblichen Abschnitten dieses Briefes zu belästigen, aber ich habe heute Ihre Rede in Kolonj gelesen, in der Sie sagen, Sie möchten die volle Wahrheit über die Ereignisse im ganzen Land erfahren; deshalb habe ich beschlossen, nichts auszuklammern.

Wie ich bereitserwähnte, ist der Weg zur Demokratie äußerst mühselig. Es gibt dabei voraussichtlich Exzesse, Mißverständnisse, Schwierigkeiten, unsinnige Losungen, Handlungen und Mißbrauch. Nichts, was nicht schon bekannt wäre. So sieht es auf diesem Weg nun einmal aus. Aber deshalb ist er auch so großartig, ja heldenhaft. Die Geschichte erkennt Ihnen, wenn Sie ihn beschreiten, ein großes Vedienst zu, das Verdienst desjenigen, der im richtigen historischen Augenblick den einzigen Weg einschlug, der möglich war, den einzigen, den man einschlagen konnte.

Trotz aller Beschwernis folgt dieser Weg einer eigenen Logik, die in einem ununterbrochenen Vorwärtsschreiten besteht: mit sicherem Schritt schreiten, wie die Bewohner unserer steilen Gebirge, vor allem aber ohne anzuhalten, oder zurückzufallen. Nichts schmeckt einem Volk in seinem Schicksal bitterer als enttäuschte Hoffnungen. Sie sind die Ursache für Verzerrungen und Unheil.

Das Volk steht an Ihrer Seite. Eine Handvoll blinder Elemente, bemüht, den Demokratisierungsprozeß zu durchkreuzen, zählt wenig im Vergleich zu sieben Millionen Albanern, die sich für dieses Land eine Zukunft wünschen, die unabwendbar ihnen gehört. Sobald diese Kräfte auf dem Schutthaufen der Geschichte gelandet sind, zeigen sie sich als das, was sie waren: lächerliche Spottfiguren. Doch in die Freude, die die Menschen dann empfinden, mischt sich ein wenig Bedauern: Welche Bedeutung haben wir ihnen beigemessen! Wie haben wir sie überschätzt! Welche Kraftvergeudung!

Das albanische Volk steht an Ihrer Seite, weil die Zukunft auf Ihrer Seite steht. Dieses Volk versteht viel, und in grundsätzlichen Fragen ist es unfehlbar. So wie es auf Gleichgültigkeit mit dem Entzug seiner Zuneigung antwortet. Jene, von denen es geliebt wurde und die sich um es bemüht haben, und zwar nicht dadurch, daß sie seinen Zorn weckten oder es peinigten, sondern dadurch, daß sie sich für seine Rettung, sein Glück und seine Freiheit einsetzten, wird das Volk in seinem Gedächtnis und in seinem riesigen Herzen bewahren. Dieses Schicksal ist das Ihre. Die Zukunft steht auf Ihrer Seite. Ihnen zur Seite steht Albanien.

Hochachtungsvoll
Ismail Kadaré
Tirana, den 3. Mai 1990

Antwort von Ramiz Alia an Ismail Kadaré vom 21. Mai 1990

Lieber Ismail,

vielen Dank für Deinen Brief vom 3. Mai 1990. Ich konnte Dir nicht eher antworten, weil ich sehr beschäftigt war. Du selbst hast auch keine Antwort erwartet, aber ich möchte Dir einiges sagen. Ich war Dir gegenüber immer sehr offen. Das will ich auch jetzt sein.

Dein Brief hat keinen guten Eindruck auf mich gemacht, nicht wegen seiner »betrüblichen« Abschnitte, sondern wegen der Ausbrüche von Verbitterung gegen die Kräfte, die Du als konservativ bezeichnest, und des übermäßigen Lobes für mich persönlich. Es darf keine Mißverständnisse geben: Ich schütze keine fortschrittsfeindlichen Kräfte, unter welchem Deckmantel sie auch auftreten mögen, ebensowenig vermag ich es, einen wie auch immer gearteten Verstoß dieses oder jenes Polizeibeamten oder einer Staatseinrichtung gegen das Gesetz zu decken. Unser Staat hat nie gezögert, noch zögert er jetzt auch nur einen Augenblick, das zu verurteilen, was verurteilt werden muß.

Ich habe angeordnet, die in Deinem Brief angeführten Fälle zu untersuchen. Aber wenn Du diese Affären anführst, muß ich Dir ganz offen eingestehen, daß die Tatsache, daß Du Dich ausschließlich auf konservative Kreise konzentrierst, gleichzeitig die Kräfte der Reaktion schweigend übergehst, die uns im Ausland oder innerhalb unserer Grenzen dazu verführen wollen, auf unsere Freiheit und unsere Unabhängigkeit als Volk und als Kommunisten zu verzichten, daß diese Tatsache, das sage ich Dir ganz offen, mich beunruhigt hat. Denn Deine Schlußfolgerung, wonach im Innenministerium eine der Intelligenz feindselige Strömung wächst, entbehrt jeder Grundlage und ist darüber hinaus auch noch tendenziös.

Was Dein Lob, mit dem Du mich überschüttest, betrifft, darfst Du, Genosse Ismail, nicht vergessen, das jede unserer Handlungen eng mit der Partei zusammenhängt, mit ihrer Kraft und ihrem Scharfblick. Wir wurden von der Partei erzogen, von ihr inspiriert, sie hat uns den Mut gegeben, jedem Sturm die Stirn zu bieten. Ich schätze wirklich die Zustimmung, die aus dem Volk kommt. Ich habe eine sehr große Anzahl von Briefen und Telegrammen, von einzelnen und Gruppen, erhalten, die ich ebenso wie Deine schätze, aber persönlich habe ich auf dem IX. und X. Plenum des Zentralkomitees der Partei nichts Besonderes getan. Ich verdiene Deine Komplimente nicht. Wie es jedem Parteiführer obliegt, habe ich in einer Rede lediglich die von den Kommunisten, Arbeitern, Jugendlichen, Intellektuellen, verschiedenen Fachleuten und Bauern ausgedrückten Ideen zusammgefaßt. Das sage ich nicht aus falscher Bescheidenheit. Damit wiederhole ich nur eine Wahrheit, die in einer Versammlung nach der anderen von Parteigenossen und Vertretern der unterschiedlichsten Gesellschaftsschichten geprägt wurde.

Wenn ich mich an diesem Punkt so lange aufgehalten habe, dann nicht, weil ich als »Mann mit Grundsätzen« auftreten möchte, sondern weil mir die Tatsache auffiel, daß ich in Deinem fast dreitausend Worte langen Brief nicht ein einziges Mal das Wort »Partei« gelesen habe. Sogar wenn Du das IX. und X. Plenum erwähnst, verschweigst Du, daß es sich um Plenen des Zentralkomitees der Partei handelte. Das ist mir schon bei dem Interview aufgefallen, das Du kürzlich der »Stimme der Jugend«[6] gabst. Vielleicht geschah es aus Sorge, um nicht in Formalismus zu verfallen, vielleicht ist es nur ein Versehen. Aber im Augenblick, wo die Reaktion - und nicht die Konservativen - so heftig die einfache und glatte Liquidation der Kommunistischen Partei predigen, und wo es anderswo dazu kommt, Name von Partei und Republiken zu ändern, da nützen weder ein solches Versehen noch die Sorge, nicht in Formalismus zu verfallen, der Verteidigung unserer nationalen Unabhängigkeit oder unserem Kampf für die Revolutionierung und Demokratisierung des öffentlichen Lebens. Ohne Partei, ohne Sozialismus ist ein freies und unabhängiges Albanien nicht lebensfähig. Folglich gäbe es auch für das Volk keine Demokratie mehr.

Mit großem Interesse habe ich einige Interviews gelesen, die unsere Genossen der ausländischen Presse gewährt haben. Das Ausland interessiert sich nur für Fragen der freien Meinungsäußerung, nur für das Aufdecken einer möglichen Spaltung in der Partei, nur für das Festhalten oder Nichtfesthalten an der Linie von Enver Hoxha usw. usf. Mit ihren Antworten — die im allgemeinen richtig waren — hätten unsere Genossen meiner Meinung nach die Gelegenheiten nutzen müssen, um sehr klar unsere sozialistische Linie zu betonen, um nachdrücklicher auf

Stimme und Positionen der Partei hinzuweisen, statt sie still-schweigend zu übergehen. Das hätte vielleicht nach Forma-lismus ausgesehen — aber nicht in jenem Augenblick.

So wie der Sieg im Kampf um die nationale Befreiung in Albanien unter der Leitung der Partei errungen wurde, so kann sich der allgemeine Entwicklungsprozeß des Lan-des nur unter ihrer Leitung vollziehen. Allein sie ist der Garant, daß alles zum Wohl von Vaterland, Volk und So-zialismus geschieht. Allein sie garantiert, daß der Prozeß des wirtschaftlichen und kulturellen Fortschritts, die Bes-serung der Lebensbedingungen der Massen, unsere Bezie-hungen zur restlichen Welt, die allgemeine Emanzipation des einzelnen und der Gesellschaft als Ganzem folgerich-tig verwirklicht werden.

Die Partei bemüht sich, Anschluß an die Fortschrittsbe-wegung zu finden, die unsere Zeit bestimmt. Dabei geht es sowohl um einen Wandel in Wirtschaft und Gesellschaft wie um ein Entfalten von Rolle und Persönlichkeit des al-banischen Bürgers. Auf welchem Weg ist das zu erreichen? Indem wir uns dem Diktat und dem Vorbild der restlichen Welt beugen oder indem wir den eigenen Überzeugungen gehorchen, indem wir unsere Souveränität, unsere Origina-lität und unsere nationalen Traditionen bewahren?

Meiner Meinung nach befürwortet jeder scharfblicken-de Mensch, jeder Patriot, jeder Kommunist den zweiten Weg. So sind wir immer verfahren. Unser ureigenster Kampf, unsere sozialistische Umgestaltung, unsere Agrar-politik, unsere Erziehungs- und Kulturpolitik tragen den Stempel »albanisch«. Das macht unsere Eigenart aus.

Heute versucht die Reaktion im Westen wie im Osten, uns ihren eigenen Weg aufzuzwingen, indem sie ihn als unumgängliche Voraussetzung darstellt, um von der Völkergemeinschaft akzeptiert zu werden. Das gleiche gilt für die Marktwirtschaft, also für die Entwicklung von Privateigentum und die Öffnung für Investitionen und Beteiligungen mit ausländischem Kapital, für den Parteienpluralismus also die Gründung antisozialistischer Parteien, was zu einer Spaltung des Landes führt — etwas ganz anderes sind Ideenvielfalt, Förderung und Entfaltung der freien Diskussion — und so fort, die als allgemeingültige Modelle dargestellt werden.

Für uns als kleines Land, umgeben von uns feindlich gesinnten Nachbarn, wäre dann nicht nur der Sozialismus gefährdet, sondern auch Freiheit und Unabhängigkeit des Vaterlandes.

Ich bin davon überzeugt, daß Du in diesen Dingen durchaus auf dem laufenden bist; trotzdem übergehst Du in Deinem Brief diese Gefahr völlig; der äußere Druck bedroht nicht nur einige einzelne, sondern damit soll dem ganzen albanischen Volk ein Strick um den Hals gelegt, die um den Preis unseres Blutes gewonnene Macht gestürzt und die Vorherrschaft durch das Ausland wiederhergestellt werden.

Dein Werk ist der Verteidigung des Vaterlandes, seiner Freiheit und Unabhängigkeit gewidmet, ebenso wie dem heroischen Kampf unserer Partei und von Genosse Enver Hoxha für die Bewahrung unserer Souveränität (ich erinnere mich an »Der General der toten Armee«, »Die Festung«, »Der große Winter«, »An wen denken die Berge?«, »Adler fliegen hoch«,»Konzert«, für dessen französische Ausgabe ich Dir danke usw.). Das alles ehrt Dich, nicht nur als Schriftsteller, sondern als Kämpfer, als Patriot und als Kommunist. Das Volk liebt Dein Werk, und die Partei hat es immer geschätzt. Du darfst nicht vergessen, was Genosse Enver Hoxha für Dich getan hat, noch, daß ich Dir immer einen gewissen Vorzug eingeräumt habe. Im übrigen hat die Tatsache, daß ich Dir so ganz offen und undiplomatisch schreibe, sicher etwas mit unseren freundschaftlichen Beziehungen zu tun, aber ebenfalls mit der Aufmerksamkeit, die die Partei Ismail Kadaré unablässig geschenkt hat, von dem wir erwarteten und erwarten, daß er nicht nur ein großer Schriftsteller ist, sondern auch ein konsequenter Kämpfer für die Sache von Partei und Volk.

Deine Polemik mit Arshi Pipa in »The Voice of America« habe ich nicht ganz verstanden. Sie war schwach, mehr eine Verteidigung. Genau wie sich die internationale Reaktion gegenüber dem Volk und ganz Albanien verhält, wollte Dich der Provokateur Arshi Pipa in diesem Interview dazu verleiten, Dich von Enver Hoxha loszusagen und Dein Werk und Dein Handeln zu verleugnen. Er erklärte, Ismail Kadaré dürfe sich nicht damit zufriedengeben, jetzt für Demokratie und Menschenrechte einzutreten und Verstöße in diesem Bereich zu kritisieren. Arshi Pipa wollte Dich dadurch zum Verleugnen von Sozialismus und sozialem System veranlassen, die Du in Deinem Werk verteidigt hast. Er übte also keine Literaturkritik, und er kümmerte sich ebenso wenig darum, ob Du das Regime kritisierst oder lobst. Deshalb hätte sich Deine Verteidigung auch auf den politischen Bereich konzentrieren müssen. Auf jeden Fall war es unpassend, Arshi Pipa damit zu antworten, er habe Dich früher schon einmal denunziert und Dein Buch sei ein literarisches Werk, das nichts mit Regimekritik oder Lobhudelei für den Personenkult zu tun habe. Solch eine Antwort ist kurz und nichtssagend[7].

Selbstverständlich ist Dein Werk künstlerischer Natur, aber es enthält auch eine klare Botschaft: der heroische Kampf des Volkes, der Partei und Enver Hoxha für die Verteidigung der Freiheit des Volkes, Unabhängigkeit des Vaterlandes und der sozialistischen Ideale. Ohne diese unmißverständliche Botschaft besäße Dein Werk nicht den ihm eigenen Wert. Und genau diese Botschaft, diese Hymne auf das Volk und auf den Sozialismus kann Arshi Pipa nicht ertragen.

Um diese kämpferische Botschaft zu verteidigen, hättest Du Dich meiner Ansicht nach unnachgiebig diesem Knecht der Reaktion, diesem Feind des sozialistischen Albaniens entgegenstellen müssen. Der Kampf für die Demokratisierung des Lebens im Land und der heldenhafte Kampf unserer Partei und Enver Hoxhas für die Verteidigung von Freiheit, Unabhängigkeit und sozialistischem Ideal sind untrennbar.

Heute, Genosse Ismail, da reaktionäre Kräfte die Frage der Unabhängigkeit von Vaterland und Sozialismus aufs Korn genommen haben und diese Unabhängigkeit wie nie zuvor in unserer jungen Geschichte gefährdet ist, bedürfen Volk und Partei noch stärker des aktiven Einsatzes und der Entschlossenheit eines jeden, Arbeitern wie Intellektuellen, Jungen wie Alten. Um die feindlichen Angriffe abzuwehren, müssen alle Waffen eingesetzt werden. Wir müssen uns um die Partei zusammenschließen und ihre Schritte sowohl im Wirtschaftsbereich wie bei der Demokratisierung der Gesellschaft für einen grundlegenden Wandel unterstützen.

Kein einzelner allein, auch keine wie immer geartete Kraft kann ohne die Partei, ohne ihren alles mitreißenden Strom etwas erreichen. Die Partei schreitet auf dem geraden Weg voran, bahnt weise und sicher den Weg. Ihre Direktiven im Bereich von Kultur, Gesellschafts- wie Staatsleben müssen befolgt werden. Zu diesem Zweck ist die Begeisterung der Volksmassen anzufeuern, die vor sich eine einheitliche Front von Kämpfern sehen müssen, anstelle von solchen, die »sich zieren«, wie Du es sagst! (Heutzutage läßt sich die Zahl dieser »Sich-Zierenden« nicht mehr festlegen, die die Worte »Demokratie« oder »unmißverständliche Erklärung der Menschenrechte« auf ihre Art und Weise gelernt — oder besser, falsch gelernt — haben und nach ihrer Fasson auslegen.) Im Kampf, die Demokratisierung schrittweise auf das Leben im Land zu übertragen, steht uns sicher noch Arbeit in Hülle und Fülle bevor. Gleichzeitig müssen wir auch die Kräfte bekämpfen, die sich diesem Demokratisierungsprozeß widersetzen. Und das sind die unterschiedlichsten Kreise: die Rechte wie die Linke, Konservative und Dogmatiker, Liberale wie Opportunisten, Unfähige und Mittelmäßige, Karrieristen wie Bürokraten, Degenerierte und Antisozialisten. Dieser Kampf muß geführt werden; wir führen ihn nicht als einzelne, sondern gemeinsam, indem wir massiv und auf breiter Grundlage vorgehen, indem wir die Volksmassen über die Parteiorganisationen, die Massenorganisationen, die Presse und das Fernsehen usw. mobilisieren. Ohne uns auf dem Weg zum umwälzenden Wandel im Leben des Landes und der Partei aufzuhalten, ebensowenig wie durch die Demokratisierung und Vertiefung dieser Massenlinie, müssen wir sehr aufmerksam bleiben und weise vorgehen, um die Freiheit unseres sozialistischen Vaterlandes zu verteidigen. Albanien darf nie so werden wie Rumänien oder Polen, ebensowenig wie Bulgarien oder Jugoslawien. Das wäre ein Fluch für zukünftige Generationen, ein Fluch für unser Volk.

Ich habe Dir ganz offen geschrieben, weil ich weiß, daß auch Du lieber die Dinge ohne jede Umschweife hörst. Aber noch etwas anderes zwingt mich dazu: Ich möchte, daß Ismail Kadaré im Volk und bei unseren Intellektuellen ebenso wie in der internationalen Meinung nicht nur als jemand gilt, der sich manchmal einmischt, um die Sigurimi und den Polizeiapparat zu kritisieren, manchmal die Dogmatiker und die Mittelmäßigen im künstlerischen Bereich, sondern, daß man in ihm auch den kommunistischen Schriftsteller sieht, der sich in dieser schweren Zeit für die Einheit innerhalb der Partei einsetzt, um die Freiheit seines Vaterlandes und den Aufbau des Sozialismus in Albanien zu verteidigen. Dieser Aspekt darf von niemandem angezweifelt werden.

Meine besten Grüße
Ramiz Alia
Tirana, den 21. Mai 1990

An den Präsidenten der sozialistischen Volksrepublik Albanien

Meine Entscheidung, vorübergehend unser Land zu verlassen, habe ich nicht leichtfertig getroffen: ich habe ein völlig ruhiges Gewissen. Ich habe Ihnen wiederholt schriftlich wie mündlich meine innersten Gedanken offenbart. In dem Ihnen am 3. Mai dieses Jahres zugeschickten Brief und vor allem während unserer langen Unterredung im vergangenen Februar habe ich Ihnen ohne Umschweife gesagt, daß das albanische Volk ganz dringend Demokratie und eine Besserung im wirtschaftlichen Bereich braucht. Eine wirkliche Demokratisierung des öffentlichen Lebens, eine Absage an die Gewalt, die Freilassung politischer Gefangener, ein Ende der Isolierung und der Verteidigung Stalins, die Freiheit der Religionsausübung und Meinungsäußerung! Das sind einige der Forderungen, die ich Ihnen ausführlich in diesem Frühjahr dargelegt habe. Eine logische Fortführung dessen, was ich seit Jahren in meinem Werk ausdrücke und verteidige. Auch meine Entscheidung, unser Land zu verlassen, ist eine solche logische Fortführung. Dazu möchte ich anmerken, daß mein Werk unverändert bleibt, so wie es in Albanien entstanden ist, ohne jede Änderung oder Überarbeitung. Ein Beweis dafür, daß die in diesem Land gewachsenen

Werte selbst in schweren Zeiten unanfechtbar bleiben, gleichgültig, was Verleumder sagen mögen.

Zusammen mit der großen Mehrheit der Albaner und einem Teil der Nationen der Welt habe ich im letzten Frühjahr zuversichtlich daran geglaubt, daß Sie die Demokratisierung des Landes einleiten. Damit wäre Ihnen die Dankbarkeit unseres Volkes bis an Ihr Lebensende sicher gewesen. Anscheinend haben aber finstere Mächte oder ein Bereich Ihres eigenen Gewissens Sie dazu verleitet, genau das Gegenteil des Versprochenen zu tun. Und dann kam, was bekannt ist: Gewalttätigkeit der Polizei, Ermordungen und eine ungeheure Enttäuschung.

An dem Tag, an dem ich davon überzeugt war, daß sich meine intellektuellen Anstrengungen, das Regime zugunsten einer Lockerung zu beeinflussen, als nutzlos erwiesen, beschloß ich unser Land zu verlassen. Von jenem Zeitpunkt an konnte ich weder an der Farce von Demokratie teilnehmen, noch wollte ich einen Beitrag zur Verewigung einer Illusion erbringen.

Noch im vergangenen Frühjahr hielten Sie alle Karten in der Hand, um eine neue Zeit in der Geschichte des albanischen Volkes einzuleiten. Aber Sie haben sich diese großartige Gelegenheit entgehen lassen. Trotzdem habe ich noch immer die Hoffnung, daß Sie die letzte Ihnen verbleibende Gelegenheit ergreifen, um ein Blutvergießen zu verhindern. Ein gewaltsamer Ausgang wäre für das albanische Volk, innerhalb wie außerhalb seiner Grenzen, eine Katastrophe, doch seine Feinde wären nur allzu glücklich. Es wäre Ihr von der Geschichte zuerkanntes, großes Verdienst, wenn Sie diese Entwicklung vermeiden könnten.

Ich hoffe, daß Sie schließlich die Stimme der Vernunft hören, und mit dieser Hoffnung habe ich diesen Brief mit den Worten begonnen: *vorübergehend* verlasse ich Albanien. Sobald Albanien eine echte Demokratie geworden ist, kehre ich unverzüglich ins Land zurück. Ich lege Wert darauf zu betonen, daß ich nicht nach dem Sturz des Regimes zurückkehre, sondern nachdem ein wahrer Demokratisierungsprozeß in die Wege geleitet worden ist.

Die Menschen oder dieser Bereich Ihres eigenen Gewissens, die Sie davon überzeugt haben, der demokratische Strom führe Ihren Sturz herbei, übersehen dabei die Bestrebungen und die politische Intelligenz, die sich beim albanischen Volk dank der Erfahrung eines sehr langen Dramas entwickelt haben.

Die Albaner, sowohl jene innerhalb der Landesgrenzen als auch jene in Kosovo, Jugoslawien, dürften wohl noch nie so offene Augen wie heute gehabt haben. Nie wieder wird sich das albanische Volk von irgendeiner dieser Lehren oder Theorien irreführen lassen, die bisher dazu dienten, die Armut und die fehlende Demokratie zu rechtfertigen, in der es heute lebt. Heute sind sich die Albaner bewußt geworden, daß sie eines der ältesten Völker in Europa sind und daß sie deshalb ein besseres Los verdient haben. Albanien verfügte über alle Voraussetzungen, um eines der wohlhabendsten und freiesten Länder auf dem Kontinent zu werden. Aber das hat sich nicht erfüllt, und zusätzlich wurde es auf Grund eines finsteren Paradoxes — wie um seine Tragödie zu vervollständigen — aus der Völkerfamilie Europas gerissen.

Bei unserem Gespräch im vergangenen Februar habe ich, als es darum ging, ob den Bauern das Recht auf den Besitz von Vieh einzuräumen sei oder nicht, Ihnen gesagt, in Albanien werde in letzter Zeit laut die furchtbare Vermutung geäußert, das Regime betreibe die mutwillige Verarmung der Bevölkerung. Die das sagten, meinen, der Sozialismus mache die Menschen bewußt arm, um sie leichter beherrschen zu können. Den Wortlaut dieser Anschuldigung haben Sie zwar bestritten, aber einige Tage später haben Sie den Bauern doch Vieh zugeteilt, aber dabei ist es dann auch geblieben. Im übrigen hat die Regierung sich jeder Selbstkritik ihres absurden Verhaltens enthalten und hat auch nicht die Personen entlassen, die die schwere Verantwortung an dieser gräßlichen Verarmungspolitik tragen. Zu den unmenschlichsten Zügen eines Regimes gehören die Ablehnung, Fehler einzugestehen, fehlende Bereitschaft zur Reue und fehlendes Mitleid, und dann brüstet sich der Sozialismus auch noch damit, das menschlichste System zu sein!

Wo immer Albaner auf der Welt leben, fragen sie sich, was denn nun die in diesem Land an der Macht befindliche Mannschaft daran hindert, das zu sehen, was ihnen als völlig normalen Bürgern in die Augen springt. Den meisten anderen Machthabern wird die Frage nicht gestellt, weil niemand ihren Fähigkeiten noch ihrem moralischen Empfinden vertraut. Ihnen dagegen hat man diese Frage schon häufig gestellt. Da die Menschen einfach keine andere Erklärung finden, schenkt man heute zunehmend einer Hypothese Glauben, die sich überall schnell wie ein Gerücht verbreitet: Schriftliche Aufzeichnungen seien hinterlassen worden, um Sie zu erpressen und Sie zu einer im voraus festgelegten Politik zu zwingen; kurz, die Hände seien Ihnen gebunden. Weiter heißt es gemäß dieser Hypothese, dieses Erpressungsmittel sei irgendwo in Albanien oder in der Hand einer feindlichen ausländischen Macht hinterlegt worden, die am Untergang der albanischen Nation interessiert sei. Ich persönlich schenke

144

solch einer Hypothese keinen Glauben, aber die Tatsache, daß sie im Umlauf ist, sagt nicht gerade wenig über den irrationalen, antihistorischen Aspekt dessen aus, was sich gegenwärtig in Albanien abspielt. Dieser Widersinn, der der geschichtlichen Entwicklung entgegensteht, kann nicht andauern.

Dank einer betrüblichen Tradition können Sie mich dafür, daß ich diesen Brief geschrieben oder dieses Land verlassen habe, als Verräter, als Agenten der Weltbourgeoisie usw. hinstellen, aber jeder weiß, daß Sie damit nichts gewonnen hätten.

Ich bin in tiefster Verbitterung abgereist. Um nichts in der Welt möchte ich, daß diese Abreise Grund zu Unruhen gibt, noch weniger zu Aufruhr und Gewalttätigkeit. Ganz im Gegenteil, ich möchte alles tun, damit die Albaner endlich den Haß vergessen, der sie übermannt hat; damit sie sich gegenseitig die Hand zur Versöhnung reichen; damit sie endlich erfahren, was Toleranz, was Großzügigkeit ist; damit sie auf gewalttätiges Handeln und auf Rache verzichten, die nur zu weiteren Verbrechen führt. Das albanische Volk muß dringender als je zuvor ein neues Leben kennenlernen. Aber am Vorabend dieser neuen Ära braucht es auch mehr als je zuvor Zeit zur Reue, zu Selbstbewußtheit und geistiger Erneuerung. Aber diese Reinigung und innere Harmonie werden nicht erreicht, solange noch eine ganze Schar verantwortungsloser Personen die Zügel der Macht in Händen hält. Für diesen Haufen unzivilisierter, wilder und unterwürfiger Menschen, diese Karrieristen und Analphabeten, diese berüchtigten antialbanischen Berater, diese hirnlosen Sadisten gibt es in unserer Zeit keinen Platz mehr, und sie sind unseres Landes nicht würdig. Deshalb ist die Bevölkerung verbittert; deshalb verliert sie die Geduld und lebt unaufhörlich in tiefem Unbehagen. Diese unerträgliche Hypothek vertieft weiter den Graben zwischen dem albanischen Volk und seinen Machthabern.

Die Ablehnung von Begriffen wie Freiheit und Menschenrechte, die fehlende Achtung, mit der die albanische Nation behandelt wird, und dagegen der hemmungslose Kult des Marxismus-Leninismus, Parolen wie »Die Albaner essen lieber Gras, als darauf zu verzichten, den Marxismus-Leninismus zu verteidigen«, die Verteidigung von Stalin und vor allem Ihre absurden, verfassungswidrigen Vorstellungen über die Legitimierung der Macht sind nur ein Teil dieser unheimlichen Hypothek. Wenn Sie erklären, Sie seien »bereit, die Macht zu verteidigen, selbst wenn Blut fließt«, erkennen Sie dabei denn nicht, daß solch eine Erklärung unvereinbar ist mit dem Recht der Allgemeinheit und daß sich derjenige, der so etwas sagt, außerhalb des Gesetzes stellt? Deshalb haben die Menschen recht, wenn sie annehmen, diese Parole bedeute tatsächlich nichts anderes als: »Wir verteidigen unsere Ämter und Privilegien, notfalls auch mit Blutvergießen!«

Die albanische Nation muß sich ganz dringend in die europäische Gemeinschaft eingliedern. Sie darf nicht weiterhin Waise im Abseits sein, sondern muß sich so schnell wie möglich der europäischen Völkerfamilie anschließen, wie es die eigene Würde erfordert. Sie haben noch eine letzte Gelegenheit, diesen schwierigen Übergang zu erleichtern und dazu beizutragen, daß er sowohl schmerzlos wie auch ohne Blutvergießen erfolgt.

Das albanische Volk, das innerhalb unserer Grenzen lebt oder das in Kosovo leidet, macht am Ende dieses Jahrhunderts besonders finstere Stunden durch. Tragische

146

Stunden, in denen seine Zukunft auf die Waagschalen des Schicksals geworfen wird. Die Geschichte wird einst jene gnadenlos bestrafen, die die Möglichkeit vertan haben, eine Katastrophe zu verhindern.

Ismail Kadaré.

P.S: Den albanischen Behörden möchte ich noch eine Gelegenheit geben zu beweisen, daß sie zu Toleranz und einfacher Achtung der albanischen Kultur fähig sind. In meiner Wohnung in Tirana, in der gegenwärtig meine Mutter und meine Schwester leben, befinden sich mein persönliches Archiv, meine Manuskripte, meine Korrespondenz, meine Aufzeichnungen und Hefte. Ich hoffe, sie eines Tages unversehrt wiederzufinden.

Mit dem Geld, das bei der zentralen Sparkasse in Tirana auf meinen Namen und den meiner Frau deponiert ist, kann diese Wohnung gekauft oder weiter gemietet sowie auch alle anfallenden Auslagen noch lange beglichen werden.

Den Betrag von fünfhundert Dollar, die mir der Schriftstellerverband zur Deckung meiner Auslagen auf dieser Reise zur Verfügung gestellt hat, schicke ich über die Bank zurück.

Paris, den 22. Oktober 1990.

Erklärung von Ismail Kadaré vom 24. Oktober 1990

Die Entscheidung, mein Land zu verlassen, ist eine logische Fortführung all dessen, was ich bisher in meinem Werk verteidigt habe.

Gestern habe ich Präsident Ramiz Alia einen Brief geschickt, in dem ich ihm die Gründe für diese Handlung darlegte. Bis heute habe ich im Rahmen der in Albanien erlaubten Mittel versucht, das Regime zur Besinnung zu bringen. Bei meinen Begegnungen mit dem Präsidenten und in meinen Briefen an ihn, geschrieben während des vergangenen Frühjahrs, habe ich sehr klar auf die dringende Notwendigkeit einer sehr schnellen, tiefgreifenden und vollständigen Demokratisierung des Landes hingewiesen. Aber die gemachten Versprechen wurden nicht gehalten, und meine Enttäuschung war, genau wie bei der Mehrheit der Albaner, sehr groß.

Da mir keine andere Möglichkeit bleibt, um klar und eindeutig meinen Standpunkt bekanntzugeben — in Albanien gibt es ja keine legale Opposition —, habe ich mich zum Exil entschlossen, einem Schritt, den ich eigentlich nie tun wollte und zu dem ich auch niemandem raten würde.

Die albanische Nation — jener Teil, der innerhalb der Landesgrenzen lebt, sowie auch jener in Kosovo — durchlebt heute einen der gefahrenreichsten Augenblicke in ihrer Geschichte. In dieser schicksalhaften Stunde darf sich niemand erlauben, unverantwortliche Handlungen zu begehen, abenteuerliche oder irreführende Verhaltensweisen an den Tag zu legen, Kraftmeierei aus Eigennutz zu zeigen. Jeder einzelne hat die Pflicht, eine Katastrophe zu verhindern, die für das Land nicht wiedergutzumachen wäre. Jene, die bewußt oder unbewußt die Tragödie verursachen oder begünstigen, müssen sich vor der Geschichte wegen ihrer Beihilfe an diesem Verbrechen verantworten.

Die albanische Führung muß sich auf der Stelle ihre überholte, absurde Meinung aus dem Kopf schlagen, die sie von der Freiheit und den Menschenrechten, von der Rechtfertigung ihrer Unterdrückung und vor allem von den Kriterien für die Legitimation von Macht hegt. Diese Vorstellungen, die sich auf Theorien oder Pseudotheorien stützen, widersprechen dem allgemeingültigen Recht und wurden von der gesamten zivilisierten Welt bereits gebannt. Die albanische Regierung muß einsehen, daß nicht Demokratisierung, sondern ihr Gegenteil sie ins eigene Verderben führt. Sie muß die allerletzte, ihr verbleibende Gelegenheit nutzen, um das Land zu retten.

In dieser schweren Zeit müssen die Albaner mehr als je zuvor besonnen, wachsam, ausgeglichen und urteilssicher sein. Sie müssen verstehen, daß die Verantwortung einer ganzen Epoche auf die eine oder andere Art ihnen zufällt; so wie der Bruch mit dem Bösen Beitrag und Verdienst jedes einzelnen wäre.

Hinzufügen möchte ich noch, daß sich die europäische Völkerfamilie dieser Nation gegenüber, mit der die Geschichte bisher so streng verfahren ist, etwas aufmerksamer hätte erweisen müssen. Europa würde seine in der

Vergangenheit Albanien erwiesene Gleichgültigkeit teilweise wiedergutmachen, wenn es diesem Land hilft, sich aus dem Verhängnis zu befreien, in das es solange verstrickt war, und es eingliedert in den Schoß der Völkergemeinschaft.

Noch ein letztes Wort: Ich hoffe, eines Tages zurückzukehren. Wenn ich das sage, dann denke ich nicht an eine Rückkehr nach einer Katastrophe, sondern nach einer wahren Demokratisierung.

Ich rufe alle Albaner auf, wo immer sie sich befinden mögen, wie auch jene, die die Geschicke unseres Landes, auf welcher Ebene auch immer, lenken, alle friedlichen Mittel zu nutzen, damit diese Demokratisierung gelingt, an der ich keinen Augenblick zweifle.

Ismail Kadaré,
24. Oktober 1990.

TEIL 3

Hoffnungen

Zu der Stunde, da sich die Diktaturen ähnlich Tyrannosauriern zwar kurz vor dem Aussterben befinden, aber immer noch aufrecht stehen, muß man zweifellos noch von ihnen sprechen. Aber es ist zehnmal dringlicher, bei ihnen Autopsien oder Durchleuchtungen vorzunehmen mit dem klaren Ziel: sie zu überwinden.

Man stelle sich einen dunklen Kino- oder Konzertsaal vor, in dem, schwach erleuchtet, wiederholt das Wort »Exit« zu sehen ist. Bei einem Brand stürzt die Menge in panischer Angst zu diesen Ausgängen. Wenn sich in einem totalitären Staat die ersten Risse bemerkbar machen, wird als erste Reaktion der Notausgang gesucht. Aber im Gegensatz zu einem Vorführsaal befinden sich in einer Diktatur über den (bildhaften) Notausgängen Tafeln mit unverständlichen, um nicht zu sagen, rätselhaften, Aufschriften. Deshalb laufen viele Menschen Gefahr, sich in den Abgrund zu stürzen, weil sie die falsche Tür nehmen.

Jedes Volk gerät auf andere Art unter das Joch einer Diktatur, aber alle gehen sie mehr oder weniger auf die gleiche Art daraus hervor: verstümmelt. Man kann ganz unvermittelt unter einer Diktatur erwachen, nach einem Staatsstreich, einer Invasion durch eine fremde Macht, durch eine Revolution, einen Bürgerkrieg, eine Konterrevolution. Aber man kann auch allmählich und unmerklich am Ende einer langen Entartung hineingleiten. Ebenso ist auch ein dritter, wenn auch paradoxer Weg möglich: Die

Diktatur begrüßen wie ein Fest. Aber selbst im letzten Fall, wenn man der Diktatur entgegengeht wie einem Festball, übersteht man sie höchstens unversehrt wie ein Erdbeben.

Als Albanien, eines der wenigen Länder der Welt, in dem gemäß der Verfassung »unter der Diktatur des Proletariats« gelebt wird, als sich Albanien also im November 1944 freiwillig der Diktatur unterwarf, war es, als finde ein Fest statt.

Es herrschte überall mehr als freudige Stimmung: auf Plakaten wurden Bälle, manchmal sogar auf französisch »soirée dansante«, angekündigt, Konzerte, Promenaden, Modenschauen, Verlobungen und freie Verbindungen, die in diesem rauhen Balkanland nie so offen und in solch einem Umfang üblich waren. Alles war mehr als akzeptabel geworden: Die Presse äußerte ihre Meinung freier; neben Nachrichten aus der ganzen Welt waren Lokalnachrichten wie diese zu lesen: »Gestern abend hat die religiöse Sekte der Bektaschi in Gegenwart von Regierungschef Enver Hoxha eine rituelle Zeremonie mit einer Rufa'ija-Sitzung veranstaltet.« [Ritual einer Sekte, in deren Verlauf Derwische tanzen, die in Trance fallen.] Oder Mitteilungen über eine katholische Messe in der großen Kirche von Shkodra; oder der Bericht aus der Hauptstadt von dem Schriftsteller Petro Marko. Überall begegnete man Losungen mit einer pluralistischen Bedeutung: »ohne Unterschied von Provinz, Religion oder Meinung«. In das Präsidium des Schriftstellerverbands wurden Autoren verschiedener Strömungen gewählt; der Dichter Lasgush Poradeci forderte ein Mitglied der kommunistischen Regierung zu einem Duell heraus usw.

Die Kehrseite der Medaille: dramatische Szenen im Zusammenhang mit dem Umsturz, Enteignungen, Gerichtsverfahren, Verhaftungen, Hinrichtungen, Gewalt, die um sich zu greifen begann, alles vom festlichen Geschmetter übertönt. Und das war durchaus verständlich, denn das Fest der albanischen Kommunisten fiel mit einem universalen Fest zusammen: Der Faschismus war in den Abgrund getrieben worden. Die albanischen Kommunisten standen auf der Seite der Sieger. Die Feinde der Besiegten. Die albanischen Kommunisten waren verbündet mit der UdSSR, den Vereinigten Staaten, England. Überall waren Inschriften »Roosevelt-Stalin-Churchill« zu sehen, dazu von jedem ein Bild, und deshalb schien es nur natürlich, daß im kommunistischen Albanien beim Tod von Präsident Roosevelt ein Trauertag angeordnet wurde.

Damals wäre niemand auf die Idee gekommen, die Sieger zu kritisieren. Sie hatten wirklich Glück. Man konnte sogar sagen, daß sie als Glückskinder auf die Welt gekommen waren, denn sie hatten die richtige Seite gewählt. Aber ihr Glück war ein doppeltes dank der spontanen Sympathie, die sie weckten. Die meisten Partisanen waren jung, temperamentvoll, viele waren Oberschüler; weiter gab es darunter Professoren und Studenten, die ihr Studium in Rom, Wien oder Paris abgebrochen hatten, um zu kämpfen, Söhne des idealistischen Bürgertums, die, von den kommunistischen Theorien fasziniert, Eltern und Reichtümern entsagt hatten; auch Priester und Mönche verschiedener Orden hatten sich ihnen angeschlossen. Die Mädchen stellten in diesem Begeisterungsschwung ein weiteres wichtiges Element dar. Zum ersten Mal in der Geschichte Albaniens hatten Tausende junger Mädchen, die meisten noch nicht einmal zwanzig Jahre alt, am Kampf

154

teilgenommen. Die Feinde der Kommunisten meinten denn auch, den schwachen Punkt gefunden zu haben, den sie ausschlachten konnten: Mit überschwenglichem Eifer zielten sie mit ihrem Feldzug gegen die Kommunisten vor allem auf den Bereich der Moral, dabei setzten sie ihre Hoffnung in die puritanischen Albaner. Ihr Argumentation war denkbar einfach: Die Beteiligung von Mädchen an der Bewegung bewies, daß die Kommunisten nicht in den Untergrund gegangen waren, um das Land vom Faschismus zu befreien, wie sie vorgaben, sondern um Feste zu feiern und dunkle Geschäfte zu machen[1]. Hieß es denn nicht immer, der Kommunismus werde die Familie zerstören, es werde soweit kommen, daß die Frau Allgemeingut würde usw.? Das mußte in einem Land, das sich als Bastion von Familie und moralischer Strenge verstand, wie eine apokalyptische Vision klingen. Denn sonst wurde gerade in diesem Land der Kult der Männlichkeit gepflegt; das Land des berühmten »Kanun«, in dem das Heldentum ein Vorrecht der Männer war. »Deshalb, oh ihr Tapferen, laßt uns das kommunistische Unkraut ausreißen, bevor es die Nation in ihren Grundfesten erschüttert!«

Unterdessen übte die strenge albanische Nation zum allgemeinen Staunen gegen ihre jungen Mädchen eine beispiellose Toleranz. Sie, deren Hand nicht gezittert hatte, um rücksichtslos den Ungehorsam der Frau zu ahnden, nahm die Herausforderung an. Statt in Rage zu geraten, trat genau das Gegenteil ein: Das alles gefiel ihr. Das war wirklich etwas ganz Neues, was die Kommunisten glaubhafter machte, wenn sie versicherten, sie kämpften nicht nur für die Befreiung des Landes, sondern auch für den Aufbau einer neuen Welt. So gingen die Kommunisten, denen stets das Glück lachte, auch aus ihrem Duell mit den Moralisten gestärkt, beliebter hervor. Außer zu Rittern der Freiheit waren sie gleichzeitig zu Vorkämpfern des Liberalismus, eines schöneren Lebens geworden, in dem es vor allem auch mehr Liebe geben würde.

In jenem denkwürdigen Herbst 1944 und im Laufe des Winters 1945 sah man diese jungen Mädchen inmitten Tausender anderer auf den Straßen, wie sie sich vergnügten, mit jungen Burschen verlobten, die sie erst kurz zuvor im Untergrund oder soeben kennengelernt hatten, und im Glück schwammen. Im Hotel Dajti, in dem sich bis dahin das Großbürgertum vergnügt hatte, ging die Sonne auf, als die neuen Ritter noch zu tanzen pflegten...

Erinnert man nicht an diesen originären Anfang, lassen sich die darauffolgenden Ereignisse in Albanien nicht erklären, genausowenig wie das, was noch heute geschieht. Die meisten Teilnehmer an jenem Fest waren damals zwanzig Jahre alt; heute sind sie so um die sechzig. Die Wurzeln ihres ganzen Lebens, Liebe, Glück, Kinder, gehen darauf zurück. Ob es sich nun um jene handelt, die in hohe Ämter aufgestiegen sind, ob es andere, unbekannt gebliebene sind, und selbst jene, die schließlich verurteilt wurden, sie alle verbindet eine unheilbare Sehnsucht nach jener Zeit. Für viele blieb die Uhr damals stehen.

So ging es in jenem Winter im Jahr 1945 noch hoch her auf dem Fest, und niemand wußte, was sich hinter den Kulissen abzeichnete: Intrigen, Machtkämpfe, die inzwischen schon begonnen hatten, Gift und Messer, die die Machthaber füreinander vorbereiteten. Noch wußte niemand, was »Klassenkampf« wirklich bedeutete, was sich hinter dem Lächeln Stalins verbarg, welche Botschaft die jugoslawischen oder russischen Gesandten brachten, die nachts heimlich im Licht von Fackeln auf dem Flughafen von Tirana landeten. Die Menschen verstanden noch weniger, warum die Partei, in den Reden allmächtig, vor Ort so ungreifbar war. Ihre Mitglieder waren unbekannt, noch unbekannter ihre Kader; genau wie in Kafkas Romanen wußte man nicht, wo ihre Büros lagen, denn sie verbargen sich unter anderen Bezeichnungen: Front, städtische Dienstleistung, Jugendlokal[2]. Aber selbst wenn sie bekannt gewesen wären, das Wichtigste würde immer unbekannt bleiben: Jalta. Was immer die Absichten dieses Landes gewesen sein mochten, was immer auch dieses Volk angestrebt haben mochte, sein Los war schon in Jalta besiegelt worden. Wie auf dem griechischen Olymp hatten die neuen Götter, erbarmungsloser als die alten, Albanien verurteilt, indem sie es in die sinkende Waagschale, die des Ostens, gelegt hatten.

Griechenland hatte seine Chance wahrgenommen.

Wie ständen die Dinge ohne Jalta? Schwer zu sagen. Ohne jeden Zweifel wäre alles ganz anders gekommen. Albanien hätte, zwar immer noch kommunistisch, denn diesen Weg hatte es anfangs selbst gewählt, trotzdem das erste Land der Welt mit einem anderen Kommunismus werden können. Es hätte sich als erstes vom Roten Reich losreißen müssen. Aber diese Gelegenheit ergriff wieder ein anderes Land: diesmal Jugoslawien.

Der endgültige Bruch Albaniens mit dem sozialistischen Lager, der Streit mit der UdSSR, später mit China, spiegelten nur verspätet, schwach ein Bestreben, eine Tat wider, die sehr viel früher hätten kommen müssen. Genau wie eine Frau, die nicht zur rechten Zeit schwanger geworden ist und dann plötzlich eine Fehlgeburt nach der anderen erlebt, hat Albanien dieses historische Zuspätkommen teuer bezahlt.

Unterdessen brachten die halb getarnten Gesandten auf dem Flughafen von Tirana nur unheimliche Botschaften. Erfahrungen für den Bau von Internierungslagern, das Überwachen von Menschen, das Ersticken der parlamentarischen Oppostion, die Rekrutierung von Spionen. Andere wiederum waren Fachleute für eine Verstärkung des Klassenkampfes, neue Foltermethoden usw. Sicher traf in einer dieser Nächte auch ein besonders finsterer Plan ein: Verlegen von Unterwasserminen in der Straße von Korfu. Ergebnis: mehrere beschädigte Schiffe, Dutzende englischer Seeleute getötet. Der Zwischenfall von Korfu, diese Wunde, die auch nach einem halben Jahrhundert immer noch nicht verheilt ist und die den Abbruch der diplomatischen Beziehungen zwischen Großbritannien und Albanien provozierte, kennzeichnet den Beginn des Bruchs des Landes mit Europa. Von diesem Zwischenfall bis zum Installieren des Frisörs auf dem Flughafen von Tirana, der Ausländern die Haare stutzen sollte, liegt ein langes Kapitel tragischer, manchmal auch komischer Akte, die Albanien die angestrebte Isolation sicherten. Dieser Wunsch nach Isolation ist bis heute eine der schmerzlichsten Seiten und einer der dunkelsten Flecken in der Geschichte Albaniens[3].

Was mit England mit der Explosion einer versteckten Mine begann, wurde durch eine unbewegliche Politik im Laufe von mehr als vierzig Jahren verewigt. Mittelpunkt dieser Politik: Albanien muß sich in allem und unter allen Umständen von der westlichen Welt absondern, sich für immer davon trennen. Bis in alle Ewigkeit. Aus dieser Sicht waren alle Mittel, Gelegenheiten und Vorwände gleichermaßen gut. Gegen England wurden Minen eingesetzt, von der BRD Kriegsentschädigungen gefordert, bei den

Vereinigten Staaten ging es um grundsätzliche Fragen (Imperialismus, Feind der Völker usw.). Albanien unterhielt weiterhin oberflächliche Beziehungen zu Frankreich und Italien, nachdem es ihm gelungen war, alle Beziehungen zu den drei ersten Staaten einzustellen. Aber auch diese blieben ziemlich kühl. Dagegen wurde die Freundschaft mit einer Reihe von Ländern wie Algerien, Tunesien, der Türkei usw. laut und stark verkündet, Ländern also, die früher einmal vorwiegend zum Osmanischen Reich gehört hatten, diesem Alptraum, aus dem Albanien erst kurz vorher erwacht war. Die Völker dieser Länder bezeichneten sich als »arabische Brüdervölker«, was von Grund auf der Mentalität der Albaner widersprach, die nicht nur rassistisch eingestellt waren (was ihnen nicht zum Vorteil gereicht), sondern sie auch noch schmerzlich an die islamisch-türkische Vorherrschaft erinnerte.

Als sei das noch nicht genug, beschloß Enver Hoxha, nachdem er sich vom sozialistischen Lager abgewandt hatte, einen neuen Schutzwall zu bauen, um sein Land noch weiter von Europa zu entfernen. 1967 untersagte er die Religion und erklärte Albanien zum ersten atheistischen Land der Welt. Diese Maßnahme war durch absolut nichts gerechtfertigt, denn die drei Religionen stellten weder 1967, noch hundert Jahre früher, 1867, ein Problem dar. Das Motiv lag anderswo: eine neue Trennmauer zwischen Albanien und Europa zu errichten. Ein Schutzwall, der vielleicht noch fester als die politische Spaltung war. (Nicht zufällig steckte der Katholizismus als die westlichste Religion die stärksten Schläge ein.)

Seine Vorhersage erwies sich mehr als exakt. Die Verachtung, die Albanien entgegenschlug, verstärkte sich nach dem Religionsverbot weiter. Aber genau das hatte Hoxha gewollt: daß sich die übrige Welt nicht mehr um Albanien kümmerte, daß sie seine Existenz auf diesem Planeten praktisch vergaß.

Das fiel 1979 noch stärker ins Auge, als er, die Verabscheuung Stalins stand auf der ganzen Welt auf ihrem Höhepunkt, sein Buch »Mit Stalin« veröffentlichte, das eine schamlose Herausforderung an die ganze Zivilisation darstellte. Für viele Leute war dieses Buch ein Irrsinn, dem war aber nicht so, keineswegs. Ganz im Gegenteil, es war ein bewußt geplanter Schritt. Überall wuchsen Verachtung und Ärger über Albanien. Viele Menschen sagten: »Zum Teufel mit diesem Land, wir wollen davon nicht einmal mehr sprechen!« Aber niemand versuchte auch nur zu erklären, daß der Chef dieses Landes gerade davon träumte, völlig in Ruhe gelassen zu werden! Dann gab er auch noch seine ungeheuerliche Losung aus, um diese Scheußlichkeit zu krönen und jede Hoffnung zu ersticken: »Beleidigt dich dein Feind, bedeutet es, daß du dich auf dem rechten Weg befindest.«

Immer im Sinn der gleichen Argumente, immer mit dem gleichen Eifer, den Graben zwischen diesem Land und der restlichen Welt zu vertiefen, wurde die Verfassung durch Einfügen von Paragraphen geändert, die Wirtschaftsbeziehungen zum Ausland, die Aufnahme ausländischer Kredite, die Gründung gemeinsamer Unternehmen usw., untersagt. Bei einem Verstoß gegen einen dieser Paragraphen sah das Strafgesetz die Todesstrafe vor!

Um noch einmal zu dieser grotesken Figur, dem Frisör auf dem Flughafen Rinas, zurückzukommen, er war nicht nur das Produkt dieses Wahns. Zu Dutzenden waren Fremde bei seinem Anblick geflohen, und die Schere, die dieser Psychopath schwenkte, erwies sich als ein überdeutliches Symbol für die Wunschvorstellung von Enver Hoxha: Alle Beziehungen zur übrigen Welt abschneiden, jetzt und für immer.

In den allerersten Jahren, 1944-1945, war das alles nicht vorauszusehen. Sogar ganz im Gegenteil. Bis zu dem Tag, an dem die Minen in der Straße von Korfu explodierten.

Damals begann der Kalte Krieg. Nach dem Abzug der Engländer wurde die amerikanische Botschaft geschlossen; nachdem die Amerikaner gegangen waren, landeten Jugoslawen und Russen und marschierten in Tirana auf. Welch ein Glück, daß sich die aus dem Westen zurückgezogen haben; jetzt sind wir unter uns, niemand sieht uns! Deshalb erbarmungslos, unermüdlich zuschlagen!

Die Verhaftung von den zur »Gruppe« der Opposition gehörenden Abgeordneten, ihr Gerichtsverfahren und ihre Hinrichtung, schwere Gewalttaten gegen die Geistlichkeit, insbesondere gegen die albanischen Katholiken, von den ortsansässigen Kommunisten verabscheut und von den serbischen Kommunisten doppelt verabscheut, das Abrechnen nicht nur mit erklärten Widersachern, sondern auch mit jenen, die dafür in Frage kamen, Verhaftungen, Verurteilungen mit oder ohne Urteil waren nun an der Tagesordnung.

Der Rücktritt des Justizministers M. Konomi aus Protest gegen die Gesetzesverstöße kennzeichnete das frühzeitige Ende einer Epoche[4]. Danach fand während der »Intensivierung des Klassenkampfes« — ein Euphemismus, den der Marxismus-Leninismus für blanken Terror erfunden hatte — ein Blutbad statt.

Aber auch diesmal war das Glück Albanien, dieser »unglückseligen Dame« [Wie Dichter im 19. Jahrhundert Albanien bezeichneten.], nicht hold, es blieb auf der Seite der albanischen Kommunisten. Als sich nach Titos Häresie Albanien 1948 mit Jugoslawien überwarf, stellte sich heraus (und das stimmte), daß der zweite Mann im albanischen Staat, der Sekretär des Zentralkomitees der Partei und Innenminister, mit anderen Worten, der Schlächter und Henker des Landes, Koçi Xoxe, Jugoslawiens Mann war. Nichts war leichter, als auf ihn all das abzuwälzen, was soviel Leid verursacht hatte, um so mehr, da die Zahl seiner Verbrechen nicht gerade gering war.

Ein mehr als praktischer und unerhoffter Abfalleimer für den Abfall der Geschichte! Ein Innenminister slawischer Herkunft, verschworener Feind der Intelligenz, die Grausamkeit in Person, häßlich, klein, grob behauen, neben dem schönen, vornehmen, großen Enver Hoxha, schmutzstarrende Unwissenheit des einen gegen französische Kultur des zweiten — Koçi Xoxe war anscheinend maßgeschneidert, die sprichwörtliche Kontrastfigur abzugeben.

Die Menschen stießen einen Seufzer der Erleichterung aus. Ach, die Halluzination ging zu Ende, keinen Augenblick zu früh! So also konnte man diesen Alptraum erklären. Deshalb diese Gleichgültigkeit gegenüber Kosovo. Endlich wurde dieses bösartige Paradox korrigiert, diese Freundschaft mit den Südslawen, die alle wie die widernatürliche Sünde aussahen. Umso mehr als diese Freundschaft der mehr als tausendjährigen Feindschaft zwischen den beiden Nationen zuwiderlief und schlimmer noch, die Ursache dafür war, daß Kosovo vergessen (oder genauer, geopfert) wurde.

Es folgte eine merkliche Entspannung. Sogar später, als sich zeigte, daß weder der »Klassenkampf« noch die »revolutionäre Gewalt« abklangen und sich niemand auch nur andeutungsweise mit Kosovo befaßte, waren die Menschen der Ansicht, die Zivilisation habe trotz allem einen Sieg in Albanien davongetragen. Heute noch, vierzig Jahre später, bezeichnet das Volk, das sich selten irrt, wenn es dieser oder jener Epoche einen Beinamen gibt, diese unheimliche Zeit als die »Zeit von Koçi«. Die demokratischen Kräfte haben bei ihrem täglichen Kampf gegen die Mächte der Dunkelheit häufig den Ausdruck »Koçixoxismus« wie einen aus einem Gift gewonnenen Impfstoff verwendet[5].

In Albanien setzte ein heftiger Feldzug gegen Jugoslawien ein. Obwohl Tito dabei angegriffen wurde, spielte niemand auf Kosovo an, wo die Hälfte der albanischen Nation schreckliche Unterdrückung erlitt. Tito wurde nur angegriffen, weil er sich an den Grundsätzen des Marxismus-Leninismus vergriffen hatte. Die Kommunisten bewiesen einmal mehr, daß die Lehre für sie über allem anderen stand.

Niemand erwartete zu jenem Zeitpunkt, daß es zu irgendwelchen tiefgreifenden Änderungen in bezug auf die Sünde der Freundschaft mit den Südslawen, der Sache mit Kosovo usw. kommen würde, und zwar wegen der Freundschaft mit den Zentralslawen, den Russen. Aber nach 1960 herrschte allgemein Verzweiflung, als Enver Hoxha nach dem Bruch mit den Sowjets in seinem Tagebuch auf Tausenden von Seiten über China Kosovo mit kaum einer Zeile bedachte.

Übrigens war 1960 ein weiteres Glücksjahr für die albanischen Kommunisten. Abgesehen von den Umständen, erschien die Trennung vom sowjetischen Lager, ein in dieser Welt so oft erträumtes Ereignis, wie ein Wunder. Neue Hoffnungen, andere Enttäuschungen, neue Formen von

Täuschung lagen in der Luft. Aber genau das war die Luft, die der totalitäre Staat brauchte! Besonders in dieser Krisenzeit, in der ihm der Atem ausging.

Andere Faktoren, wenn auch in begrenzterem Umfang, brachten den albanischen Kommunisten weitere Pluspunkte ein. Die unterlegene Klasse, besonders die Grundbesitzer und Händler, hatten in diesem Land nicht das geringste gute Andenken hinterlassen. Nicht einmal dieses Mindestmaß, das im Bau schöner Gebäude besteht, die später eine gewisse Bewunderung geweckt hätten. Was König Zogu betrifft, der ein schwacher, unschädlicher Tyrann war, so sehnte sich in Albanien niemand nach seiner Herrschaft zurück. Und nicht einmal die beiden Giganten der albanischen Literatur, Fan Noli und Lasgush Poradeci, der erste in den Vereinigten Staaten, der zweite in Tirana, haben auch nur ein einziges dieser Periode feindliches Schriftstück hinterlassen[6].

Ob man nun durch das Tor der Trauer oder des Festes zur Diktatur kommt, sie ist schließlich in beiden Fällen die gleiche. Sie ist ein noch wenig erforschter Planet, selbst wenn über sie voller Betroffenheit viel geschrieben, viel gedacht und noch mehr gegrübelt wurde. Lange Kommentare wurden über ihre durchschnittliche Lebenserwartung abgegeben, so wie man von der Lebenserwartung eines Menschen, Hundes oder Raben spricht. Die Etappen ihrer Existenz wurden erörtert, ihr Wachstum, ihre volle Reife, ihr Altern, zweifellos auch ihr Tod (ah!). Unzählig sind die Meinungen und Reden über sie, die meisten bis zum Überdruß widergekäut, wie das im allgemeinen mit diesen Diskussionen in den Kaffeehäusern ist, denen der gewöhnliche Sterbliche frönt. Sie gleichen der Unterhaltung über das Wetter. Es wird kalt, es wird warm, der Winter wird streng, es gibt Wind, Sonne... Diese allgemeine Beteiligung ist verständlich, denn die Diktatur betrifft jeden oder genauer, geht die ganze Welt etwas an. Selten, sehr selten sind diesen ganzen Reden wertvolle Ratschläge zu entnehmen. Aber schließlich verfügen wir nur über diese monotone Litanei, um ein Porträt von der Diktatur zu erhalten. Selbst wenn sie so vielfältig und gleichförmig wie die Sandkörner der Sahara ist, bleibt uns nichts anderes übrig, da es nichts anderes gibt, als einzelne Stimmen — eine hier, eine dort — herauszugreifen, um trotzdem irgendeine Aussage zu erhalten.

Es wurde behauptet, eine Diktatur sei fällig (oder anders ausgedrückt, sie sei fett genug, wie eine Henne auf dem Markt), wenn sie zwölf Jahre alt wird. Jemand anders hat dafür das doppelte Alter vorgeschlagen. Auf jeden Fall sind die meisten Leute der Ansicht, daß diktatorische Strukturen, selbst wenn von einem Meister erbaut und versehen mit den größten Schutzmaßnahmen vor Erschütterungen, sich kaum länger als vierzig Jahre behaupten.

Zum Sinnbild der Diktatur werden, wie man feststellen kann, einmal lebende Kreaturen, häufiger aber noch Tiere, die es nicht mehr gibt, herangezogen — Dinosaurier oder Tyrannosaurier, mehrköpfige Hydra — ein anderes Mal Gebäude wie Zitadelle, Pyramide, Bunker. Diese Zweideutigkeit, diese Plastizität der Bilder sind nichts anderes als unterschiedliche Offenbarungen der gleichen ungeheuerlichen Erscheinung. So wie die Kräfte der Hölle in volkstümlichen Darstellungen ihre Macht zum Teil ihrer Fähigkeit verdanken, sich von einem Augenblick zum anderen zu verwandeln, genauso kann man sich die Diktatur nur so vorstellen, wie sie ist, nämlich aus vielen verschiedenen Formen bestehend, doppelköpfig, als Hybrid. Aber im Gegensatz zu den Sagengestalten (Hexen oder Drachen), die ihre Vielfalt einer gleichen Quelle verdanken, geht die Diktatur sehr viel weiter. Sie kann, wie schon ausgeführt, in Verbindung mit Tieren, mit Gebäuden auftreten, mit anderen Worten, sie kann in Gedanken gleichzeitig mit Krallen und Toren auftreten, Tiger und Pyramide, Bergfried und Drache sein. (Will uns jemand belehren, daß das nur das Ergebnis unserer Phantasie ist, antworten wir ihm, daß das, was sich dort abspielt, fester Bestandteil der Wirklichkeit ist.)

So also sieht die Diktatur aus, leider überaus veränderlich und deshalb gefährlich. Dabei sind es nicht nur ihre Anfänge, die eines schönen Tages unvermutet auf dem Fest, inmitten von Klängen und kleinen Fähnchen auftauchen, um sich am Tag danach mit Stacheldraht zu zeigen. So veränderlich ist ihr Wesen. Deshalb gilt die Zweideutigkeit ihrer Erscheinung mit Recht als eines ihrer Fundamente.

Anfangs (sagen wir in der Pubertät) mag die Diktatur hart und leicht erregbar auftreten; allerdings wird sie, abgesehen einmal von der in diesem Abschnitt für sie kennzeichnenden Gewalt und dem Schrecken, erst im höheren Alter, wenn sie sich beruhigt hat, anders ausgedrückt, wenn sie ihre Maske angelegt hat und anfängt, ihre Verbrechen zu verwischen, am gefährlichsten. Nachdem die Diktatur ihr erstes Gift verspritzt hat, beginnt sie, über die Zukunft, also ihren Fortbestand nachzudenken. Das tritt so um das Alter von zehn, zwölf Jahren ein. Zu diesem Zeitpunkt fängt sie an, ihre ersten Schrecken auszuscheiden, ihre, so meint sie, Stütze im Alter. Diese fruchtbare

166

Periode endet um die vierzig, dem Alter, in dem sie ihre letzten Ungeheuer gebiert.

Wie ein organisch-vegetativer Mechanismus erzeugt sie Zellen, Glieder, Empfindungen, Stimmungen, Gesetze, Standbilder, Abgötter, Sentimentalität, intellektuelle Taumel, eine Sprache, eine Architektur, Romane, Musik, eine Moral, Freuden, Enttäuschungen. Und das alles von einer jetzt anderen Gattung: den eigenen Sprößlingen. Damit wird sie selbstzeugend; sie braucht zum Beispiel weder das römische noch das asiatische Recht, sie hat ihr eigenes, und das gilt für alles: kein Bedarf an Mitleid, an Sex, an allen diesen Bestandteilen des Lebens...

In einer Novelle Michail Bulgakows ist in einem einfachen Stil, als ob die natürlichste Sache beschworen werden soll, das Auftreten der Hauptperson geschildert: »Zu jenem Zeitpunkt kam Wanja Diktaturowitsch, der erklärte, daß« usw. In diesem Zusammenhang wollen die Gelassenheit des Verfassers, sein Enthalten von jeglichem Kommentar von Anfang bis zum Ende der Erzählung beweisen, daß die Wurzeln, die die Diktatur unterdessen geschlagen hat, so stark geworden sind, daß sie kaum auszureißen sind. Seitdem es ihr gelungen ist, ihre Samen in die Sprache zu säen, hat sie sie teilweise zerstören können. Jetzt greift sie die Namen selbst an. Sie nähert sich den Vierzig, ein Alter, in dem sie sich bemüht, zur zweiten Natur zu werden, das heißt, über einen ihr eigenen Genkodex zu verfügen. Fortan geht es nicht nur darum, Infrastrukturen zu erzeugen, Wände und Maschinen, die ihr Siegel tragen; sie bemüht sich jetzt, wie Josif Brodski unterstrichen hat, darüber hinauszugehen: sicherzustellen, daß die »Ziegelsteine neu« sind, daß sie wirklich »ihr gehören«. Hat sie dieses Ziel erreicht, glaubt sie, der Sorge um die Zukunft entronnen zu sein, insbesondere der, ständig über die Sicherheit ihrer Mauern, aller ihrer Bauwerke wachen zu müssen. Alles, was in Zukunft mit ihren eigenen Ziegelsteinen errichtet wird, selbst wenn es wie ein eingeführtes Produkt aussieht, gehört in Wirklichkeit ihren Sprößlingen.

Wir sprachen von »Ziegelsteinen«, aber gleich danach dachten wir an den »neuen Menschen«. Tatsächlich verwendet die Propaganda des Regimes nie den Ausdruck »neue Ziegelsteine«, dagegen sind Millionen Seiten, Hymnen, Lieder dem neuen Menschen gewidmet. Ihm galt einer der größten Träume der Diktatur. Sie hatte ihre Gründe.

Wäre es ihr gelungen, ein solches Ziel zu erreichen, das heißt, wirklich den neuen Menschen zu schaffen, hätte sie für ihr Alter ausgesorgt. Der neue Mensch, homo dictatorensis, wäre, gleichgültig was immer er auch tat, unternahm, empfand, welcher Organisation er auch immer angehören mochte, stets instinktiv der Diktatur treu geblieben.

Das war kein Hirngespinst. In verschiedenen Ländern hat die Diktatur bis zu einem nicht zu verachtenden Grad damit Erfolg gehabt. Es ist ihr sogar gelungen, Henker und Opfer gleichzeitig hervorzubringen, die einander, nie jedoch die Diktatur bekämpften. Das erklärt auch, warum die internen Streits, ihre Konfrontationen, ihre Dramen dem freien Geist, dem freien Auge häufig so unverständlich, ja, rätselhaft vorkamen. Wenn sie sich derart ausnahmen, dann deshalb, weil sie einander, abgesehen von der Tatsache, daß sie sich gegenseitig erschlugen, in der Ferne, in einer Welt mit anderen Dimensionen bekämpften. Beide, die einen wie die anderen, sind Kinder der Diktatur.

168

Nach mehreren Anläufen bemüht sich die Diktatur, ihren Traum zu vollenden. Am Vorabend der Vierzig ist das ihre letzte Schlacht. Schon bald folgt die dritte Generation in die Diktatur, mit anderen Worten, schließt den Kreislauf des menschlichen Lebens: Kinder, Eltern, Großeltern. Das ist eine entscheidende Phase. Es zeichnet sich allmählich ein gleichmäßiger Horizont ab. Ein Grau zum Verzweifeln verbreitet sich überall genau wie in jener mythischen Zeit, als Prometheus zu Zeus hinaufstieg, um ihn auf seine Feindseligkeit hinzuweisen, darauf, daß die Menschheit weich wird, verwaschen, kurz, degeneriert...

Die Diktatur strebt Erfolg an, dort, wo der Zeus der Griechen auf der ganzen Linie versagte. Aber genau in diesem entscheidenden Augenblick werden die ersten Risse sichtbar.

Diese ersten Risse treten im allgemeinen beim Tod des Tyrannen auf. Zwischen diesem Augenblick und der Entwurzelung der Diktatur vergeht ein Zeitraum, der je nach Land unterschiedlich lang ist. In der Sowjetunion haben Diktatur und die Befreiung davon (1917-1953-1986) fast gleich lang gedauert: ungefähr fünfunddreißig Jahre. In Rumänien waren die ersten Risse nach dem Tod des Tyrannen und dem Sturz der Diktatur innerhalb von zwei oder drei Tagen zu sehen, aber es ist kaum möglich, vorauszusagen, wann die Diktatur selbst entwurzelt wird, was nicht mit ihrem Sturz zu verwechseln ist. In Albanien dauert dieses Entwurzeln voraussichtlich mehrere Jahre, aber auf keinen Fall so lange wie in der Sowjetunion. Es ist schwierig, die Dauer für die anderen osteuropäischen Länder abzuschätzen, denn wenn auch die Dauer der Diktatur selbst bekannt ist (1945-1953), gehen die Meinungen über die Dauer der anderen Phasen auseinander: Poststalinistische Diktatur, gelockerte Diktatur, Zeit nach der Diktatur.

Rumänien sollte man dabei wegen eines spezifischen Faktors gesondert betrachten. Nach der eigentlichen Diktatur, ein Los, das alle im Osten teilten, begann nach der relativen Liberalisierung unter Chruschtschow für Rumänien eine zweite Diktatur, dieses Mal noch absurder, denn ein vulgärer Apparatschik, ein Individuum ohne jedes Charisma, zwang sie ihm auf. Deshalb hat Rumänien, das zweimal eine Diktatur erleiden mußte, wohl auch seinen Tyrannen so beiläufig wie einen beliebigen Verbrecher hingerichtet.

Rumänien erinnert die Welt daran, daß man mit der kommunistischen Diktatur auch auf andere Art und Weise brechen kann: mit gewaltsamem Tod, einem Gemetzel, Terror. Solch ein Bruch mag gewissen Leuten episch-heroisch, irgendwie shakespearisch, spektakulärer erscheinen als das Adieu, mit dem die Tschechoslowakei und Ungarn den Kommunismus verabschiedeten. Verlassen wir einmal den Bereich des Epithels, dann wäre zu sagen, daß unabhängig von der endgültigen Bewertung durch die Geschichte eines im rumänischen Epilog sicher ist: Er enthält einen Nachgeschmack von Diktatur. Mit anderen Worten, etwas in der romantischen Wendung, der epischen Seite gibt uns zu bedenken, daß jene, die so heldenhaft vorstürmten, um den Tyrannen zu stürzen, eine Geheimklausel seines Testamentes erfüllten, als sie ihn an der Kehle ergriffen.

Das mag sich eigenartig anhören, ist es aber überhaupt nicht. Zu den zahlreichen Sprößlingen der Diktatur zählt ein ganz besonders gefährliches Ungeheuer: der Epilog, das Szenario des eigenen Todes. Mit anderen Worten, nachdem die Diktatur Menschen, Begriffe, Mentalitäten, Landschaften, Dichter, kurz, eine ganze Flora und Fauna hervorgebracht hat, die ihre Wüste bevölkern sollen, setzt sie, um den Kreis zu schließen, den letzten Nachkommen, den ihr vielleicht liebsten, in die Welt, den Trost ihrer alten Tage: das Schema des eigenen Todes. Ein Tod, über den sie versucht, sich zu reproduzieren.

Es ist bekannt, daß der gewaltsame Tod als Todesform anderen Tod und zukünftige Verbrechen nach sich ziehen kann. Insgeheim ersehnt die Diktatur einen Epilog voller Haß und Blut. Eine aufmerksame Untersuchung der Berichte über eine Tyrannei, ihrer Presse, Propaganda, Kunst, Philosophie, Archive würde klar zeigen, daß der Diktatur die Todessehnsucht das Wichtigste ist. Albanien stirbt aufrecht, aber es verrät nicht den Marxismus-Leninismus! Serbien hört auf zu bestehen, aber es gibt Kosovo nicht auf! Rumänien wird den Ideen Ceausescus geopfert! Eher verschlingt das Meer die Insel Kuba, als daß es dem Sozialismus abschwört! Der Irak wird eher in Stücke gesprengt, als daß er sich den Vereinigten Staaten beugt...

Lieder, Romane, Doktorarbeiten, Herbstfeierlichkeiten dienen der Erinnerung, und nicht selten leisten Tausende von Menschen schon vor der Zeit ihren Beitrag zu diesem Nachruf.

Übrigens hat der diktatorische Staat nach dem Bau von Tunneln und Bunkern, in denen er seine Machthaber verstecken will, nachdem er mehr oder minder geheime Flughäfen angelegt hat, von denen die letztgenannten fliehen können, Listen all jener zusammengebraut, die bei den ersten Anzeichen von Unruhen erschossen werden. (»Wenn wir tatsächlich gestürzt werden sollen, haben Sie, und denken Sie gut daran, keine Gelegenheit, sich darüber zu freuen. Sie werden vorher erledigt.«)

Diese angeblich geheimen Listen werden hier und dort mit größtem Zynismus aufgedeckt, besonders auf Sitzungen der Kader. (»Genossen, wir sind hier unter uns, unter Kommunisten, und ich kann euch etwas anvertrauen: Was immer geschieht, die Partei hat Maßnahmen ergriffen, damit wir nicht überrascht werden. Wir haben Listen zusammengestellt...«)

Selbstredend bringt dieser Terror mit den Listen die ganze Nation zum Zittern.

Genauso verhalten sich umzingelte Banditen; der Tod wird ihre ganze Welt, ihre Philosophie, ihr einziger Ausweg, was sie am Leben hält und in bösartige Verzückung versetzt. Die Diktatur gibt immer einen Todesgeruch ab, aber in ihren letzten Augenblicken wird dieser Odem ihr natürlicher Duft. Sie ist daran gewöhnt und trennt sich nicht davon.

Im letzten Todeskrampf versucht die Diktatur, ihre Welt zu täuschen, indem sie sich der ganzen heroischen Tradition der Menschheit bedient. In jenem Augenblick wirft sie ihren Auserwählten auf Prometheus, dessen Mythos, entstellt durch vulgäre Gefühlsduselei, Ignoranten und Terroristen, mittelmäßige Literaten und Exhibitionisten aller Zeiten, eine leichte Beute ist. Prometheus hat in Wirklichkeit überhaupt nichts mit dieser Art von Helden zu tun, ja, ist sogar sein genaues Gegenstück. Er steht dem Menschenschlag eines Sacharow sehr viel näher (selbst wenn das Feuer, das dieser der Menschheit schenkte, die Wasserstoffbombe, im Sinne der alten Griechen eher ein »übertriebenes Feuer«, also ein schlechtes Feuer ist). Aber wenn er schon dem in Gorki internierten Sacharow (dem

172

in Ketten gebundenen Sacharow) nahesteht, ähnelt er dem befreiten Sacharow noch stärker, und noch eher jenem Sacharow im dritten Akt der Trilogie, in dem dieser bereit ist, als Abgeordneter im Olymp (also im Kreml) Platz zu nehmen.

Prometheus war nie ein Held des unnötigen Opfers; im Gegenteil, er ist der Held der Klugheit, des aufgeklärten Verstandes. Dank dieses Verstandes und nicht aus blindem Starrsinn heraus hat er seinen Kampf geführt und die Menschheit gerettet. Die Konzessionen, die sich Zeus und Prometheus gegenseitig einräumten, die Toleranz, der Dialog, sie sind das Wesen der Sage. Sie könnte auch den Titel »Das Drama des Dialogs« tragen. Im ersten Teil, dem einzigen, der uns von Aischylos' Trilogie erhalten ist, drückt das Drama zwar die Unmöglichkeit eines Dialogs aus, aber die beiden anderen sprechen von seinem Triumph.

Diese Sage zeugt, getreuer als jede andere, vom Leid, das die Menschheit durch Schrecken, Ketten und Zerstörungen erleben mußte, bis sie zum Olymp, also dem Parlament, aufsteigen und endlich ihren ersten Abgeordneten entsenden durfte. Seither hat man in diesem Parlament aufgehört, nur eine Stimme, die des Zeus, zu hören. Somit mündet, um einen modernen Begriff zu verwenden, die Prometheussage vor allem in den Triumph des Pluralismus. Wenn die Menschheit heute dieses Niveau von Emanzipation erreicht hat, dann deshalb, weil Prometheus schon seit langem dort auf sie wartet.

Verzichtet eine Diktatur auf ihre Todessehnsucht, kündet sich bei ihr eine Lockerung an. Gerade aus diesem Grund muß man ihr in dieser Zeit, in der das Gehirn vielleicht noch schläft, die Augen blind sind, unter die Arme greifen. Ziel des Manövers ist es dann, nicht ihrem Charme zu erliegen noch in ihre Falle zu stolpern, sondern sie klug zu umgehen. Wenn dann ihre letzte Stunde gekommen ist, in der sie sieht, daß sie allein stirbt, daß die Menschen anstelle ihres eitlen Epilogs einen anderen Weg gewählt und eine andere Fahne entfaltet haben, überkommt sie das Entsetzen und die schlimmste Qual. So rollt sie in Schrecken und Grauen geradewegs in die Hölle.

Jeder, der unter einer Diktatur gelebt hat, hat sich, selbst wenn alles völlig hoffnungslos aussah, so als stünde das Jahrhundert erst bei Mitternacht, ihre letzten Augenblicke ausgemalt. Und nähert sich die Morgenröte, ist anzunehmen, daß die Menschen nicht nur den Ausgang suchen. Alle wissen, daß dieser letzten Stunde etwas Fatales anhaftet; deshalb übermannen sie häufig schmerzliche Gedanken. Solschenizyn vergleicht diese Zeit mit einem gerade einstürzenden Gebäude, wobei die Menschen überlegen, was am besten zu tun sei, um keine Betonstücke auf den Kopf zu bekommen. Gleichgültig für welchen Vergleich man sich auch entschließt, sind sich auch andere in diesem einen Punkt einig: Es ist ein gefährlicher Augenblick.

Der Diktatur unter diesen Umständen zu trotzen, ist eine normale Haltung; den Dialog mit ihr fortzuführen, ist heldenhaft. Wer der Diktatur trotzt, wird nur von ihr bedroht; führt man einen Dialog mit ihr, muß man zweierlei fürchten, einmal sie und dann ihre ungeduldigsten Gegner. Es ist ein immenses Unterfangen, der Diktatur zu helfen, sich wenigstens eines Teils des ihr innewohnenden Bösen zu entledigen. Gelingt das nicht auf Anhieb, erweisen sich alle späteren Vorstöße möglicherweise als unmöglich. Und das gilt dann um so mehr, je tiefer das Böse verwurzelt ist und man zu Wundermitteln greifen muß, um »die Dämonen einer ganzen Nation auszutreiben«. Wenn jedoch die demokratischen Kräfte die Oberhand gewinnen, daß sie der Diktatur ihre Todessehnsucht nehmen, so wie man der Schlange ihr Gift nimmt oder Terroristen ihre Bomben, kann man sagen, daß sie dann ihren ersten bedeutenden Sieg davongetragen haben.

Die Todessehnsucht hängt mit dem Begriff Strafe, also Fehler zusammen. Damit sich der totalitäre Staat völlig von dieser Sehnsucht befreien kann, muß ihm geholfen werden. Das um so mehr, als er bei Verzicht auf den Tod leicht in Panik verfällt. Hilfe, damit er versteht, weshalb und wie er schuldig ist, das heißt, welche Strafe ihm gebührt.

Ein grundsätzlicher Punkt für jeden einzelnen, aber besonders für Völker wie die Albaner, bei denen die angemessene Strafe (die herkömmliche Rache) eine der Grundlage ihres Sittenkodexes und damit ihrer Moral bildete.

Wenn jemand sagt, die Verantwortung für Fehler unter der Diktatur müßten mehr oder weniger alle tragen, wie Vaclav Havel das so edel vor einem Jahr erklärte, stellt sich sofort die Frage: Ist das auch aufrichtig gemeint? Oder ist das nur ein Trick, um die Diktatur zu täuschen (einer dieser zahlreichen Tricks, derer sich die Polizei bedient, um umzingelte Banditen zum Niederlegen ihrer Waffen zu bewegen)?

Wurde geklärt, daß diese Behauptung aufrichtig gemeint ist (der Schriftsteller Havel hat sein Wort gehalten, nachdem er Präsident geworden ist), erheben sich andere, manchmal schädliche Fragen: Wie ist das denkbar? Wie ist es möglich, den Fehler auf diese Art zu verteilen? Aber das ist eine Beleidigung des Andenkens der Opfer, jener, die sich der Tyrannei widersetzt haben! Das ist sogar genau das, wovon sie geträumt hat!

Das Verteilen des Fehlers ist für die Diktatur tatsächlich ein Traum. Aber es ist für sie viel mehr als ein Traum. Während ihrer gesamten Herrschaft hat die Diktatur mit Hilfe sehr vieler Mittel Tag und Nacht Schuld verteilt. In dieses Wecken von Schuldgefühlen hat das totalitäre Regime sehr große Hoffnungen gesetzt. Diese Maschine wird in zwei Richtungen tätig, die scheinbar nichts miteinander zu tun haben. Eine betrifft den Nachlaß menschlicher Fehler; die Diktatur hat sie von der Religion geerbt. Sie hat in dem Satz: »Vor Gott sind alle Menschen Sünder« das Wort Gott durch das Wort Partei ersetzt. Wir sind also alle schuldig vor Ihr, Sie allein ist unfehlbar, wir verdanken alles Ihrer Gnade, das tägliche Brot, das Leben, das Vaterland. Die Worte »Ave Partia gratia plena« würden sich in solch einer Farce nicht deplaziert ausnehmen, denn man hält ja die unzähligen Lieder und Gedichte, die mit noch sehr viel übermäßigeren Lobpreisungen vollgepfropft sind, bei denen das Wort »Ave« durch »Ruhm« und das Wort »barmherzig« durch »großzügig« ersetzt wird, auch nicht für übertrieben!

Für alles ist der Partei zu danken. Für jeden »Fehler« muß man vor ihr Selbstkritik üben. 1975 wurde ich wegen meines Gedichtes »Die roten Paschas« beschuldigt, zum bewaffneten Aufstand aufgerufen zu haben, was überhaupt nicht stimmte. Trotzdem wurde ich dazu gezwungen, einzugestehen, »unabsichtlich zum unbewaffneten Aufstand aufgerufen zu haben« (es war mir nur gestattet gewesen, den Ausdruck »unabsichtlich« hinzuzufügen). Mir wurde eine schriftliche Selbstkritik abverlangt, die

176

noch im Parteiarchiv abgelegt sein dürfte. Das war eine von mir selbst verfaßte Anklageschrift, die der Staat nach Gutdünken verwenden konnte, und ich wußte es.

In seinem Brief vom 21. Mai 1990 schrieb mir Ramiz Alia ausdrücklich: »Du darfst nicht vergessen, was Enver Hoxha für Dich getan hat.«

Lange Jahre hindurch hatten meine Ohren nur allzu häufig Ausdrücke solcher Art vernommen, sowohl aus dem Mund von Machthabern des albanischen Regimes wie von einfachen Personen: Er ist ein Günstling von Enver Hoxha; er muß sich Enver Hoxha dankbar erweisen... Selten stellten sie sich dabei auch die Frage: Aber wovor schützt Enver Hoxha denn diesen Schriftsteller? Etwa vor dem eigenen Staat? Vor Enver Hoxha selbst? Denn niemandem war unbekannt, daß jene, die mich belästigten, seine Getreuen, enge Mitarbeiter oder Sigurimi-Mitglieder waren.

Die albanische Bürokratie, die Enver Hoxhas Schutz für mich als etwas Ungewöhnliches, eine Anomalie, eine Ausnahme von der Regel ansah, legte damit gleichzeitig die Kehrseite der Wahrheit offen: Im Sinn der kommunistischen Logik dürfte Enver Hoxha diesem Schriftsteller eigentlich nicht erlauben zu schreiben. Hoxha hatte Zugeständnisse gemacht, er hatte gegen die kommunistische Logik verstoßen und war von den Prinzipien (!) abgewichen. Dieser Schriftsteller hätte ihm dafür dankbar sein müssen. Kurz, ich hätte Enver Hoxha dankbar sein müssen, daß er mich vor Enver Hoxha schützte. (In meinem Buch »Einladung ins Atelier« habe ich in dem einzigen Kapitel, das ich nicht in Albanien veröffentlichen konnte, eingehend das Geheimnis dieser Protektion erklärt, die direkt mit dem Roman »Der große Winter« zusammenhängt, ein Werk, das sowohl mein Rettungsring wie auch mein Fluch war. Mich selbst hätte man vernichten können, aber dieses Werk, es sollte leben. Damit es jedoch leben konnte, mußte ich »in Ehren« aus dem Leben scheiden. Das heißt, durch eine dieser zahlreichen Todesarten, die in einer Beerdigung voller Blumen und Lobpreisungen enden[7].)

Je stärker die Diktatur wird, desto größer wird das vorherrschende Gefühl von Schuld. Aber je mehr dieses Gefühl wächst, desto verschwommener wird es, bis der Nebel alles einhüllt: Die Leute gestehen ein, daß sie schuldig sind, ohne zu wissen warum.

Wenn Fehler, Angst und Unterwerfung sich in einem namenlosen Dunst vermischen, hat die Diktatur eine ihrer triumphalen Phasen erreicht. (Was sind wir gegenüber der Partei? Nullen! — mit diesen Worten eröffnete ein Botschafter seine morgendliche Sitzung in der albanischen Botschaft in Wien. Wir brauchen kein schlechtes Gewissen zu haben, wenn man uns der Unterwürfigkeit gegenüber der Partei beschuldigt, erklärte ein anderer auf einer Sitzung des Schriftstellerverbands.)

Noch lebenswichtiger für die Tyrannei ist ein anderer Aspekt des Erweckens von Schuldgefühlen, denn er hängt direkt mit ihrer Existenz, genauer, mit dem Tag zusammen, an dem das Urteil über sie gefällt wird. Wie sehr jede Diktatur auch mit ihrer unüberwindlichen Kraft prahlen mag, sie hat böse Vorahnungen. Selbst wenn sie sich bemüht, nicht an ihr Ende zu denken, bereitet sie sich trotzdem unablässig darauf vor. Eines ihrer Hauptziele ist es, das Kainsmal — das eigene Kainsmal — auf die größte Zahl von Menschen, wenn möglich, auf alle Bürger zusammen zurückfallen zu lassen.

Dieses Band durch das Verbrechen, das Kainsmal, hat die Partei in ihr Grundsatzprogramm aufgenommen — Dostojewski hat dieses Thema prophetisch in seinem Roman »Die Dämonen« beschrieben: aus einem gemeinsam begangenen Verbrechen, der fünfte wird von den Kameraden getötet, gehen die vier Revolutionäre »gestärkt« hervor. Nicht auf vier, sondern auf viertausend, auf vierhunderttausend, wenn möglich, auf vier Millionen Menschen will sie ihr Kainsmal verteilen. Denn sie sagt sich, wenn ihre letzte Stunde einmal naht, dann greifen diese sie nicht nur nicht an, sondern im Gegenteil, sie schützen sie.

Der totalitäre Staat träumt also davon, ein allgemeines Schuldgefühl zu verbreiten. Bevor die Diktatur aber soweit war, hat sie versucht, sich des Kainsmals mit anderen Mitteln zu entledigen. Eines davon war die Mode der »Stellvertreter«, die in Wirklichkeit oft die wahren Chefs waren. (Von den stellvertretenden Kommissaren im antifaschistischen Kampf in Albanien bis zum »Vizepräsidenten« Deng Xiao-peng, Chinas Chef, gibt es eine lange Liste dieser Masken, die die Fäden zogen, selbst jedoch hinter den Kulissen blieben, um sich weder Gefahr noch Haß auszusetzen.) Zweifellos stammt diese Idee aus der islamischen Welt, hergeleitet vom Status des Kalifen, der zwar als Diener Allahs galt, tatsächlich jedoch Herr und Meister war.

Aber für die modernen Diktaturen hatte diese Maßnahme nur eine begrenzte Wirkung; deshalb wandten sie sich nacheinander der vollständigen Verteilung des Kainsmals zu.

Das Verteilen des Schuldgefühls erfaßt einen Kreis nach dem anderen. Anfangs verteilen der Diktator und seine

Familie die Schuld in dem ihnen am nächsten stehenden Bereich, den sogenannten ersten Bereich: die anderen Führungsmitglieder. Diese werden auf dem Umweg über Entscheidungen, Plenen, Erlasse bis zum klassischen Verteilen von Privilegien in die Schuld einbezogen. Der zweite Bereich bezieht dann den Kreis der engen Mitarbeiter, Richter, Staatsanwälte und insbesondere die Sigurimi, die »geliebte Waffe der Partei«, ein. Der dritte Bereich (wie man sieht, wird der Kreis immer weiter) umfaßt die fanatischsten Aktivisten, die Armee der Parteisekretäre, die Grenzwache (die Totschläger) usw. Der vierte Kreis, besonders weit und unheimlich, ist jener der Spione und Spitzel. Diese angeworbenen Personen kamen oft aus Überzeugung, die meisten von ihnen hatten schon Extremes durchgemacht, und stellten eine der sichersten Bastionen des Regimes dar. Obwohl sie aus den verschiedensten Beweggründen in die Falle geraten waren — wegen eines dramatischen Zusammentreffens persönlicher Umstände, um irgendein banales Bedürfnis zu befriedigen, wegen einer Gaunerei, einer schändlichen Handlung, wegen Homosexualität bei den Männern, Ehebruch bei den Frauen[8] usw. —, der Name aller stand in den Geheimakten, und obwohl sie die Diktatur hassen mochten wie jeder andere auch, fürchteten sie noch mehr ihren Sturz. Den fünften Bereich bilden die Intellektuellen: Gelehrte, Schriftsteller, Künstler, Akademiker. Sie gehören, ungeachtet ihres persönlichen Eifers auf Grund der verschiedensten Umstände mit zu dieser Welt, sind mit ihr verbunden. Einige haben sich ihr überschwenglich angeschlossen, denn diese Welt paßte ganz zu ihnen; die meisten, die talentiertesten, litten darunter. In der Zwangslage, entweder auf ihre schöpferische Kraft zu verzichten, um dem Regime zu dienen und

180

in diesem Fall für ihr Volk, das dieser Schöpfung so dringend bedurfte, von keinerlei Nutzen zu sein, oder andererseits gerade auch unter der Diktatur den Kampf fortzuführen, haben sie sich für die zweite Möglichkeit entschieden. Diese Haltung wird nicht nur in einer Diktatur selbst Schreibtischtätermentalität genannt, sondern auch von den Zuschauern, besonders den ausländischen Beobachtern, die keinerlei Mitleid haben und die die Bedürfnisse der betreffenden Nation in bezug auf Kultur und Licht einen Dreck kümmern. Die Diktatur, besser unterrichtet als diese Marktschreier, zweifelt trotzdem als erste die Mitschuld dieser schöpferisch tätigen Menschen an. Deshalb läßt sie Fehltritte der Intelligenz mit Hilfe von Gewalt erpressen und läßt Erklärungen unermüdlich widerhallen (indem sie zum Beispiel in einen wissenschaftlichen Beitrag des großen Linguisten E. Çabej das Wort »Partei« einfügt), und wenn diese nicht zu Diensten stehen, dann schafft sie es, völlig neue zu fabrizieren[9]. Der sechste Kreis umspannt die Indoktrinierten, besonders die Schüler. Das ist der unstabilste Bereich, denn er gleicht einem Durchgangslager (die Generationen gehen nur hindurch), was den Staat nicht daran hindert, diese Reserve so oft wie nötig für die oben angeführten Bewegungen und Durcheinander auszubeuten. Der siebente und letzte Bereich ist der breiteste: die gesichtslosen Menschenmassen, jene, die Sitzungen, Paradeplätze mit Lärm und Liedern füllen. Selbst wenn man weiß, daß diese Veranstaltungen sozusagen Pflicht sind, dienen sie der Diktatur zweierlei Zwecken: *erstens*, um mögliche Gegner durch die »Einheit des Volkes« zu entmutigen; *zweitens*, den eigenen Anhängern und vor allem sich selbst Mut zu machen. Ein gänzlich spezifischer Kreis, der aus »ausländischen Freunden« gebildet wird, mit Stipendien versehenen Scharlatanen, Dummköpfen, Psychopathen oder perversen Menschen fällt nicht in diese Klassifizierung, so wie auch die Heiden aus Dantes »Hölle« ausgeschlossen blieben.

So hat die Diktatur das Verbrechen überall breit gestreut oder glaubt das zumindest. Nimmt man sich die Wortbildung zum Vorbild, derzufolge »Haar-Wuchs« von »Haar« hergeleitet wird, hat die Diktatur so richtig den Namen »Verbrecher-Wuchs« verdient. Fortan hält sie sich für ermächtigt, allen zu sagen: Wir haben in allem zusammen gehandelt, wenn wir jetzt sterben müssen, dann sterben wir alle zusammen.

Das Los unzähliger Menschenleben hängt somit vom letzten Dialog mit ihr ab. Man kann ihr sagen: »Hexe, geh allein krepieren, wir dagegen, wir leben weiter!« Damit wendet man die Tragödie nicht ab, im Gegenteil, sie wird beschleunigt. Ebenso kann man sagen: »Genug des Wortes Tod! Wir haben eine Fahne, die des Lebens.« Das wäre sehr viel vernünftiger. Aber um zu dieser Einsicht zu gelangen, muß dem Volk — das häufig, ohne es selbst zu wissen, dank der nur ihm zur Verfügung stehenden Mittel, die Schlüssel zur Geschichte in der Hand hält — begreiflich gemacht werden, daß es für eine Diktatur nicht unausweichlich nur einen einzigen Epilog gibt: ihren Sturz mit Gewalt. Nicht der Sturz einer Diktatur zieht unweigerlich ihren Tod nach sich. Ihr endgültiger Tod tritt erst ein, wenn ihre Wurzeln abgetrennt wurden und die Quellen versiegt sind, die sie nährten. Das Wort »Umsturz« ist also durch das Wort »Trockenlegung« zu ersetzen. Eine verdorrte Diktatur ist eindeutiger erledigt als eine gestürzte Diktatur.

Es ist nicht einfach, die Wurzeln und Quellen, die ein totalitäres System nähren, zu finden. Die einen sieht man auf Anhieb, andere nicht. Wenn das Universum der Schuld sich dem der Angst nähert, ja, mit ihm verschmilzt, haben wir den besten Beweis. Daß diese Angst nicht mehr den alten Ängsten von früher gleicht, fällt ebenfalls ins Auge. Es ist Angst von einer neuen, sehr spezifischen Art, so daß die kommunistische Welt stolz darauf sein darf, statt des »neuen Menschen«, fast eine Sagengestalt, eine »neue Angst« hervorgebracht zu haben, ein wahres Produkt aus dem eigenen Stall.

Diese Angst ist etwas ganz Besonderes, denn sie hängt nicht nur mit Polizei, Armee, Gefängnissen, Gerichten, Brutalität zusammen, sondern mit einem sehr viel umfassenderen Ganzen. Genau wie der Schuldmechanismus hat auch sie ihre rätselhafte Seite, kaum umrissene, verschwommene Grenzen. Sie zeigt sich mit verschiedenen Masken, die einmal Bewunderung, Begeisterung, Freude, Überschwang und masochistisches Vergnügen simulieren, ein anderes Mal dagegen vor Grauen eine Grimasse schneiden. Die Träger dieser Masken wissen selbst nicht, was ihnen tief im Herzen sitzt. Möglicherweise hassen sie den Tyrannen, aber in seiner Gegenwart auf einer Sitzung oder in einem Versammlungssaal verflüchtigt sich, man weiß nicht wie, dieser Haß. Vielleicht beschweren sie sich täglich über ihn, aber sobald sein Wagen im Fabrikhof hält, lächelt bei ihnen das Gesicht ganz von allein, ihr Groll ist vergessen, sie klatschen wie selbstverständlich.

Das kommt daher, daß vor sehr langer Zeit in ihrem Inneren etwas passiert ist. Ein Gleichgewicht ist zerbrochen. Andere anomale Beziehungen sind statt dessen entstanden. Bei diesem Wandel hat die Angst (eine grauenvolle, dauerhafte, unablässige Angst) eine Hauptrolle gespielt. Solch eine Angst kann im gewöhnlichen Alltagsleben nicht Fuß fassen. Noch bevor die Diktatur diese Angst sät, vergreift sie sich deshalb zuerst am normalen Alltagsleben. Zerstört Perspektiven, Ansichten, traditionelle Beziehungen, ersetzt sie durch neue Perspektiven, Visionen, Beziehungen.

Eine einfache wie komplizierte Aufgabe. Versuchen wir einmal, uns den Ablauf solch einer Angstkampagne vorzustellen. (Einer dieser Feldzüge, die in gewissen Abständen diese Welt hier zerrissen haben.) Sie läuft fast immer nach dem gleichen Schema ab.

Die erste Etappe vor dem Sturm: Hier und dort Gemurmel, etwas habe sich ereignet... Etwas Schlechtes sei aufgedeckt worden... Also wird auch etwas Schlechtes geschehen... Das reicht, um die Menschen mit einem ersten Schnitt vom gewöhnlichen Leben zu trennen. Der eine war mit einem faszinierenden Projekt beschäftigt. Ein anderer plante seinen Winterurlaub. Ein dritter richtete sich gerade in seiner Wohnung ein, die er nach mehreren Jahren des Wartens endlich erhalten hatte. Jener dort war in Gedanken voll mit der Frau beschäftigt, die er gerade kennengelernt hat; mit dem Buch, das er gerade schrieb, mit dem nächsten Fußballspiel. Sobald die ersten Gerüchte laut werden, bremsen alle zunächst einmal. Warte, gleich passiert etwas... Der Rhythmus verklingt überall, überall entsteht ein Vakuum. Die Erinnerung an frühere Kampagnen, die vergessen schienen, erwacht wieder. Das Ohr vernimmt neue Geräusche, die es vorher nicht bemerkte. Das Auge entdeckt Schatten. Alle Sinne sind aufs Äußerste angespannt, auf der Lauer, und wenn dann der Gong des Unheils ertönt, erzielt er eine doppelte Wirkung.

Schließlich bricht das Unglück herein. Natürlich ist man darüber entsetzt, gleichzeitig überkommt einen aber auch so etwas wie Erleichterung.

Aber diese Erleichterung ist nur von kurzer Dauer, denn der Mechanismus sieht eine Steigerung in Etappen vor. An die ersten Verhaftungen schließt sich eine neue bedrückende Wartezeit an: die Etappe der Untersuchungen. Eine Sternstunde für die Diktatur, das sogenannte »Aufdecken der Wurzeln«. Hunderte und Hunderte von Menschen fragen sich entsetzt, ob ihr Name nicht in irgendeiner Akte auftaucht.

Aber die Diktatur begnügt sich nicht mit so wenig. Gerade wenn es niemand mehr erwartet, tritt eine neue Eskalation ein. Von der Suche in die Tiefe (um die Wurzeln zu finden) geht sie ohne Vorwarnung auf die Breite über: Das heißt, sie greift nach anderen Bereichen, die meinten, sie befänden sich außerhalb ihrer Reichweite. Die Jahre 1972-1973 sind ein typisches Beispiel dafür.

Der Schlag traf den Kulturbereich. Der Einfluß der bürgerlich-revisionistischen Kultur. Abweichungen in Literatur und Kunst. Auffliegen der Gruppe um T. Lubonja und F. Paçrami. Zu diesem Zeitpunkt (da die gesamte schöpferisch tätige Intelligenz unter Druck stand) hielten sich die offiziellen Kreise, besonders die Militärs, für nicht nur jeder Gefahr enthoben, sondern sie meinten auch noch, sie hätten ein Recht zu philosophieren: »Ah, die Schriftsteller, unverbesserliche Liberale; haben wir das nicht schon gesagt!«

Deshalb war die Katastrophe, die die Militärs ereilte, um vieles schrecklicher. Putschisten. Todesurteile, angefangen beim Minister. Hinrichtungen.

Die Regierungstechnokraten hatten nicht einmal Zeit,

über Schriftsteller und Militärs zu spotten, (Launen, Lorbeer, Dienstgrade) denn das Unglück ereilte sie zu geschwind. Feindliche Gruppe im Wirtschaftssektor. Sabotage in der Erdölindustrie (die albanische Erdölindustrie erzeugte in jenem Jahrzehnt mehr Verschwörungen und Unterverschwörungen als Brennstoff und Nebenprodukte).

Nach derartigen Schlägen gegen Kultur, Armee und Wirtschaft hatten alle verstanden, daß es fortan praktisch jeden ereilen konnte. Es herrschte allgemeine Lähmung.

Der Schlag gegen ganze Gruppen ist bei allen Diktaturen beliebt. Er zeigt uns, wie sich den Marxisten-Leninisten die Welt darstellt (Kultur, Armee, Wirtschaft, mit anderen Worten der Überbau, Diktatur des Proletariats, Strukturen, sie alle werden von der internationalen Bougeoisie aufs Visier genommen, wie wir es von den Klassikern des Marxismus gelernt haben!). Aber wenn diese Gruppentaktik bevorzugt eingesetzt wurde, dann vor allem, weil sie am besten das allgemeine Schuldgefühl mit der allgemeinen Angst verbindet.

Diese Angst wird auch von anderen Faktoren genährt. Besonders bemerkenswert ist dabei der *rätselhafte* Schlag, mit anderen Worten, ein Schlag ohne jeden Beweggrund. Zwar ohne Beweggrund, aber auch noch nach der Verurteilung, das heißt, wenn das Opfer unter der Erde liegt im Raume stehend.

Blindes Zuschlagen gehört zu den schrecklichsten Waffen der Diktatur. Damit erhält der tyrannische Staat eine ideale Dimension: *das Fatum* (das Schicksal). Niemand sollte sich Illusionen hingeben: Praktisch überall kann es ihn ereilen.

Blindes Zuschlagen, der Schlag ohne Beweggrund wie

auch der unsinnige Schlag, alle sind sie Rädchen im Angstmechanismus. Hierzu gehören ebenfalls die unerklärlichen Verurteilungen von Regimetreuen. Die Gründe dafür wurden nie bekannt. Da diese Verurteilungen jedoch von der Bevölkerung gehaßte Ziele trafen, weckten sie eine gewisse Befriedigung. Aber das Wesentliche daran, außer dieser Befriedigung war, daß sie unparteiische Gerechtigkeit vorspiegelten. (Auf einem Plenum des ZK wandte sich Enver Hoxha mit den folgenden Worten an eines der fanatischsten Mitglieder des Zentralkomitees, D. Mamaqi: »Auf dem vorigen Plenum ist mir aufgefallen, daß du, D. Mamaqi, dich besonders hysterisch aufgeführt, daß du dich laut darüber gefreut hast, weil wir T. Lubonja und A. Mero verurteilt haben. Erzähl uns jetzt einmal etwas von deinen Fehlern![10]«)

Diese Worte mußten bei einer Reihe von Leuten eine gewisse Sympathie wecken, (»Enver Hoxha, hart, aber gerecht, nicht wahr! Er kann keine Feiglinge ausstehen!«) wie auch im Lager der vom Schlag Getroffenen als schwacher Trost dienen.

Im allgemeinen fielen die Verurteilungen hochrangiger Funktionäre in die starke, siegreiche Zeit der Diktatur; ihren Einfluß verdankten diese Maßnahmen dem Nebel, der sie umgab, aber auch der Tatsache, daß sie wie ein Widerspruch aussahen. Einerseits weckten sie überall Schrecken, denn sie bestätigten die Allmacht des Staates; andererseits folgte auf dieses Entsetzen eine ungesunde Zufriedenheit. (»Sie verschlingen sich gegenseitig. Gut für sie! In dieser Welt wird für alles bezahlt. Ihre Privilegien werden zum Fluch für sie.«)

Waren diese Funktionäre besonders brutal vorgegangen, herrschte allgemein noch größere Befriedigung, was die Diktatur als Unterstützung der Partei durch das Volk bewertete. Hatten sie dagegen Sympathien besessen wie T. Lubonja und A. Mero, stellte das Regime sich taub. Aber da diese Funktionäre in den meisten Fällen ohnehin verabscheut wurden, gewann der Staat mit jedem Schlag. Bei diesem komplizierten Lotteriespiel bemühte sich Enver Hoxha, der sich durch eine seltene Geschicklichkeit auszeichnete, diese Angelegenheiten so zu lenken, daß immer irgendeine Gruppe zufrieden über den jeweiligen Schlag war. (Über das Gewitter gegen die Intellektuellen freute sich zum Beispiel die Sigurimi sehr; ein Schlag, der diese traf, erfreute wiederum die Intellektuellen.) Aber Enver Hoxha achtete sorgfältig darauf, aus allen wichtigen Fällen Nutzen zu ziehen. Wenn er in der Affäre um T. Lubonja und A. Mero zum Beispiel mit der Unterstützung der Sigurimi und aller Fanatiker rechnen konnte, vergaß er nicht, mit seiner Rüge von D. Mamaqi auch der Gruppe der Intellektuellen einen kleinen Trost zu spenden. Er wußte, daß diese Erwiderung zwar im grob behauenen Gehirn der Fanatiker (denen er wiederum nicht die Freude verderben wollte) nicht registriert wurde, dagegen jedoch von der Intelligenz, die an jenem Tag das Unglück ereilt hatte, aufgegriffen würde.

Alle diese Schläge unterhalb der Gürtellinie und diese unendlich winzigen Hoffnungen begünstigen die Betäubung, die schließlich in ein Art Vollnarkose übergeht. Nicht einmal die Andeutung einer Opposition. Mit Mühe und Not erinnert man sich daran, daß Opposition eine Haltung ist. Denn die Diktatur läßt niemanden zu Atem kommen. Sie läßt keine Verschnaufpausen zu. Man selbst braucht einen kleinen Augenblick, um wieder zu Atem zu kommen, etwas Ruhe, um sich wieder zu fangen. Man ist nicht mehr in der Lage nachzudenken, wartet nur darauf, daß das Gewitter aufhört. Man zählt die Tage, die Stunden. Nicht einmal Haß empfindet man, denn es bleibt nicht genug Zeit, damit sich sein bitterer Geschmack entwickeln kann. Tag und Nacht sind wie ein Loch im Bauch. Ein namenloses Loch, ähnlich der Angst, nur sehr viel schlimmer.

Man sehnt sich nach Ruhe, aber der Staat hat dafür gesorgt, daß es keinen Einhalt gibt. Und um uns vollends in Verzweiflung zu stürzen, verkündet er noch in seinen Reden: »Der Feind fordert einen Waffenstillstand für seine Umtriebe, aber die Partei ist wachsam. Stalin hat uns gelehrt, dem Feind keine Zeit zum Atmen zu lassen. Ebenso wie Lenin und die Klassiker des Marxismus.«

Der Feind ist in diesem Fall das ganze Volk, das leben möchte. Normal leben. Sonst nichts.

Aber das normale Leben ist der schlimmste Feind des totalitären Staates. Er hat seit langem Unmögliches gemacht, um es zu entstellen, es zu zerfetzen, dieses Leben, um es durch eine Karikatur, ein Surrogat der menschlichen Existenz zu ersetzen. Er hat es entstellt mit Hilfe von Armut, Rationierung der Lebensmittel, ungewisser Unterbringung, einem Paß fürs Inland, freiwilliger Arbeit sonntags, unendlichen Sitzungen, Militärübungen, Beschlagnahmung des Viehs bei den Bauern, Schließen der Kirchen und Cafés, Verbot des freien Marktes usw. usw. Er hat es mit Hilfe der Rotation von Beamten, dieser Geißel, die so viele Familien und menschliches Glück im ganzen Land zerstört hat, durchgesetzt. Aber damit nicht genug. Seine Wachsamkeit gilt den Tanzabenden, der Liebe. (Wie viele Menschen wurden schon wegen einer Liebesgeschichte verurteilt, wurden schwer dafür bestraft und von wem?

Von den gleichen Funktionären, die, als sie 1944 vom Gebirge herunterstiegen, unter anderem auch das Banner der Liebe schwenkten!) Der Staat hat sich auch wachsam gezeigt bei gegenseitigen Besuchen, besonders bei Einladungen zum Abendessen. Der Sekretär des Parteikomitees von Tirana, P. Kondi, hat sie wiederholt kritisiert. (Einige Jahre vorher schaltete ein anderer Chef in Tirana, der frühere Chauffeur P. Miska, heute Mitglied des Politbüros, angeblich als Sparmaßnahme, in Wirklichkeit aber, um das Abendessen zu verderben, in der Hauptstadt den elektrischen Strom ab, eine Maßnahme, die er jedoch rückgängig machen mußte, weil die Menschen in der Dunkelheit überall regimefeindliche Flugblätter hinterließen.)

Demjenigen, der nicht in diesem Universum gelebt hat, könnten diese Tatsachen wie reinste Phantasie vorkommen. Um nur einen Beweis für den Wahrheitsgehalt dieser Darstellung zu bringen, soll hier an die Café-Affäre erinnert werden. Darüber ist der Zorn noch immer nicht verraucht. Als im Sommer 1972 bekannt wurde, daß der amerikanische Präsident Nixon nach China reisen würde, rief Enver Hoxha, der sich in Durres aufhielt, das gesamte Politbüro zu einer Sitzung ein; Teilnehmer an jener Sitzung berichteten später, den Eindruck gehabt zu haben, an einer Begräbniszeremonie teilzunehmen. Er stand verdrießlich da, und als er dann den Mund öffnete, um davon zu sprechen, was er fortan für China voraussah, sagte er mit ersterbender Stimme: »Von jetzt an werden dort die Cafés wieder eröffnet!«

Im Winter jenes Jahres dienten das von Radio und Fernsehen übertragene Schlagerfestival, oder genauer die schönen langen Kleider der Moderatorinnen ebenso wie die fröhliche Stimmung im Saal, die dem elegant gekleideten Publikum entsprach, als Vorwand, das Gewitter gegen gewisse »revisionistisch-bürgerliche Einflüsse in der Kultur« auszulösen. Dieses Festival läutete den Untergang von T. Lubonja ein, dem damaligen Leiter von Radio und Fernsehen. (Einige Jahre davor hatte die festliche Stimmung, die im Saal des Staatstheaters bei der Aufführung des Dramas ›Die braunen Flecken‹ von M. Jero herrschte, das schönste Theaterstück jener Epoche, als Vorwand gedient, das Werk zu verbieten und seinen Verfasser zu verurteilen.)

Ich erinnere mich daran, Todi Lubonja auf dem Großen Boulevard kurz nach der ersten Plenumssitzung des Zentralkomitees[11] begegnet zu sein, auf der sich der Sturm schon angekündigt hatte. Er machte sich Sorgen, böse Vorahnungen plagten ihn. Enver Hoxha hatte eine Rede gehalten. Als er unter anderen Tatsachen jene zitierte, die von »einem Einfluß der bürgerlichen Lebensart« sprach, und dazu erklärte: »Genossen haben es mir berichtet, aber ich glaubte ihnen nicht, dennoch hatten sie Recht«, hatte K. Hazbiu, damals Innenminister, jubelnd applaudiert, womit er offen zeigte, daß die Denunziation von ihm stammte. Von den von Enver Hoxha angeführten Tatsachen wurde diese aufgegriffen: »Die jungen Mädchen trinken Kognak im Café.« (Mittlerweile waren die Cafés dermaßen geschmäht worden, daß sie in *Süßwaren* umbenannt wurden.)

»Es steht schlecht um mich«, erklärte mir Todi Lubonja, und als ich ihm erwiderte, vor allem, um ihn zu beruhigen, alles werde sich noch einrenken, antwortete er: »Das glaube ich nicht. Ich fürchte, daß bald Köpfe rollen!«

Nach kurzem Schweigen fügte er in der ihm eigenen halb ernsten, halb heiteren Art hinzu:

»Du hast mir erzählt, daß du gerade einen Roman über die abgeschlagenen Köpfe hoher türkischer Beamter schreibst. Prüf doch einmal, ob es eine Nische für meinen Kopf gibt!«

»Habe ich«, antwortete ich ihm im gleichen Ton. »Ich gebe dir den Namen Todd Pascha, oder wenn dein Name nicht in den osmanischen Rahmen paßt, nenne ich dich zum Beispiel ›den sympathischen Pascha‹.« (Im Roman ›Der Schandkasten‹, den ich vollendete, als er im Gefängnis war, tritt er wirklich als »der blonde Pascha« auf.)

Einige Wochen später besuchte ich ihn zusammen mit meiner Frau Elena an einem verregneten Nachmittag, nur wenige Zentimeter trennten ihn noch vom Sturz, als die Frau von Ramiz Alia [1986 gestorben] kam. Sie hatte ein gutes Herz und bewahrte sich wie viele Frauen, die in ihrer Jugend Mitglied der antifaschistischen Bewegung gewesen waren, aus jener Zeit einen leicht naiven Idealismus. Die Stimmung war sehr gedrückt; sie gab sich Mühe, sie zu bessern, indem sie dem Paar Hoffnung machte. Sie umarmte Todis Frau mit den Worten: »Glaub mir, noch eine Selbstkritik, und alles ist wieder in bester Ordnung...« Sie wiederholte diese Worte mit der gleichen Hartnäckigkeit wie Menschen, die ihre an Gott gerichteten Gebete wiederholen. Man spürte, daß die Worte aus vollem Herzen kamen, und daß sie nicht ausschließlich mit T. Lubonjas Schicksal zusammenhingen, sondern auch mit dem eigenen, vor allem mit dem ihres eigenen Mannes, der als Propagandachef im Kreuzfeuer stand und einige schwierige Augenblicke durchmachte.

Damals habe ich Todi Lubonja zum letzten Mal gesehen.

Die Urteile folgten Schlag auf Schlag. Wer war jetzt nach Kultur, Armee, Wirtschaft an der Reihe? Die Diktatur drängte, um kein Vakuum entstehen zu lassen, damit die Narkose nicht ihre Wirkung verlor. Juristische Diskussionen sind Mittel zur Verdummung. Die Unterwürfigkeit der Verurteilten verewigt die Lähmung. (B. Balluku, Verteidigungsminister, nimmt ein Bild von Enver Hoxha mit in die Internierung. Ehemalige Generale, jetzt verurteilt, nehmen seine gesammelten Werke mit. Ein unheimliches Schauspiel, das die Angehörigen von P. Gusho, Mitglied des Zentralkomitees und der Erdölsabotage beschuldigt, veranstalten, indem sie nach seinem Selbstmord auf dem Balkon singen!)

Gleichlaufend mit den Gerichtsverfahren üben die Verwandten der Verurteilten auf betrüblichen Sitzungen ebenfalls Selbstkritik, liefern Einzelheiten, gestehen, verwünschen sich selbst. Andere, die in keiner Weise bedroht sind, erleben schreckliche innere Zerrissenheiten. Der Konformismus tritt auf die teuflischste Art und Weise in Erscheinung. Alle wissen zum Beispiel, daß die Verurteilten nicht schuldig sind, aber niemand wagt es, das auszusprechen. Noch ist man aufrichtig genug, sie im privaten Gespräch nicht als Feinde zu bezeichnen, aber die Epidemie der Schuld hat dermaßen gewütet, daß man trotzdem Mängel an ihnen findet. (»Es stimmt, daß X. stolz war. Die anderen Anklagepunkte glaube ich nicht, aber hochmütig und herablassend, das war er sicher...«) Man vermeidet, die Frage so zu stellen: Kann ein Mensch für Arroganz zu fünfzehn Jahren Gefängnis verurteilt werden? Auf diese Weise erleichtert man sein Gewissen, aber der Mut geht niemals darüber hinaus. Denn wie alles andere in diesem Universum ist auch der Mut entstellt.

So stark war die konformistische Erweichung gediehen, daß man gerne glaubte, die Verurteilten »müssen sich schließlich etwas vorzuwerfen gehabt haben.« »Dieses Wüten von Enver Hoxha kann doch nicht völlig unbegründet sein.« Das Rätsel um den Zorn des Chefs gehörte zur Desorientierungstaktik. Es ging einher mit einer übertriebenen Karikatur der Opfer wie zum Beispiel, als das Plenum des ZK seinen früheren Liebling, K. Hazbiu, als »Dunkelhäutigen der Sümpfe« bezeichnete, denn da er braungebrannt war und gerne Enten jagte, übersah man ihn nicht leicht.

Am erstaunlichsten ist dabei, daß die Verurteilten sich diesem völligen Verfall fügten. Sie wußten für die eigene Person, daß sie keine Verräter waren; aber bei den anderen konnten sie nicht umhin, das anzunehmen.

Das Gewissen und auch der Verstand verwirrten sich zusehends, und jeder stellte sich die Frage: »Mein Gott, wie lange hält dieser Schrecken noch an?«

Die einen sagten bis März, die anderen bis Juni. Wieder andere, die pessimistischeren, legten sich lieber auf keine Frist fest.

Die schwer geprüften Menschen wollten nichts anderes, als ein wenig aufatmen. Eine Ruhepause in diesem Sturm.

Schließlich kündeten sich erste Anzeichen einer kurzen Flaute an. Eine blasse und kalte Sonne stieg am Horizont auf. Unter dem zertrampelten, erstarrten Leben regte sich Wiederaufleben.

Wenn von oppositionellen Kräften die Rede ist, die sich der Tyrannei widersetzt haben, betont man gelegentlich die Konfrontation zu stark und vergißt darüber den eigentlichen Kampf. Den nämlich, bei dem Diktatur und Alltagsleben einander bekämpfen. Ein viel gewaltigerer Kampf, ein anhaltenderer und unermüdlicherer Kampf, von dessen Ausgang das Schicksal des einen wie des anderen Lagers abhängt.

Der totalitäre Staat bemüht sich, ein »neues Leben«, einen »neuen Menschen« zu schaffen. Aber das Leben wehrt sich, zieht sich langsam zurück, versucht seinerseits anzugreifen. Es erschöpft sich selbst in dieser Schlacht, aber es trifft auch die Diktatur schwer. Die Diktatur besitzt Polizei, Heer, Parteiaktivisten, Zeitungen, das Fernsehen, die Klassiker des Marxismus-Leninismus. Das Leben verfügt über ein unendliches, unorganisiertes, anonymes Heer, in dem die folgenden Grade und Zeichen vorherrschen: junge Mädchen, die sich trotz ihrer Armut um eine modische Frisur und gute Kleidung bemühen; Männer und Frauen, die zum Essen ausgehen (sich gegenseitig einladen, wie überall auf der Welt); einzelne, die eine normale Sprache gebrauchen, frei von marxistischen Gräßlichkeiten; unbesiegbare Frauen, die sich gegen allen Druck der Partei, trotz Aufrufen zum Klassenkampf und zur Wachsamkeit gegen den Feind usw. verlieben und lieben; junge Männer, die sich treffen, um etwas zu trinken, oder einfach, um sich nach menschlicher Art zu langweilen; Alte, die ihr Kreuzzeichen machen, alte Frauen, die Mitleid verspüren; Menschen, die wie in New York oder Zürich flüstern: »Mein Gott, wie schnell der Winter wieder gekommenn ist!«

Diese Truppe, die keine Analyse, kein Bericht, keine Polizeiakte erwähnt, ausgerechnet dieses vermeintliche Heer ist es, das die Diktatur zum Schluß vernichtet. Denn dieses Heer ist der tiefe Brunnen, in dem die Lebensmodelle gelagert werden. Ohne sie zu zerstören, kann die Diktatur nicht das Leben zerstören. Zerstört die Diktatur aber nicht das gewöhnliche Leben, um es durch ihr »neues« Leben zu ersetzen, hat sie keine Zukunft. Auf dieser Welt gibt es keinen Platz für beide: entweder siegt das normale oder das »neue« Leben.

Das Gelände, auf dem diese Schlacht stattfindet, ist undefinierbar. Es zu beschreiben, würde sich, selbst wenn man den Versuch wagen wollte, als unmöglich erweisen. Deshalb hier nur einige Anhaltspunkte.

Die Wohnung. So wie der Generalstab in Erwartung eines Krieges im voraus die Verteidigungslinien einplant, hat der totalitäre Staat vorbeugende Maßnahmen ergriffen, damit die Wohnhäuser, dieses Gelände, auf dem eines Tages eine der entscheidendsten Schlachten zwischen Mensch und Diktatur stattfindet, so geplant werden, daß sie ihren Sieg und die Niederlage des Menschen begünstigen. Sie müssen armselig, grau, ebenso unkomfortabel und vor allem so winzig wie nur möglich sein. Besonders dieser Enge gibt die Diktatur Vorrang. Sie entmutigt den Menschen, macht ihn noch ärmer, bedrückt ihn, verbittert ihn. In diesen schmalen und nackten Käfigen, die den Namen Wohnung tragen, ist es noch leichter, den Menschen zu entwürdigen. Das ist ja auch mehr oder weniger die Logik von Gefängnissen; man kann sogar soweit gehen und sie Vorgefängnis statt Wohnung nennen.[12]

Aber trotz allem stellt sich heraus, daß der Mensch auch in dieser feindlichen Umgebung nicht die Waffen gestreckt hat. An die Wand hängt er das Bild seines Parteiführers und in den Regalen seiner bescheidenen Bibliothek erhalten dessen Werke einen Ehrenplatz, selbst wenn es vorkommt, daß unser Mensch ausgerechnet zu diesem Zeitpunkt über die Macht zu nörgeln beginnt, sich über den Außenminister lustig macht, der sich auf dem Flughafen die Beine in den Bauch steht, während er auf eine nordkoreanische Delegation wartet, und sich aufregt, wenn er um zwanzig Uhr aufmerksam die Nachrichten hört. Aber nicht einmal so »aufsässig« muß er sich zeigen, um unbesiegbar zu sein. Er ist es schon dann, wenn er mitten in dieser elenden Behausung seiner Frau, die er liebt, sagen kann: »Meine Liebe, ich werde dich nie vergessen!«

Büros. Betriebe. Redaktionen. Versammlungssäle. Amphitheater usw. Man kann sich mühelos vorstellen, wie hier geschlagen und zurückgeschlagen wird, wie das Gute vor dem Bösen oder umgekehrt zurückweicht. Obwohl das eine wie das andere Lager die gleiche Sprache verwendet, ist doch keinem unbekannt, wer für den Staat ist und wer dagegen.

Gesicht. Körper. In einem diktatorischen Regime verraten Gesicht und Körper häufig sehr genau, was bei jeder Gelegenheit in Gedanken vorgeht. Eine unnatürliche Gesichtsblässe, eine Art frömmelnder Einfältigkeit im Gesicht der Beamten (fallen einem auf, wenn man jemanden eine Zeitlang nicht gesehen hat oder wenn jemand befördert wurde) verraten besser als jeder andere Hinweis, daß dieser Mensch endgültig auf die Seite des Regimes getreten war. Ein anderer Rhythmus in seinem Gang, eine neue Art, am Tisch Platz zu nehmen, aufzustehen, der Gebrauch bestimmter Worte: »Nun, was gibt es Neues, Genossen?« bewiesen das gleiche.

Landschaft. Stadtplanung. Die Konfrontation und ihre Wechselfälle traten manchmal ganz eindeutig zutage. Trostlose Gebäude, mitten im Grünen hochgezogen, die Worte »Partei Envers« sichtbar mit Ölfarbe darauf angebracht. Staub, Hitze, große Betrübnis. Und über allem schwebt Verdruß.

Verdruß ist das Kennzeichen der Diktatur. Er ist ein unfehlbarer Wegweiser, wie die Farbe des Bodens oder das Ausschlagen eines Meßgerätes bei Entdeckung einer bestimmten Substanz. Aber der Verdruß ist gleichzeitig Wegbegleiter und Verbündeter der Diktatur.

Auf welche Art und Weise, mit welchem Barometer mißt der totalitäre Staat seinen Niedergang? Das ist eines seiner Geheimnisse. Sinkt die Verdrußschwelle, wird eine Alarmglocke ausgelöst. (»Genossen, was ist hier los? Was ist mit diesen jungen Mädchen und Männern, die sich so kleiden und so lächeln? Was soll diese blaue Farbe auf den Balkons[13]? Diese Liebesgedichte? Diese Musik? Hat jemand die revisionistisch-bürgerliche Umzingelung vergessen?«)

Auf diesen Schlachtfeldern schwankt der Ausgang der Kämpfe ständig. Ende der 50er und Anfang der 60er Jahre war der Klub des Schriftstellerverbandes so lebendig, so angenehm, daß ich einmal im Dezember dreitausend Kilometer von Moskau nach Tirana geflogen kam, um dort den Abend zu verbringen und zu speisen.

Selbstverständlich durfte dieser Klub nicht überleben. Ein Fremdkörper unter den damaligen Klubs; diesen Gebäuden, die trübselig stimmten mit ihren Gemälden sozialistischer Inspiration, ihren halb durchgesessenen Stühlen, ihren mit einem staubigen roten Tuch verhangenen Rednerpulten, das auf die nächste Sitzung (das heißt, Grausamkeit) zu warten schien, um wieder gesund zu werden; kurz, dieser Klub wurde einige Jahre später geschlossen[14].

Aber nicht immer verliefen die Dinge so. Auch das Gegenteil konnte eintreten. Ein schönes Gebäude oder ein lieblicher Park wuchsen plötzlich aus dem Grau. Ein wenig Größe oder Erhabenheit unterbrachen die Monotonie der Umgebung. Ein Roman, ein Konzert. Schließlich erregte neben den von der Politik ausgeschlachteten Todesfällen (Heldentum an den Grenzen, Feueropfer für die Rettung des sozialistischen Vaterlandes usw.) eine andere Art Todesfall, die über das Übliche hinausging (eine abweichende sozusagen), großes Aufsehen: der Selbstmord aus Liebe.

Der Kampf wurde auf den Gesichtern und den Köpfen, deren Barthaare und Haare stets das Hauptanliegen des Regimes gewesen waren, ausgetragen, auf diesen jungen Gesichtern, die nichts mit der einfältigen Teigigkeit der Kader, nichts mit der Muskelanspannung offizieller Bilder gemeinsam hatten! Der Staat fürchtete sich vor ihnen wie vor einer geheimen Verschwörung...

Es kam sogar vor, daß in den Wohnungen das Porträt und die zahllosen Werke des großen Chefs entfernt wurden, um durch einen Kerzenhalter, eine Ikone oder eine Fotografie der Beatles ersetzt zu werden.

Menschen, die an Leib und Seele verloren schienen, darunter sogar hochrangige Beamte, Verantwortliche bei der Polizei oder offizelle Künstler[15], gerieten plötzlich ins Wanken. Das Böse kam in Albanien nicht mehr voran. Also ging es zurück. Plötzlich stellte man eines Morgens fest, daß in diesem Land trotz allem wahrhafte Werte gewachsen waren. Mit dem betäubenden Lärm, mit dem die Propaganda die falschen Werte zu fördern bemüht war, stellte sie als erste die wahren Werte heraus. Sie waren nicht nur moralischer Art, sondern rührten an alle Bereiche, auch an jene, die das Regime selbst betrafen, angetrieben von der Logik des Lebens, das unversehens mitten in der Verblendung aufblühte, gezwungen besonders von der tausendjährigen Kultur der Nation und, warum nicht, dem Genius des Albanertums.

Angesichts der schwierigen Umstände, unter denen diese Werte entstanden waren, wäre es nicht nur ungerecht, sondern auch unmenschlich gewesen, sie zu leugnen.

In diesen Zeiten, da das Böse sich zurückzuziehen beginnt und wie ein verletzter Löwe seine Wunden leckt, schöpft das Leben neuen Mut, der totalitäre Staat fühlt jedoch die Gefahr. Er bereitet sich auf eine Gegenoffensive vor.

Liebend gern würde er wie früher den Angstmechanismus einsetzen (die glatte Ruhe vor dem Sturm, das Rollen des Donners, der die Verschwörung, den Blitzschlag ankündigt), aber die Zeiten haben sich geändert. Also greift er auf die bewährte alte Methode zurück: zu schlagen, um das Leben zu entstellen. Er hat begriffen, daß das der Schlüssel ist, mit dem er die Dinge etwas in die Länge ziehen kann. Sonst fallen noch in der Betäubung, die auf ihn lauert, die Masken, und damit würde auch die ganze Theaterkulisse in sich zusammenbrechen.

Die Entstellung des Lebens wird unter den neuen Bedingungen immer schwerer; im übrigen ist das Gehirn der Funktionäre zu sehr erschlafft, um kühne Lösungen zu finden. Sie tun, was sie können, und dabei gehen sie zu Marx zurück, denn er scheint ihnen noch unverbraucht. Seine Parole: »Der wahre Sinn des Lebens liegt im Kampf«, ist in solch einer Zeit das Wertvollste überhaupt. Sozusagen eine theoretische Rechtfertigung für die Verschlechterung des Normalen (das übrigens als Verfall bezeichnet wird) im Namen der revolutionären Dynamik.[16]

Die Partei gibt, sich auf die Lehre von Marx stützend, erneut die Parole für eine Revolutionierung des Lebens aus (wie oft hat man das schon gehört!), dieses Mal durch Massenaktionen! Im Klartext heißt das, der normale Rhythmus muß gestört werden, und soweit die freiwilligen Aktionen vorwiegend sonntags stattfinden, bedeutet das, daß damit als erstes der Sonntag abgeschafft wird. Bisher hatte noch niemand darüber nachgedacht, genausowenig, wie man auf die Sonne am Himmel achtet. [Anm. d. Übers: Im Albanischen kommt das Wort für Sonntag genau wie im Deutschen vom Wort Sonne.] Aber dieser Tag, den man verliert, läßt plötzlich erkennen, daß der Sonntag eine der wichtigen Säulen des Lebens ist. Sein Verlust kündet weitere Verluste an. Diese Betäubung, die der totalitäre Staat mit Hilfe von Angst und angeblichen Verschwörungen weckte, will er jetzt wieder herbeiführen, indem er den Tagesrhythmus stört. Der Staat bezweckt damit, daß man noch mehr gedemütigt wird, daß man täglich stupiden Beschäftigungen nachzugehen hat, an Sitzungen, Treffen, politischen Zirkeln, Massenaktionen, am Arbeitsplatz seinen Mann stehen muß, genau wie die alten Babylonier, die Kanäle graben mußten, oder wie die noch älteren Ägypter, die gezwungen waren, unnütze Pyramiden zu errichten. Nur so hat man keine Zeit zum Nachdenken. Und wenn das Volk an nichts denkt, ist diese Art von Staat zufrieden.

Der Wunsch zu arbeiten wird von diesem absurden und überflüssigen Rhythmus abgetötet, damit heute gelingt, was gestern unmöglich schien: den Bauern Vieh und Boden gleichgültig werden zu lassen.

Aber das Fieber selbst hält nicht so lange an, wie erhofft. Nach zwei oder drei Wochen wird Widerstand laut. (»Sogar der Sonntag wird uns gestohlen!«) Die Verteidigung des Sonntags verbündet sich mit dem Kerzenhalter in der Wohnung, der Frau, die einen Liebesbrief schreibt, mit Hunderten von anderen Tatsachen, die scheinbar in keinerlei Hinsicht mit Politik zusammenhängen. Und plötzlich sieht man inmitten dieser Hunderte von Tatsachen, daß eine offene Schlacht zwischen Staat und Mensch wütet. Sie findet auf einem Gelände statt, das niemand erwartete: dem des Todes. Nachdem der totalitäre Staat so viele Gemetzel gegen das Leben verübt hat, fällt es ihm ein, sich an den Totenriten zu vergreifen. Und hier wittert er zum ersten Mal, daß er ohnmächtig ist. Er, der vor nichts zurückgeschreckt war, schreckt vor dem Tod zurück. Aber davon soll im letzten Teil dieser Betrachtungen noch die Rede sein.

...Als ich einige Tage, bevor ich diese Zeilen hier schrieb, im Departement de la Loire, in Frankreich, eine Aufnahme der von Don Simon Jubani in Shkodra zelebrierten Messe und des so herrlich von einem Albaner interpretierten *Ave Maria* hörte, sowie die Nachricht, daß sowohl Muslime wie Katholiken an der Restaurierung der großen Kathedrale mitgearbeitet hatten, sagte ich mir, vermutlich wie Tausende andere Albaner: »Von jetzt an können sie stolz darauf sein zu zeigen, daß sie nicht von der Lehre Lenins besiegt worden sind. Aber sie dürfen noch stolzer darauf sein, das Böse verabschiedet zu haben, nicht nach seinen eigenen Regeln, sondern, im Gegenteil, dank einer Kultur und eines Lichtes.«

Als in ganz Albanien von dieser Messe und ihrem Ave Maria die Rede war, einer Messe, die dadurch einmalig auf der Welt gewesen sein dürfte, daß Christen und Muslime daran teilnahmen, fehlten sicher nicht die fanatischen Aktivisten, die zwischen den Zähnen murmelten: »Man hätte keine Konzessionen einräumen dürfen!« Sicher hatten sie, verschreckt durch die Abschaffung der Angst, dieser Angst, die die Nation verhängnisvoller als eine Narkose lähmte, sehnsüchtig seufzend jener Zeiten gedacht, in denen die sozialistische Welt ewiglich da zu sein schien.

»Wozu haben wir uns verleiten lassen, daß sie uns so durch die Finger gleiten?« Genau das dürften sie sich immer wieder gesagt haben, als sich im gleichen Augenblick das andere Lager fragte: »Wie konnten wir je in diesem Universum verharren? Wie konnten wir diesen »Zauberberg« [im Original auf deutsch] überhaupt so lange ertragen?«

Je mehr Zeit vergeht, desto schwerer wird es, diese Fragen zu beantworten. Im Augenblick scheint es unmöglich, wie es ebenso unmöglich aussieht, dieses Universum von außen zu beurteilen. Wenn es gerecht war, dann nur insoweit wie ein Alptraum wirklich sein kann. Dort herrschten andere Gesetze, Gesetze, die sich später als unverständlich erwiesen, ähnlich jenen, die im Universum vor dem Urknall herrschten und die mit ihm verschwanden.

Wann immer ich an meinen Fluchtversuch im Sommer 1962 denke, quält mich eine Frage: »Wie ist es zu erklären, daß ich damals, als ich in Finnland war, in die Sowjetunion und nicht in den Westen gehen wollte. War ich derart indoktriniert, derartig vom Opium berauscht?«

Es reicht, mir diese Epoche ins Gedächtnis zu rufen, um das Gegenteil zu behaupten. 1962 hatte ich die ersten Kapitel von »Dämmerung der Steppengötter« verfaßt, ich wußte also, was ich von jener Welt zu halten hatte. Mir waren Stalins Verbrechen bekannt, die Enttäuschungen der Russen über den Sozialismus, die Verzweiflung und der Verdruß. Ich war zufrieden über den Bruch zwischen Albanien und der UdSSR, denn wie den meisten jungen Menschen im sozialistischen Lager fing die sowjetische Allmacht an, auch mir auf die Nerven zu gehen (die russischen Erfinder, die russische Literatur, die Lobeshymnen auf die ewige Freundschaft usw.). Ich war nach einem Abstecher nach Finnland, also einem schönen westlichen Land, nach Prag gekommen, und als wir mit V. Kilica auf dem Wenzelplatz spazieren gingen, sagten uns zwei junge Tschechinnen, nachdem sie erfahren hatten, woher wir kamen: »Sie haben wirklich Glück, ein kapitalistisches Land geworden zu sein!«

Dies alles war mir durchaus bekannt. Trotzdem zögerte ich keinen Augenblick, als ich wählen sollte. Vom ersten bis zum letzten Tag stellte ich mir diese Flucht stets nur als eine Flucht in die Sowjetunion vor.

Wann immer ich später daran dachte, überkam mich Verzweiflung. Anscheinend hatte diese Anziehungskraft etwas Verhängnisvolles. Waren wir, Staatsbürger des Sozialismus, dazu verurteilt, unsere Tage in jener Welt zu beenden? Vielleicht läßt sich damit erklären, daß die Beine uns, da die Stunde des Exils schlug, gleich einem Schlafwandler wieder blind in den Schattenbereich trugen.

Manchmal glaube ich, eine Erklärung gefunden zu haben, aber auch sie führt schnell auf den falschen Weg. Manchmal kommt mir die Flucht aus dem Sozialismus wie die unwirkliche Flucht des Menschen vom Planeten Erde vor. Obwohl er dort soviel gelitten hat, obwohl er ihn abstößt, er hat sich trotz allem an ihn und nicht an einen anderen Planeten gewöhnt.

Vielleicht ist damit schon das ganze Rätsel gelöst. Zwar war nicht der ganze Planet, aber immerhin die Hälfte des Planeten sozialistisch geworden. Das war viel. Das war gewaltig. Das sozialistische Lager war riesiger als der

Mond. Das reichte, um es mit einer schrecklichen Anziehungskraft auszustatten, die Kompasse und unsichtbare Wellen umleiten und irre machen konnte.

Daß dieses Universum trotz der ihm nie ersparten Kritik eine rätselhafte Anziehungskraft ausübte, ist unwiderlegbar. Ernest Koliqi [Albanischer Schriftsteller der 30er Jahre; sympathisierte mit dem italienischen Faschismus, floh nach der Errichtung des kommunistischen Regimes nach Rom.] stellte sich in seinem Drama »Die Wurzeln bewegen sich«, 1968 in Rom geschrieben und herausgegeben, kurz nach der Schließung der Kirchen in Albanien den Tag vor, an dem die Kirchen wieder geöffnet würden. In seiner Erzählung ist das ein Tag in den 70er Jahren, unmittelbar nach dem Sturz des kommunistischen Regimes. Unter den Romangestalten gibt es einen jungen Mann, einen Schriftsteller, der unter den Kommunisten nicht veröffentlichen durfte, also einen Exdissidenten. Während alle anderen Personen fröhlich den Sturz des Kommunismus feiern, bleibt der Schriftsteller, der vielleicht den meisten Anlaß zur Freude hätte, niedergeschlagen. Jemand rügt ihn: »Obwohl du Grund genug hättest, dich über die Kommunisten zu beklagen, verhältst du dich so? So schnell hat dich also die Sehnsucht nach dieser Zeit überwältigt?«

Eine erstaunliche Vorahnung, besonders wenn man bedenkt, daß sie von einem so überzeugten Antikommunisten wie Ernest Koliqi stammt. Aber Schriftstellern sollte man glauben.

Ja, wie paradox es auch aussehen mag, diese Welt weckt anscheinend eine gewisse Sehnsucht. Heute ist das etwas schwer zu verstehen, denn noch sind die Geister erhitzt. Die Leidenschaft, mit der sie verurteilt wird, überdeckt im

Guten wie im Bösen jedes andere Gefühl. Nun gibt es Menschen, die sich sagen, daß dieses Universum wie jedes System, unter dem Tausende Menschen gelebt haben und gestorben sind, das auf ihre gemeinsamen Fehler und ihr gemeinsames Verdienst zurückgeht, immerhin ein gewisses inneres Gleichgewicht besaß, mit anderen Worten das, was in der Sprache des gewöhnlichen Menschen als seine guten und seine schlechten Seiten bezeichnet wird. Dabei braucht man nur an den enormen intellektuellen Reichtum zu erinnern, der unter seinem Himmel entstand, diesen Schatz, der nun der ganzen Menschheit gehört und ohne den dieses Jahrhundert ärmer wäre. Aber dieses System wurde dermaßen beweihräuchert, hat sich selbst soviel applaudiert, daß es das Recht verloren hat, seine guten Seiten anerkannt zu bekommen, jene, die der Westen scharfblickend und ohne Aufhebens bei ihm entlehnt hat, um sich selbst zu bessern und zu stärken. Zwar ist heute schon die Zeit seiner Beerdigung gekommen, jene Zeit, da man sich nur der guten Dinge aus dem Erdenleben des Verstorbenen erinnert, aber die Welt hat sich dem Kommunismus gegenüber erbarmungslos gezeigt. Selbst wenn die Existenz sozialer Systeme kaum der eines Menschen gleicht, darf dabei doch nicht die Warnung der alten Griechen vor Übertreibung vergessen werden. Übertreibung bewirkt, daß das Recht zum Widersacher wandert. Der Kommunismus hat durch die barbarische Form, die er in diesem ausgehenden Jahrhundert und Jahrtausend angenommen hat, gegen dieses Gesetz verstoßen, und dieses gleiche Gesetz rächt sich nun an ihm. Für eine Rückkehr bleibt ihm nur eine Möglichkeit, nämlich, daß erneut gegen dieses Gesetz verstoßen wird, diesmal durch seine Gegner. Übertriebene Strenge ihm gegenüber würde erneut eine Übertragung des Rechtes zur Folge haben, würde das Recht wieder an seine Seite stellen, und dann würde der Kommunismus wieder zurückkehren, aber in einer noch bedrohlicheren, noch hassenswerteren Form als der vorhergehenden.

Über die Ursachen für die Ausbreitung des Kommunismus, über das Leid, die Träume, die Utopie, die Hoffnungen der Menschheit, über Gleichheit, Glück, Gerechtigkeit, eine bessere Welt usw., wurden viele Kommentare verfaßt. Aber noch ist das letzte Wort nicht gesprochen, und vielleicht ist es noch zu früh, um darüber zu reden.

Noch haben wir nicht genug Abstand, um die ganze historische Landschaft zu überblicken und zu beurteilen, in der der Kommunismus sich entwickelt hat, da der Ablauf der Ereignisse noch zu nahe ist, um genau Maß nehmen zu können. Noch sind weder seine Siege noch seine Niederlagen bekannt, denn aus den bereits angeführten Gründen ergibt sich die Gefahr, daß das Auge sich täuscht, so daß er dort, wo er als Sieger hervorgegangen ist, als Unterlegener erscheinen mag und umgekehrt, dort, wo er unantastbar wirkte, dennoch geschlagen werden konnte.

Wir haben bis jetzt nur eine einzige Verkörperung des Kommunismus kennengelernt, sein erster Auftritt, angekündigt von seinem Phantom (dieses Gespenst, das Marx und Engels von der ersten Zeile ihres Kommunistischen Manifestes an erwähnen), aber noch ist seine zweite Erscheinungsform unbekannt, die sich nach seiner Vertreibung offenbaren muß und die die wahre sein dürfte, seine tragische Bandbreite, die die Welt möglicherweise noch stärker erzittern macht als die erste. Wir kennen seine Abgötter der Anfangszeit, Marx und Engels, aber die anderen, jene, die später kommen könnten, kennen wir nicht. Im Grunde genommen weiß man nicht, wie oft er sich zeigen und in der einen oder anderen Gestalt auf diesem Planeten auftreten kann.

Seine Neigung, die ganze Welt einzunehmen, kommt besonders unbestritten in seinen Versuchen zum Ausdruck, sich stets absoluter, stets autarker zu zeigen, mit anderen Worten, in seiner Tendenz zur weltweiten Ausbreitung. Sein Sieg über die Hälfte der Weltkugel hat diesen Traum in durchaus greifbare Nähe gerückt.

Diese »neue Welt«, wie sich der Kommunismus selbst bezeichnet, hat überall die gleiche Natur, ob sie sich nun in den unendlichen Räumen Rußlands ausbreitet oder auf einem kleineren Gebiet wie dem Albaniens. Ob man den Kommunismus nun durch ein Teleskop betrachtet, um seine Ausdehnung zu messen, oder aber durch ein Mikroskop, um seine Bestandteile zu bestimmen, es bleibt immer das gleiche Universum.

Wie jedes andere Universum, das das Absolute anstrebt, bemüht er sich darum, seinen eigenen Himmel, seine Erde, seine Hölle zu besitzen. Er hat seine Gottheiten erster Ordnung: Marx, Engels, Lenin, aber auch die der zweiten, ja sogar der dritten Ordnung. Ebenso besitzt er Halbgötter, Idole, Helden usw. Bei internen Streitigkeiten oder Auseinandersetzungen konsultiert er die Götter als unangefochtene Schiedsrichter. Sie sind unfehlbar, und die von ihnen erhaltenen Antworten sind oberstes Gesetz. Sie können weder in Frage gestellt noch kritisiert werden. Höchstens an die Götter der zweiten oder dritten Ordnung, das heißt, an die Idole, darf man rühren, nie jedoch an die Gottheiten der ersten Ordnung. Sie bilden Gipfel und Grundlage dieser Welt. Sie erfreuen sich eines derartigen Rufes, daß sogar die Dissidenten sprachlos vor ihnen stehen; nein, die Schwelle wird nicht überschritten. Stalin, gut, Mao, gut, aber Lenin, nicht anrühren! Es ist Häresie, Lenin als Giganten der Revolution zu betrachten, gleichzeitig jedoch Einwände gegen ihn vorzubringen, zum Beispiel zu sagen, bei ihm sei das Zartgefühl so entwickelt gewesen, daß es ihn geschmerzt habe, einen Fuchs zu töten (das lernen Millionen von Schülern in der Schule), also ihn als Fuchsfreund hinzustellen, während er auf der anderen Seite nicht das geringste menschliche Mitgefühl besaß. Sich zum Beispiel daran zu erinnern, daß er die Intelligenz nicht liebte, daß wir ihm ebenso spitzfindige wie kleinliche Floskeln wie die folgenden verdanken: »Dieser hier gehört zu uns«, »Jener dort gehört nicht zu uns«; noch besser, wer trotz des Aufsehens, das man um Lenins Schwäche für Beethovens Apassionata oder für die mittelmäßige Erzählung Jack Londons mit dem Titel ›Liebe des Lebens‹ (wie wirklichkeitsnah!) machte, zu sagen wagte, er habe von Literatur nicht die geringste Ahnung gehabt, und das gehe aus seinem Werk ›Parteiorganisation und Parteiliteratur‹ hervor, eine der dürftigsten Schreibereien, die je verfaßt wurden, konnte einer Denunziation als CIA-Agent sicher sein.

Unter den drei Klassikern nimmt Engels eine Sonderstellung ein. Er ist sozusagen Vertreter der nachsichtigen Richtung; er ist der Vorläufer technokratischer kommunistischer Führer (wie zum Beispiel Tschou En-lai), das Haar, an das sich Liberale klammern können, alle, die sich Illusionen machen, im allgemeinen die Intelligenz. Er ist ihr Trost, der Balsam ihrer angeschlagenen Seele. (»Oh, Engels, er ist so anders, großzügiger, edler!«) Wer jedoch äußerte, daß abgesehen von seiner Großzügigkeit und seinen edlen Ansichten, Eigenschaften, die ihm kaum abzusprechen sind, ausgerechnet die unglückselige Betrachtungsweise der Literaturwissenschaft eine seiner Ideen war, die in einer ganzen Reihe von Ländern die Literatur eines ganzen Jahrhunderts zerstört hat, und wer außerdem sagte, daß sich Parteiräson in Form des barbarischen Artikels Lenins und die Betrachtungsweise von Engels schlimmer auf die Literatur und die Künste ausgewirkt hat als die Mongolenhorden, lief Gefahr, sich mit aller Welt, einschließlich aller Freunde, zu zerstreiten.

Und nun zum Größten, zum Ersten der drei, zu Marx. Jahrzehntelang schien sein Kult unantastbar. Kein Zweifel, er war ein Genie! Millionen von Menschen, darunter auch einige mit offenem Geist, kamen auf die Welt und verließen sie wieder, fest davon überzeugt, daß er ein absolutes, ein unfehlbares Genie war. Sich zu erheben, um zu sagen, daß dieses Genie nichtsdestotrotz einen sehr schweren Fehler hatte, war schlimmer als Selbstmord. Dieser Fehler von Marx war jedoch kein gewöhnlicher Fehler, sondern einer von jenen, die Verbrechen erzeugen und Millionen von Menschenschicksalen auslöschen. Diesem Mann, der sich sein ganzes Leben lang mit dem gesellschaftlichen Umsturz beschäftigte, darf nicht vergeben werden, daß er ein Grundgesetz der Menschheit vergaß, jenes bereits erwähnte Gesetz, das die alten Griechen vor zweitausendfünfhundert Jahren entdeckten: das Wandern des Rechts. Jedem anderen Philosophen könnte man dies vergeben, aber auf keinen Fall ihm. Dieses Gesetz hätte sich ihm auf jeder Seite offenbaren müssen, die er über den Klassenkampf schrieb. Um es zu entdecken, mußte man kein Genie sein. Genauso wenig, um festzustellen, daß sich nach jedem Umsturz die Gefahr einer übermäßigen Rache abzeichnet, die Gewalttaten und neue Rache

210

hervorbringt. Die gesamte altgriechische Literatur beruht darauf. Diese Wahrheit findet man in den Sagen aller Völker; die ungebildeten Bergbewohner Albaniens machten dieses Gesetz vor über tausend Jahren zu einem der Grundsätze ihres Kodexes. Marx dagegen bezieht sich nirgends darauf. Er ist dafür blind. Genauer gesagt, er will es nicht sehen, dieses Gesetz, wie ein Mensch, der die Augen abwendet, um nicht Zeuge eines Verbrechens zu werden.

So sind also die obersten Gottheiten jener Welt beschaffen. Die Mitglieder des Politbüros aller sozialistischen Länder haben im Geheimen einen ähnlichen Kult, einen Unter-Olymp, angestrebt. In der Sowjetunion fing es damit an, daß Städte nach ihnen benannt wurden. Damit wollten sie beweisen, daß sie auf der gleichen Stufe wie Peter der Große standen, den Zaren gleichgestellt waren. In Albanien kam Hysni Kapo, ein Sekretär des Zentralkomitees, in den Genuß eines Standbildes, das größer als das des Gründers des albanischen Staates (im Jahre 1912), I. Qemal, war. Während die gesammelten Werke der albanischen Literatur noch nicht vollständig veröffentlicht worden sind, hat man mit der Herausgabe der »Gesammelten Werke« der Mitglieder des Politbüros begonnen, mit anderen Worten, ihrer völlig belanglosen, minderwertigen Reden. Im ›Enzyklopädischen albanischen Lexikon‹ nehmen die Mitglieder des Politbüros viel zu viel Platz ein, und ihre Bilder sind wichtiger als die der großen Persönlichkeiten der albanischen Geschichte und Kultur. So beansprucht die ehemalige Genossenschaftsbäuerin L. ÇCuko, Mitglied des Politbüros, mehr Platz als ein Kulturgenie wie Fan Noli, der 1924 Präsident der Albanischen Republik war. Das gleiche gilt für den ehemaligen Holzfäller P. Miska, ehemalige Stellmacher und Chauffeure usw., alle zu Machthabern geworden, aber nicht dank irgendeiner revolutionären Vergangenheit, sondern unter dem Sozialismus, als sogar die albanische Universität (in die die meisten von ihnen nie einen Fuß gesetzt hatten) in allen Bereichen Fachleute ausbildete.

Der Gedanke, daß das kulturelle Niveau der albanischen Machthaber 1978 unvergleichlich niedriger war als das der albanischen Regierung zur Zeit der Liga von Prizren einhundert Jahre zuvor, ist schmerzlich.

Verständlicherweise ging diese Sorte von Machthabern instinktiv auf Kollisionskurs mit der Nation, weil sie nämlich merkten, daß sie unter dem Niveau und der Würde des albanischen Volkes standen; auch wenn dieses Volk möglicherweise einen übermäßigen Kult um das elitäre System und die edlen Traditionen seiner Repräsentanten entwickelt hatte. Als es aus diesem Grunde darum ging, Werte zu vernichten, wurden sie, die sonst nie eifrig waren, plötzlich geschäftig. Sie beeilten sich, das Bildungssystem zu zerstören, Veröffentlichungen verschwinden zu lassen, die Literatur und die Künste langweilig zu machen. Besonders leidenschaftlich bemühten sie sich darum, führende Personen des Kultur- und Wissenschaftslebens, ihre Lieblingsziele, zu treffen.

Deshalb waren bei ihnen Zitate besonders beliebt, die sich auf »die Neigung, sich von anderen abzuheben«, »den Hochmut der Persönlichkeit« bezogen, und auf »die Notwendigkeit, daß Schriftsteller und Künstler sich unter das Volk mischen, sich die Hände im Schlamm schmutzig machen« usw., entlehnt von Lenin bis Mao Tse-tung.

Zum Kampf, den die Führung auf allen Ebenen betrieb, um die Nation ihren Normen anzupassen, gehörte es, ein anderes intellektuelles Weltbild an der sozialistischen Uni-

212

versität einzuführen. Kurz, um das Niveau der Nation zu senken, es an das eigene anzupassen.

Zu diesem Zweck mußte sie ein neues System mit Vorbildern und Helden schaffen, die die gestürzten Persönlichkeiten und Größen ersetzten. Aber selbst wenn sie Ebenbilder von einem Modell wie Stachanow kreierten, konnten sie in Albanien keine Ungeheuer, wie den chinesischen Li-Feng oder den russischen Pawlik Morosow, hervorbringen, diesen Pionier, der den eigenen Vater denunziert hatte, eine Tatsache, die bewies, das sich die albanische Nation nicht widerstandslos beugte.

Im Herbst, wenn die Novemberfeierlichkeiten näherrükken, melden die Bezirke ihre Anwärter auf Held oder Vorbild zu einer Zentralstelle: Blinde, die im Schießen die Besten waren(!); Arbeiter, die bei der Rettung eines Traktors verstümmelt worden waren, Schriftsteller, stolz darauf, ihre Honorare dem Staat zu spenden. Bei dieser Zentralstelle wurden dann, nach einer Auslese, die Glanzlichter auserwählt.

Die Körperbehinderten faszinierten zahlreiche Kader wohl gerade deshalb, weil sie ihrem eigenen inneren Universum, ihren eigenen Komplexen und Beschränktheiten nicht fremd waren. Was die albanische Gesellschaft betraf — sie beschränkte sich nicht nur darauf, die neuen Vorbilder zu ignorieren, sie verhöhnte sie mitleidlos. So wurde der blinde F. Cela, den Enver Hoxha sogar höchstpersönlich empfangen hatte, Gegenstand so vieler Witze, daß die Presse gezwungen war, ihn nicht mehr zu erwähnen.

Von dieser »Vorbilder-Vorliebe« kann man in großen Zügen Rückschlüsse auf das Profil der Funktionäre ziehen. Die begehrtesten Eigenschaften waren Unfähigkeit und Unwissenheit. Natürlich war die Diktatur nicht so dumm, diese Kriterien offen als Bedingung zu stellen. Entsprechend ihrer lieben Gewohnheit verwendete sie für ihre Bedürfnisse eine bestimmte Anzahl von Beschönigungen. Unfähigkeit fiel unter das Kriterium »Gefesseltsein von der Frage«, Unwissenheit unter »Klassenzugehörigkeit«. Nicht zufällig war L. Çuko, das unwissendste Element im Politbüro, jahrelang Kaderchefin. Sie und der im Zentralkomitee für die Kader Verantwortliche, M. Bisha [Anm. d. Übers: Auf albanisch: »Bestie«] (was für ein Name, wirklich!), ein obskurer Mensch, der dieses Amt fünfundzwanzig Jahre lang bekleidete, hielten die Akten und das Schicksal der gesamten Elite des Landes[17] in den Händen.

Die Bevölkerung fragte sich immer öfter: »Wie kommt es, daß das Bildungsniveau der Machthaber in Albanien unablässig sinkt, während die Anzahl der Menschen mit Hochschulabschluß ständig steigt?« Plötzlich schuf die Partei als aufmerksame Mutter (für die Kader) Abhilfe, um ihren Kindern solch eine Schande zu ersparen. Sie gründete die Parteischule »W. I. Lenin«, mit ihrer oberflächlichen Ausbildung den sowjetischen Komsomol-Schulen nachempfunden, offiziell jedoch der Universität angeschlossen. So geschah es, daß alle Kader, nachdem sie dieses Fegefeuer durchlaufen hatten, eines schönen Morgens mit einer höheren Bildung aufwachten! In dieser Weise fand man auch für dieses Kopfzerbrechen eine Lösung.

Man kann sich vorstellen, welche Kumpanei (oder Zusammenarbeit) schließlich innerhalb dieses Kaderheeres zusammenwuchs. Es mußte sich nicht nur in seiner Argumentationsweise, der Armut seiner intellektuellen Fähigkeiten ähneln, sondern auch in allen anderen Punkten: in seinem Humor und in der Art, sich auszudrücken, zu arbeiten, sich anzuziehen.

214

Dieses Heer empfand von Zeit zu Zeit das Bedürfnis, sich auf einige »Professoren« in seiner Mitte zu berufen, ähnlich wie die ungebildeten *Mafiosi* auf Sizilien. Sie waren eine schöne Zierde und halfen ihm, seine Komplexe zu heilen. (»Jetzt, da es unter uns Professoren gibt, kann niemand mehr sagen, daß...«) Aber diese Professoren mußten besonders beschaffen sein, mußten »aus den Reihen der Unsrigen stammen«, wie Lenin gesagt hatte. Professor Eqrem Çabej zum Beispiel war für diesen Zweck völlig ungeeignet, genau wie andere, die wie er damit beschäftigt waren, etwas Wahrhaftiges zu schaffen, und die Persönlichkeit zeigten, die als »Arroganz« bezeichnet wurde. Ungeeignet waren auch talentierte, aber naive Personen wie jener alte und hervorragende Wirtschaftswissenschaftler, dessen Namen ich nicht erwähnen möchte, der, nachdem er drei Monate lang vom Ministerrat als Berater in Wirtschaftsfragen hinzugezogen worden war, sich anschließend drei Monate lang in eine psychiatrische Anstalt begeben mußte, um sich davon zu erholen!

Die vom Staat bevorzugten Professoren waren von einer besonderen Art. Der Haß auf die Intelligenz, wie ihn zum Beispiel Professor S. Lazri an den Tag legte, war eine Eigenschaft, die man ihnen hoch anrechnete.

Erklimmt ein Professor die Stufen der Macht, kann er im positiven wie im negativen Sinn wirken. Zwangsläufig ist es jedoch so, daß das Gute, das er im ersten Fall bewirken kann, sehr viel begrenzter ist als das Schlechte, das er im anderen Fall verursachen kann. Ein bösartiger »Professor« ist zehnmal gefährlicher als ein Ignorant, weil er über einen besonderen Trumpf, seine Glaubwürdigkeit, verfügt. Er ist als Liberaler an die Macht gekommen und hat diese Bezeichnung akzeptiert, ja, er mußte deswegen sogar Unannehmlichkeiten hinnehmen. Er hat sich manchmal als Anhänger positiver Vorschläge gezeigt, wie z. B. der Beschleunigung von Verhandlungen mit der BRD oder den Vereinigten Staaten, oder der Annahme der Erklärung von Helsinki. Aber sobald er plötzlich seine Einstellung ändert, wenn er sich nach guten vorbereitenden Gesprächen mit den Deutschen bemüht, die Verhandlungen platzen zu lassen, fähig, morgen genau das gleiche mit den Amerikanern oder in bezug auf die Frage der Akte von Helsinki zu machen, wird er sich bald als wahres Unheil entpuppen. Keine andere Gruppe von Konservativen könnte einen tödlicheren Schlag versetzen. (»Da der Professor uns doch geraten hat, die Verhandlungen abzubrechen, wirf diese Protokolle ins Feuer, worauf wartest du noch! Schließlich hat er höchstpersönlich gesagt, daß die Diktatur den Intellektuellen die Zähne zeigen muß, das bedeutet, daß das Faß voll ist! Schlag also zu, ohne dir Fragen zu stellen!«)

Diese Kohorte von Funktionären, gestützt auf Tausende von Aktivisten, beherrschte, oder genauer ausgedrückt, glaubte dieses Universum zu beherrschen. Denn wie beim Schuldgefühl, der Angst und einer ganzen Reihe anderer Phänomene drückt sich die Macht auf eine ganz spezifische Art und Weise aus. Das hängt nicht nur mit den Instrumenten zusammen, mit denen sie ausgeübt wird: dem Gewaltapparat, der Verzerrung der Sprache, der Umkehrung der Moral, dem Gebrauch von Täuschung unter der Losung: »je stärker die Diktatur, desto größer die Freiheit«, bei der Verleihung des Welternährungspreises an Albanien in Mexiko usw., sondern auch mit der Tatsache, daß dieses Universium, wie bereits erwähnt, im wesentli-

216

chen eine entstellte Welt ist. Die anfängliche Geheimniskrämerei (diese Stellvertreter, die in Wirklichkeit die echten Bosse waren, die Verschleierung von Parteibüros usw.)
hat schließlich ihre Früchte getragen.

In meinem Roman ›Der Palast der Träume‹ habe ich,
ohne es anfangs überhaupt zu beabsichtigen, gleich von
den ersten Seiten an einen Aspekt dieser Welt dargestellt.
Einer Welt, die wirklich etwas von einem Traum an sich
hat. Eine Welt für sich, zweideutig, die an ein Wort im Alt-
albanischen erinnert, *i damun*, das mehrere Bedeutungen
hat: getrennt, vertrieben, isoliert, verflucht, Teufel. (Nach
Ansicht gewisser Linguisten ist es nicht ausgeschlossen,
daß sich dieser Begriff von den Wörtern »Teufel«, »Sohn«
[Anm. d. Übers: Sohn auf albanisch: djalë, Teufel: djall.]
und »Adam« herleitet.)

Verständlich, daß sich in solch einer Welt infolge des
Zerfalls, durch den Bruch mit dem äußeren Schein, durch
Täuschungen oder Selbsttäuschungen und durch Spaltun-
gen die Sichtweise der Dinge von Mal zu Mal ändert. Ich
erinnere mich noch sehr gut daran, daß ich im Alter von
dreizehn oder vierzehn Jahren, als sich zum ersten Mal ein
schwaches Interesse für das politische Leben bei mir regte,
völlig davon überzeugt war, Stalin sei nur ein guter Alter,
der keinerlei Macht besäße und den man zwinge, an einer
Parade teilzunehmen, um freundlich zu lächeln. Es wäre
übertrieben zu sagen, daß ich Mitleid mit ihm hatte. Eine
ähnliche Vision, auch ohne Mitleid zu empfinden (wahrscheinlich aufgrund seines geringeren Alters), hatte ich
manchmal von Enver Hoxha. Eigenartigerweise verließ sie
mich auch später, als Student, nicht, und was noch eigen-
artiger war, meine Kommilitonen nährten ihm gegenüber
ein ähnliches Gefühl. Aber in diesem Zusammenhang ist

das Adverb »eigenartig« zweifellos zu schwach. Diskussionen von der Art: Wer ist der wahre Chef, wer hat die Macht, wer nicht, wer ist »stark«, wer nicht, waren etwas Alltägliches. Eine der Grundlagen der Macht besteht in ihrer Rätselhaftigkeit.

Im folgenden nur einige Beispiele für die unzähligen Splitter, aus denen sich dieses Mosaik zusammensetzt und die davon Zeugnis ablegen können.

Im Jahr 1973. Das Büro von Ramiz Alia. Anwesend: er selbst, der für die Presse verantwortliche P. Mitrojorgji und ich, dringend herbeizitiert. Eine weitere Person, deren Namen erwähnt wird, (der Chefredakteur von ›Die Stimme der Jugend‹, M. Verli) ist nicht anwesend.

Ramiz Alia zeigt mir die Zeitung ›Die Stimme der Jugend‹ mit einem erdrückenden Beitrag — dem nunmehr dritten — gegen meinen Roman ›Der große Winter‹. Es ist neun Uhr morgens; ich habe den Artikel noch nicht gelesen. Ramiz Alia sieht nervös aus, er ist in seinen Gedanken woanders. Ich verstehe nicht, warum er mich hat kommen lassen. Der für die Presse Verantwortliche hat eine eisige Miene aufgesetzt.

»Ich habe ihn gebeten, diese Kampagne zu beenden«, sagt er, »aber M. Verli hat mich verraten.«

Eine überraschende, völlig neue Art, in diesem Büro zu sprechen: *hat mich verraten.*

»Mach dir keine Sorgen«, sagt Ramiz Alia zu mir, immer noch geistesabwesend.

Ich verlasse sie und gehe hinaus. Ich verstehe nichts. Was soll diese merkwürdige Geschichte? Während ich allein im Café sitze, lasse ich mir die Sache immer wieder durch den Kopf gehen. Irgendetwas daran ist nicht normal. Schrittweise klärt sich dieses Etwas in mir auf. Dabei

218

hilft mir die Lebenserfahrung in diesem Universum, alles, was ich bisher gehört oder nur unklar empfunden habe. Wir waren vier Personen, die es mit ein und derselben Angelegenheit zu tun hatten. Zwei, oder wenigstens eine, kannte die ganze Wahrheit. Die beiden anderen nicht. Zwei waren Herr der Lage, und die beiden anderen: die Geprellten. So paradox es auch aussehen mag, die beiden Verlierer waren Ramiz Alia und ich. Ich als Verfasser des Buches; er als Propagandachef, seit mehreren Wochen Zielscheibe der Kritik.

Seither sind siebzehn Jahre vergangen, und ich weiß noch immer nicht, wer den Geheimauftrag erhalten hatte, diese Kampagne auszulösen, und wer der Auftraggeber war. Welcher der beiden Funktionäre hatte sich eins ins Fäustchen gelacht, als er an unseren Sorgen teilhatte, den Sorgen der Besiegten, die geglaubt hatten, etwas darzustellen, der eine als Mitglied des Politbüros, der zweite als berühmter Schriftsteller, während sie in Wirklichkeit nichts waren? Von den vier Beteiligten ist einer, Ramiz Alia, Präsident geworden, ich bin in Frankreich; der für die Presse Verantwortliche ist pensioniert, während der Chefredakteur im Grab liegt und dieses Geheimnis anscheinend mitgenommen hat.

Eine andere Szene: Im Jahr 1978, im Büro des ersten Sekretärs des Parteikomitees von Tirana. Anwesend: der Chef selbst, S. Stefani, sein Stellvertreter Xh. Gjoni und ich, wieder einmal dringend herbeizitiert.

Es herrscht trübe Stimmung. Aber ich habe einen Reisepaß in der Tasche, und in dieser Welt ist solch ein Dokument schon ein Wunder. Und das um so mehr, als er auf Befehl von E. Hoxha ausgestellt worden war, der nach fünfjährigem Zögern gerade die Veröffentlichung des

›Großen Winters‹ in Frankreich gestattet hatte. Ich will nach Paris fahren, um sicherzustellen, daß auf dem Buchumschlag nicht irgendein peinlicher Kommentar steht.

»Wir haben dich kommen lassen, um dir mitzuteilen, daß deine Schwester das Regime kritisiert«, eröffnet mir Simon Stefani in ernstem Ton.

»Das erstaunt mich nicht«, antworte ich.

Meine Erwiderung hat sie zweifellos etwas überrascht. Mir war die Einstellung meiner Schwester bekannt, und ich hatte ihr wiederholt empfohlen, sich zurückzuhalten, wenigstens um meinetwillen.

»Wenn sie nicht deine Schwester wäre, säße sie schon längst hinter Gittern.«

»Ich weiß nicht, was ich Ihnen dazu sagen soll.«

»Auch dein Bruder hat sich kritisch geäußert«, schaltet sich Xh. Gjoni ein.

»Das stimmt nicht. Mein Bruder hat bestimmt nichts Schlechtes gesagt.«

Sie sehen sich an.

»Es kann sein, daß diese Information nicht stimmt«, räumt S. Stefani ein, während er in einigen Papieren kramt. »Aber was deine Schwester betrifft, so besteht daran kein Zweifel.«

»Bei meiner Schwester glaube ich es ja, aber bei meinem Bruder nicht.«

Ich verlasse das Büro. Auf dem Rückweg denke ich daran, meine Mutter und meine Tanten anzurufen, um sie zu warnen. Ich bin wirklich wütend auf meine Schwester, und das um so mehr, da sie, wenn ich es recht verstehe, sogar in meinem Privatleben herumgeschnüffelt hat, um die Neugier ihrer Freundinnen zu befriedigen. Dies empört mich derartig, daß ich beschließe, ihr Hausverbot zu erteilen, solange sie ihre Zunge nicht im Zaum halten kann.

Ich betaste den Paß, den ich in der Tasche trage und sage zu mir: »Idioten, ihr habt wohl gedacht, ihr könntet mir Angst machen!«

Nach meinem Abgang haben sie sich sicher gesagt: »Was für ein Idiot! Er hält sich für einen bekannten Schriftsteller, meint, er habe einen Paß in der Tasche und deshalb nichts mehr zu befürchten!«

Und eine dritte Person, in einem Büro nur wenige Meter entfernt, die darüber wesentlich mehr wußte als wir, hätte sicherlich gemeint: »Was für Idioten alle zusammen, auf der einen wie auf der anderen Seite.«

Eine andere Szene: Ein Jahr später. Wieder im Büro von Ramiz Alia. Warum man mich hatte kommen lassen, weiß ich nicht mehr. Während ich die Sitzung bereits verlasse, sagt Alia: »Oh, beinahe hätte ich etwas vergessen. Genosse Enver möchte wissen, ob du deiner Schwester noch böse bist. Er hat mich beauftragt, dir mitzuteilen, daß du nicht so unnachgiebig sein sollst.«

Ich gehe wie betäubt hinaus. Wie mir ein Freund anvertraut hatte, war meine eigene Akte anscheinend nicht belastend, die meiner Schwester bei der Sigurimi dagegen war regelrecht erschreckend. Was sie im Kreis ihrer Freundinnen über Enver Hoxha gesagt hatte, konnte sie den Kopf kosten. Warum interessierte er sich also für ihr Los?

Meine Mutter, die sich auf ihre Intuition verließ, gab mir eine ganz einfache Erklärung: Enver besaß ebenfalls eine unverheiratete Schwester, und wann immer es um eine alte Jungfer ging, schmolz ihm das Herz!

Die Spaltung dieses Universums, sein Geheimnis, sein doppelgesichtiges Auftreten machen die Täuschung zu etwas so Natürlichem, daß es manchmal sogar schwerfällt, sie nachzuweisen. Sie manifestiert sich in zwei Formen: der großen, der allgemeinen, der grundsätzlichen Täuschung, und der kleinen, banalen und alltäglichen Täuschung. Die eine nährt die andere. Und beide führen zur Entstehung einer dritten Form, die als perfekte Leistung gelten kann: der Selbsttäuschung.

Von der großen Täuschung ist viel die Rede gewesen, dieser Darstellung von Tatsachen, die langatmig in Zeitungen und Fernsehen, auf Sitzungen und in Reden ausgebreitet wurde. Das demokratischste System der Geschichte. Das glücklichste Volk der Welt. Hundertprozentige Wahlbeteiligung. Hundertprozentige Zustimmung zur Macht usw. Nicht weniger oft war die Rede von der täglichen Täuschung: Desinformation, Verleumdungen, Korruption. Von Zeit zu Zeit verliert sich die Grenze zwischen kleiner und großer Täuschung im Nebel.

Hier ein Beispiel für diese Verflechtung: Der IX. Parteitag. Derjenige, der um jede Illusion zu zerstreuen, ostentativ den Titel »Kongreß der Kontinuität« trägt. Die Rede einer Abgeordneten, Kinderärztin in Elbasan. Sie teilt dem Kongreß feierlich mit, im Laufe des ganzen vergangenen Jahres sei in Elbasan kein einziges Kind gestorben. Der Kongreß frohlockt, jubelt. Zwei Wochen später erhalte ich einen Brief: »Gehen Sie auf den Friedhof von Elbasan; ein Blick auf die Grabinschriften beweist anhand des Todesdatums, wie sehr die Ärztin gelogen hat.«

Unterdessen war der Parteitag zu Ende gegangen, aber ich konnte es mir nicht versagen, mir vorzustellen, wie jemand gewaltsam in den Saal eindringt, gebeugt unter dem Gewicht dieser Grabsteine. Und ich überlege mir:

»Mein Gott, wie oft muß man noch Grabsteine als Beweis bringen?«

In dieser Welt fällt die Täuschung immer leichter, wird immer selbstverständlicher. Einige Funktionäre wissen, daß sie hintergangen werden, aber das kümmert sie nicht im geringsten. Sie täuschen einfach ihrerseits die anderen. Das geht soweit, daß sie dieses Verfahren gutheißen, und wenn sie sagen: »Halte mich genau auf dem laufenden«, denken sie dabei meistens: »Täusche mich so gut wie möglich!«

So werden die Statistiken über die Produktion, die Zahl der Arbeitslosen, die politischen Gefangenen, den Anteil der Katholiken usw. gefälscht. Es werden falsche Daten über Arbeitsbedingungen, Handel, das Leben im Gefängnis, Gerichtsverfahren, Gespräche mit ausländischen Delegationen und sogar über die Temperatur im Wetterbericht (um keine Panik zu verbreiten?) gegeben.

Das Beispiel der Ärztin aus Elbasan ist makaber, aber es gibt noch teuflischere Täuschungen, wie zum Beispiel die der angeblichen Botschaft von Mladonow. Nach dem Sturz von Schiwkov reiste der Berater des albanischen Präsidenten, S. Lazri, nach Bulgarien, offiziell, um für eine Besserung der Beziehungen beider Länder einzutreten. In dem Moment, als er mit einer angeblich von Mladonow an R. Alia gerichteten mündlichen Botschaft zurückkehrt, wird Mladonow gestürzt. S. Lazri übergibt seine Botschaft, die nun niemand mehr bestätigen kann. Sie ist mehr als überraschend. Ihr zufolge soll Mladonow dem albanischen Staatschef übermittelt haben: »Übereilen Sie es nicht, Reformen einzuführen, denn Sie laufen Gefahr, es genau wie ich zu bereuen[18].«

Dieser »Beamte mit der vietnamesischen Psyche«, wie der schwedische Schriftstller Jan Myrdal ihn bezeichnet hat, ist für die albanische Außenpolitik verantwortlich, für die schändlichen und unheilvollen Freundschaften mit Kuba, Libyen und Nordkorea. Ohne Übertreibung darf man sagen, daß Albanien vor fünfhundert Jahren eine höher zu achtende und besser ausgerichtete Außenpolitik hatte. Die Ausrichtung der damaligen Außenpolitik geht klar aus den Berichten der Kanzlei von Pal Engieli hervor, dem damaligen ersten Sekretär von Skanderbeg. Die Namen der Staaten, zu denen Albanien damals Beziehungen unterhielt — Italien, Spanien, der Vatikan, England, Frankreich, deutsche Fürstentümer — sind in den meisten zeitgenössischen Archiven nachzulesen.

Wie die Angst will auch die Täuschung alles überziehen, alles völlig beherrschen. Mit anderen Worten, sobald sie in einen Bereich eingedrungen ist, hat sie kurz darauf vermutlich alles völlig durcheinandergebracht. Aber um sich totalen Einfluß zu sichern, muß sie in ihre komplizierteste Phase treten: die Selbsttäuschung.

Das ist eine Art Droge, mit deren Hilfe das totalitäre Regime alle seine Diener in einem Zustand des Hochgefühls, der Ekstase hält. Hysterische Geschäftigkeit, unverständliche Anweisungen, heftige Gefühle, Wahn in allen Stufen sind die üblichen Folgen der Selbsttäuschung.

Ebenso gibt es Ereignisse, bei denen die Lüge in ihrer ganzen Bandbreite vertreten ist. Das Betreuungsgremium, das sich speziell um die Anträge und die Versorgung führender Kreise kümmert, dürfte der widerlichste Ausdruck des Sozialismus sein. Hier sind die Täuschungen ganz besonders undurchsichtig. Die Grundsätze der kommunistischen Lehre (Klassenkampf, Schutz der Machthaber vor dem Klassenfeind usw.) treten neben den banalsten Lügen auf (erfundene Krankheiten, um ins Ausland zu reisen, Vernichtung von Rechnungsbelegen! — also klassischer, authentischer Betrug mit einem leichten Anstrich von Marxismus-Leninismus[19]).

Ein weiteres Beispiel. Diesmal gesellt sich zur Selbsttäuschung die Hysterie. Ort: Meine Wohnung in Tirana am 25. Oktober 1990, kurz nach Bekanntwerden meiner Abreise nach Frankreich. Am Nachmittag, nach Bekanntwerden der Nachricht, tauchen dort Polizisten auf; niemand wird hinein- oder hinausgelassen. In der Wohnung befinden sich meine fast blinde achtzigjährige Mutter und meine Schwester. Man stelle sich ihren Schrecken vor. Eine Tante, die ihnen Essen bringt, wird am Eingang durchsucht. Auch Nahrung und Geschirr werden überprüft.

Warum? Was soll das bedeuten? Niemand kann das wissen.

Dann erscheinen Untersuchungsbeamte, Vertreter der Staatsanwaltschaft, um eine Haussuchung durchzuführen. Sie bringen alles durcheinander. Sicher haben sie seit Jahren von solch einem Augenblick des Triumphs geträumt. Endlich können sie ihre Nase überall hineinstekken, in mein Arbeitszimmer, in das Schlafzimmer, in die Schubladen, in die geheimsten Winkel des Hauses.

Wieder fragt man sich: Warum nur? Was suchen sie so verbissen? Würde man ihnen dieses Frage stellen, könnten sie darauf nichts antworten. Weil sie nichts suchen!

Es kommt ihnen ganz normal vor, unter den Augen der beiden erschütterten Frauen dieses Nichts zu suchen, da sie ihr ganzes Leben lang nichts anderes getan haben, als sich mit nicht existierenden Verschwörungen auseinanderzusetzen, mit völlig erfundenen Gefahren, mit Fabeln.

Schließlich beschlagnahmen sie sechs Kisten Manuskripte, dann gehen sie. Anderenorts wird in einem Büro ein Kommuniqué über meine »Fahnenflucht« zusammengebraut. In einem Interview mit der »New York Times« habe ich gesagt, daß dieses Kommuniqué anscheinend von einem Idioten verfaßt worden sei, aber es war noch schlimmer. In meiner Erklärung [Siehe S.148] hatte ich eindeutig betont, daß ich nach Albanien zurückkehren würde, sobald es dort eine wahre Demokratisierung gäbe, eine Absicht und Hoffnung, die ich auch heute noch habe, während ich diese Zeilen schreibe. Um jedes Mißverständnis zu vermeiden, hatte ich auch betont, ich beabsichtigte diese Rückkehr erst, nachdem die Demokratie in Albanien eingekehrt sei, und nicht nach irgendeiner Katastrophe, was ich mir aus ganzem Herzen auch heute noch wünsche, so wie ich es mir wünschte, als ich diese Sätze schrieb.

Aber der beleidigende und brutale Ton des Kommuniqués in der albanischen Presse[20] zeigte, daß es in Albanien immer noch einen konservativen Flügel gab, der auf gar keinen Fall etwas von meiner Rückkehr hören wollte. A. Demaçi besaß angeblich Informationen, denen zufolge der albanischen Regierung keineswegs unbekannt war, daß I. K. die Absicht gehabt habe zu flüchten, sie habe aber nichts unternommen, um ihn daran zu hindern. Obwohl es schwerfällt, dieser Bemerkung ganz beizupflichten, enthält sie wohl ein Körnchen Wahrheit. Sie mußten sich gesagt haben: »Was für ein Glück, daß er abgehauen ist! Hoffentlich kommt er nie wieder!«

Man kann sich mühelos ihr Lamentieren vorstellen: »Wir wußten, was er für einer war, aber niemand hat auf uns hören wollen. Haben wir nicht unzählige Male die Partei vor ihm gewarnt? Wie oft haben wir vorgeschlagen, ihn zu... «

Es ist keineswegs einfach, bei diesem Spiel konvexer und konkaver Spiegel klar zu denken. Alle Bürger eines sozialistischen Landes, vom Straßenkehrer bis zum Staatsoberhaupt, können, ohne zu erröten, eingestehen, daß sie in ihrem Leben wenigstens eine Periode des Wahns durchgemacht haben. Dieser »Wahnbereich« differiert zweifellos entsprechend den Unterschieden der Individuen: Er kann Jahre, Monate und, seltener, nur wenige Wochen angedauert haben. Der Verfasser dieser Zeilen hat sich manchmal gesagt, daß der Lebenslauf eines jeden, einschließlich seines eigenen, ohne die Einbeziehung dieser »Wahnbereiche« nicht vollständig sein kann.

Eine außerordentlich unangenehme Aufgabe, noch verschlimmert dadurch, daß man in diesem Universum nicht *ganz allein* den Verstand verlieren kann. Der Wahn taucht unerwartet auf, wie eine Welle, die ganze Generationen der Bevölkerung davonträgt.

Die gebrochenen Bilder dieser Welt, ihre Spannungen, ihre Psychosen gestalten zwischenmenschliche Beziehungen oft verwirrend, so daß man sich häufig nicht versteht. Noch undurchdringlicher dürften sie allerdings dem Blick des Außenstehenden erscheinen.

Unterschiedliche Ansichten, andere Ziele bringen häufig tragische Mißverständnisse mit sich. Die voreiligen Bewertungen der Moral oder des Mutes der Einwohner dieser Welt von außen entspringen häufig einer gewissen Leichtfertigkeit, aber es gibt auch Fälle, bei denen man sie einem sorgsam versteckten Sadismus, um nicht zu sagen, dem Appetit auf Verbrechen, zuschreiben kann.

Wer diese Lektionen erteilt, denkt nicht immer daran, zuerst einmal sich selbst zu betrachten, bevor er den Bewohnern jener Welt eine Moralpredigt hält. Die Selbstlosigkeit der Menschen, die die sozialistische Welt bevölkern, geht manchmal bis zur Aufopferung. Sie bitten nicht um Schutz, denn dieser Begriff gilt hier nicht. 1967 wurden in Albanien die Rechtsanwälte abgeschafft, um ausdrücklich zu betonen, daß der Mensch, gegen den der Staat zum Schlag ansetzt, allein steht und deshalb verloren ist.

Als mir 1975 für ziemlich lange Zeit jede Veröffentlichung untersagt wurde, war ich bereits ein in Europa bekannter Schriftsteller. Meine Werke waren schon in über fünfzehn Ländern übersetzt worden, aber niemand dachte daran, damals zu fragen: »Was ist mit diesem Schriftsteller geschehen? Lebt er noch? Warum hört man nichts Neues von ihm?«

Ich erwartete keinerlei Schutz in meinem Land, denn ich wußte, daß das unmöglich war, aber ich glaubte, ihn mir von draußen erhoffen zu dürfen, und erwartete ihn beklommen. Aber nichts dergleichen kam; ich verstand schließlich, daß man mich in allgemeiner Gleichgültigkeit ersticken lassen wollte.

Anläßlich der Sitzung im Jahr 1982, auf der ich wieder scharf kritisiert wurde, erklärte mir der Schriftsteller N. J. beim Verlassen des Saals, Neshat Tozaj, den ich damals noch nicht kannte, habe zu meiner Verteidigung aufstehen wollen, aber ein anderer Genosse und er selbst hätten ihn daran gehindert. Er erklärte mir, wie sie sich dazwischengestellt hatten. (»Das ging soweit, daß V. M. ihn mit Gewalt auf den Stuhl drücken mußte, du verstehst das doch?«) Ich hörte ihm völlig verdutzt zu.

Völlig aufrichtig sagte ich zu ihrer großen Überraschung, daß sie den Umständen entsprechend richtig gehandelt hätten. Ich war davon überzeugt, daß mir eine Verteidigung durch einen anderen in keinerlei Weise geholfen hätte, während N. Tozaj selbst das Verderben über sich heraufbeschworen hätte und sein Roman »Die Messer« nie erschienen wäre.

Über den Mut unter einer Diktatur ist schon viel gesagt worden; gerade auf diesem Gebiet wurde nicht mit Lektionen gegeizt. Diese Moralpredigten hielt man in Cafés in Paris oder Wien, was zweifellos bequem ist. Ich bin gelegentlich diesen Schreihälsen begegnet, wenn sie nach Albanien kamen. Nach knapp einer Woche Aufenthalt hatten sich ihre Ansichten und Äußerungen geändert; einer von ihnen gestand mir in einem Anflug von Offenheit, er wisse sich als Ausländer zwar vor jeder Gefahr geschützt, trotzdem seien Furcht und Angst sein ständiger Begleiter.

Und auch deine Landsleute kommen dir moralisch, aber erst sehr viel später, wenn die Diktatur bereits nachgiebiger wird. Dabei vergessen sie, daß gerade sie die Versammlungssäle füllten, um ein Lied auf ihren Ruhm anzustimmen. Sich im nachhinein die Brust zu zerfleischen, wenn die Diktatur ihre Zähne verloren hat, so gut wie möglich den Dissidenten zu spielen, um den eigenen Mut zur Schau zu stellen, sich damit zu brüsten, als erster Kritik geübt zu haben, mit der Denunziation am weitesten gegangen zu sein, sich gegenseitig zu beschuldigen, sich mit Schlamm zu bewerfen, andere zu verleumden usw., das ist nur ein magerer Überblick über das elende Spektakel nach dem Ende einer Diktatur in gewissen östlichen Ländern.

Nicht selten kommt es vor, daß die wahren Widersacher der Diktatur, jene, die jahrelang ihre Fundamente untergruben, in dieser Kakophonie auf der Strecke bleiben, dem Vergessen anheimfallen.

Unter den Menschen, die aus verschiedenen Gründen im Leben keinen Erfolg hatten (wozu natürlich auch jene zählen, denen die Diktatur Unrecht getan hat), befinden sich auch solche, für die ihrer Ansicht nach die Stunde der Vergeltung angebrochen ist. Sie denken an nichts anderes, als auf der Stelle ihre Rachsucht zu stillen: das Leben jener zu zerstören, die ihrer Meinung nach dafür irgendwie verantwortlich sind, ohne sich bei der Tatsache aufzuhalten, daß es Lehrer sind, die die eigenen Kinder erzogen, Architekten, die ihnen die Wohnung bauten, Ärzte, die ihnen das Leben retteten.

Das alles haben sie vergessen, sie wollen sich hier und jetzt rächen, mit anderen Worten, sie mit Dreck bewerfen, ihr Leben zerstören und, wenn möglich, sich ihrer Häuser bemächtigen.[21]

Selbst eine nur bruchstückhafte Skizze dieses Universums wäre unvollständig, ließe man ein Element unerwähnt: den Haß. Die Klassiker des Marxismus-Leninismus haben ihn gründlicher auf der Welt verbreitet als die alten Griechen.

In ihren Werken und Reden findet man keinen einzigen Satz gegen diesen Pesthauch, der alle gesellschaftlichen Umstürze begleitet, ähnlich dem Wind, der häufig nach einem Erdbeben weht. Keine einzige Ermahnung an die siegestrunkenen Sieger, sich zu mäßigen, keine Warnung. Ganz im Gegenteil: Drängen!

Der Haß wurde zur Wissenschaft erhoben. Wir müssen lernen, wissenschaftlich zu hassen. Diese unheimlichen

Worte sind kein Hirngespinst. Sie waren modische Parolen in der Sowjetunion. Es gibt sogar eine Erzählung von M. Scholochow mit dem Titel »Die Wissenschaft des Hasses« (*Nauka njenavisti*).

Als der Wind des Hasses von den russischen Steppen über Albanien hinwegfegte, begann eine der größten Tragödien, die dieses Land je erlebte. Tausend Jahre lang und mehr hatte sich die Nation erfolgreich bemüht, den Haß im Zaum zu halten. Ihr Sittenkodex enthielt Gesetze, die auf den ersten Blick ausgesprochen verwirrend wirkten: Hatte jemand aus Rache getötet, mußte er am Begräbnis seines Opfers teilnehmen und durfte dabei kein Anzeichen von Stolz zur Schau stellen. Er war außerdem dazu angehalten, am Totenmahl teilzunehmen, sich mit den Mitgliedern des verfeindeten Klans an den gleichen Tisch zu setzen und mit ihnen zu essen. So paradox diese Gesetze erscheinen mögen, wohnt ihnen doch eine eigene Logik inne. Zusammen mit anderen (z. B. dem Verbot, den Leichnam des Opfers anzurühren) waren sie Teil eines Mechanismus, der den Haß bremste.

Die marxistische Lehre hat diesen Mechanismus nicht nur zerschlagen, sondern sie ist noch viel weiter gegangen. Sie hat sozusagen eine Fabrik gebaut, um Tag und Nacht dieses Giftgas zu produzieren. Diese Fabrik funktionierte im sozialistischen Universum sicherlich am besten. Hier hörten die Motoren nie zu laufen auf. Der Haß war eine der Säulen, die die Diktatur stützten. Hätten sie auf ihn verzichtet, wäre das ganze Gebäude ins Schwanken geraten.[22] Die Gegengifte wie: um Verzeihung bitten, bereuen, sich entschuldigen, Mitleid zeigen, ja sogar die Religion wurden bekämpft, wo immer sie sich zeigten. Trotzdem behaupteten sie sich.

Der Haß wurde überall gesät: unter den jungen Textilarbeiterinnen, den Akademikern, den Funktionären, den Studenten, den Bauern und Handwerkern; aber überall leistete man ihm Widerstand. Schließlich lebte man nicht durch Zufall im Heimatland von Mutter Teresa.

Die Anzeichen von Reue, die der Vorsitzende des Schriftstellerverbands, Dritero Agolli, den das sozialistische Regime seit Jahren gegen mich aufzuhetzen versuchte, von Zeit zu Zeit zeigte, reichten für mich aus, um ihm zu vergeben. »Du bist von Natur aus doch sonst nicht weich, warum entschuldigst du ihn? Du brauchst ihn nicht. Im Gegenteil, er braucht dich«, sagten mir Freunde. Aber hier ging es nicht um »brauchen«. Ich vergab ihm, weil ich sein Talent schätzte, weil wir in dieser grausamen Welt Mönche des gleichen Ordens waren, und weil ich vor allem die Reue, dieses im sozialistischen Universum so seltene Gefühl, schätzte. Bei D. Agolli trat es auf eine unerwartete Art und Weise in Erscheinung. In einer Novembernacht 1983, als zwischen uns starke Spannungen herrschten, kehrten wir mit einer Delegation von fünf Schriftstellern aus Paris zurück. Er stand damals auf dem Gipfel seiner Macht, und ich erlebte eines meiner schwärzesten Jahre. Auf dem Rückweg machten wir für eine Nacht in Budapest halt. Nach dem Abendessen bei unserem Botschafter, bei dem er etwas mehr getrunken hatte, als gut für ihn war, gingen wir ins Hotel zurück, um zu schlafen. Als Mitglied des Zentralkomitees der Partei hatte er das Recht auf ein Einzelzimmer, wir anderen bekamen ein Doppelzimmer. Gegen ein Uhr morgens klopfte es an unserer Tür. Es war D. Agolli, mit zerzaustem Haar. »Hör zu«, sagte er. »Leg dich in meinem Zimmer schlafen, es ist komfortabler, und ich komme hierher. Du bist empfindlicher, ich dagegen an fehlende Bequemlichkeit gewöhnt. Ich weiß, daß es dich ärgert, in einem Doppelzimmer schlafen zu müssen. Geh schon, bei mir schläfst du besser. Du hattest genug Ärger.«

Diese Worte, die vielen vermutlich banal vorkommen, waren mir mehr wert als alle seine Berichte auf dem Plenum zusammen. Sie waren eines von unzähligen Anzeichen, eines von tausenden, daß das Böse in diesem Land nie ganz die Oberhand gewinnen würde. So viele zwischenmenschliche Beziehungen hatten sich verschlechtert! So viele Seelen waren verwüstet, vertrocknet! Die Situation war vergleichbar mit dem tödlichen Vordringen des Sandes in der Sahara, dem Verkümmern alles Lebendigen, dem Rückzug der Vegetation. Diese Entkräftung des Lebens, sein langsames Austrocknen hielt nun schon seit dem Abreißen der »Tanzabend«-Plakate im Jahr 1945 an, seit der Schließung der Kirchen, der Abschaffung der Rechtsanwälte 1967 und den Dutzenden ähnlicher Maßnahmen, die sich anschlossen.

Aber wie ich schon weiter oben andeutete, stieß die Diktatur des Proletariats bei ihrem Vormarsch auf ein unvorhergesehenes Hindernis: die Begräbnisriten.

Die Klassiker des Marxismus hatten dazu einige Empfehlungen hinterlassen. Da diese Riten jedoch mit der menschlichen Natur zusammenhängen, mit der sie nur wenig vertraut waren, fielen ihre Lektionen äußerst spärlich aus. Als die Stalinisten Kirchen und Moscheen schlossen und das Aufstellen von Kreuzen auf den Gräbern untersagten, meinten sie, damit das Totenritual abgeschafft zu haben. Sie gingen sogar noch weiter. Da sie meinten, ein »neues Leben« und einen »neuen Menschen« erfunden zu haben, sagten sie sich, sie könnten ebenso einen

»neuen Tod«, einen »neuen Toten« erschaffen. Sie wagten nicht, dies lauthals zu verkünden, aber sie unternahmen das schier Unmögliche, um neue Bräuche einzuführen. Der »neue Tote« unterschied sich vom gewöhnlichen dadurch, daß die Todesart eine andere war. Entweder war er beim Zusammenstoß mit Feinden der Revolution getötet worden, oder er kam in den Flammen um, oder er erfror im Schnee, und zwar immer für den Sozialismus. Bücher und Filme waren mit diesen Todesarten vollgepfropft, wobei der übliche Tod des Menschen aufgrund von Krankheit oder Alter anscheinend nicht mehr existierte. Zur Verschönerung des Bildes sollten Priester und Hodschas durch einen Vertreter der Demokratischen Front ersetzt werden, der auf der Beerdigung anstelle frommer Gebete lächerliche Floskeln über die Treue des Verstorbenen zur Partei, die Verwirklichung des Plans usw.[23] von sich gab.

Aber schon früh mußten die Stalinisten feststellen, daß es viel schwerer war, den Tod zu entstellen als das Leben. Seine Riten kapitulierten nicht. Der stalinistische Angriff, der Privateigentum, menschliche Wärme, Ehe und Gerechtigkeit zerstört hatte, trat vor den Totenriten den Rückzug an; denn die Menschen verstanden schnell, welch gewaltigen Reichtum diese uralten Riten darstellten.

Man ging in die Wohnungen und die Häuser, um sein Beileid auszusprechen, Kaffee bei der Totenwache zu trinken, zu plaudern — wie vor tausend Jahren. Im Licht der Totenkerzen zeigte sich eine erste Alternative. Hier wurde der sozialistische Optimismus erstickt, hier wurden die Parolen des Parteitages ins Lächerliche gezogen, Haß und Klassenkampf beschwichtigt, und an ihrer Stelle regten sich wieder die Philosophie des Lebens und der Vergebung.

Aber noch etwas anderes, Außergewöhnliches ereignete sich dort: Man fing an, wieder normal zu sprechen. Die verstümmelte, mitleidlos vertrocknete Sprache kam wieder zu sich wie nach einer tiefen Ohnmacht. Man hörte ewige Worte wie:»Gott hat es so gewollt, das Grab wird einst auch unsere letzte Bleibe sein.« Genau wie die Sprache bemühte sich danach alles um Normalität. Plötzlich nahm sich die plumpe, kleinliche Lehre und mit ihr ihre Klassiker verwaschen, lügnerisch, unbedeutend aus.

Es war kein Zufall, wenn die Zahl der Todesfälle im Februar 1990 in Tirana steil anzusteigen schien. Die Todesriten wurden wieder, was sie immer gewesen waren, Bestandteil der Geschichte, diesmal von Klubs und Oppositionskreisen.

Wie um diese Entwicklung nachdrücklich zu unterstreichen, leuchteten Tausende von Kerzen auf den beiden großen Friedhöfen der Hauptstadt.

Der Parteisekretär von Tirana, P. Kondi, eiferte sich auf jeder Versammlung aufs neue wie der Teufel im Weihwasserbecken. »Was tun mit den Friedhöfen? Kommunisten abordnen, die die Kerzen auspusten? Die Polizei hinschicken, Bergarbeiter?«

So paradox es auch scheinen mag, der Tod hatte das Leben gerettet. Unter seinem Banner war es leichter, das Böse auszumerzen.

Aber in diesen sich wandelnden Zeiten gibt es ein Übel, das gefährlicher als alle anderen werden kann: der Haß.

Der Wind des Hasses... Dieses aufdringliche Pfeifen, das diese ganze Epoche begleitet hat. Läßt er auch nur geringfügig nach, ist es möglich, daß unsere Ohren, ja unser ganzes so sehr der Liebe entwöhntes Sein in der himmlischen

Leere schmerzen, die an diesem Tag entsteht. Wie entfernt erscheine dann das Donnern der Trommeln, das Getöse der Paraden, das Gezeter auf den ZK-Plenen, die Hymnen und die Drohungen! Aber in diesem kritischen Augenblick, des Übergangs zwischen zwei Epochen, da das Böse scheinbar verabschiedet worden ist, kann das Grollen des Hasses wieder ertönen, und diesmal sogar noch vernichtender.

Von allen dieser Welt innewohnenden Übeln dürfte der Haß am hartnäckigsten versuchen, sich in die neue Epoche hinüberzuretten.

Das würde die Rückkehr der Tragödie bedeuten. Und auf der von ihr angelegten Bahn würden die anderen folgen: die verbissene Vergeltung, das Toben der Besiegten, die Angst, der Tod. Die des erneut einsetzenden Dramas überdrüssige Nation würde sich schnell ergeben, und alles begänne von vorn.

Wann immer die Menschheit damit konfrontiert war, den Damm zu finden, um der Brandung des Hasses und alle anderen ansteckenden Strömungen einer bestimmten Zeit Einhalt zu gebieten, hat dieses Problem selbst die kühnsten Geister hilflos gemacht.

Heute, 1990, zehn Jahre vor dem Ende des zweiten Jahrtausends, da die Menschheit sich anschickt, mit Würde das dritte zu betreten, ist der Haß in einigen Ländern, die gerade erst die Diktatur hinter sich gelassen haben, das Hauptproblem.

Das Konstruktionsgeheimnis der ägyptischen Pyramiden oder des griechischen Labyrinths wurde sorgfältig gehütet, aber wieviel größer ist das Geheimnis, wie man den Haß aufhalten könnte.

236

Ein Haltesignal, um das Böse zu stoppen, ein Impfstoff, ein Niemandsland, ein Bruch... Aber die Suche danach ist nutzlos, denn die Schranke ist nur in der Seele des einzelnen zu finden. Die Menschenmenge, die an unruhigen Tagen, an denen die Diktatur schwankt, auf Straßen und Plätzen hin- und herläuft, trägt sowohl das Erdbeben wie auch das Mittel zum Schutz davor in sich.

Wie ihnen diese Dinge erklären, wie sie beruhigen? Ich schreibe die letzten Zeilen dieser Betrachtungen im Dezember. Vor meinem Fenster hat sich die Erde in weißen Frost gehüllt. Aber der Rauhreif, der mich gestern nach der Nachricht, in Albanien werde das Mehrparteiensystem eingeführt, wie in der Hochzeitsnacht erzittern ließ, kommt mir nach dem Bericht über die ausgebrochenen Unruhen wie mit Blut besudelt vor. Von weitem teilt mir mein Land, in dem das Drama des Übergangs begonnen hat, seine Angst[24] mit.

Trübe Gedanken kommen mir in den Sinn. Es ist wieder Dezember, genau wie vor einem Jahr, in Rumänien. Habe ich gesagt, daß die Zwangsläufigkeit, mit der die Ereignisse in Rumänien abliefen, sich auch in meinem Land wiederholen wird, wie es in der letzten Zeit so häufig vorhergesagt wurde? Noch vierundzwanzig Stunden früher, am 14. Dezember, hatte ich in einem Interview mit dem »Figaro« das Gegenteil verteidigt: daß die albanische Nation, schon um die Kassandras zu beschämen, jetzt den Beweis für den hohen Stand seiner Zivilisation erbringen würde. Und hier haben wir es: Kaum vierundzwanzig Stunden sind vergangen, und schon beginnt die Gewalt. Der Schatten eines Zweifels liegt mir auf dem Gewissen: Sollte ich mit meiner Abreise, statt die Demokratisierung zu beschleunigen, auch noch Öl ins Feuer gegossen haben?

Wie beschwichtigt man die erzürnten Albaner? Was kannst du für sie tun? Eine Messe wie in Shkodra vor einem Monat lesen lassen? Die Standbilder Stalins und Lenins stürzen? Reden halten? Versprechen abgeben?

In vieler Hinsicht ist es jetzt zu spät. Die drei Schläge sind erklungen, das Drama beginnt.

Muß man sagen, daß dieses halbe Jahrhundert deiner eigenen Existenz in gewisser Hinsicht mit dem Leben des albanischen Volkes zusammenfällt und daß dort außer der Diktatur des Proletariats unleugbare Werte geschaffen wurden, die diese Nation ehren? Muß man sagen, daß es dabei weder um ein Alibi noch um eine Rechtfertigung des Bösen geht, sondern allein um eine lebenswichtige Wahrheit, wie tragische Wahrheiten es immer sind, und daß das Bestreben, alle und alles mit Schlamm zu bewerfen, der endgültige Beweis dafür wäre, daß dieses Volk todkrank und unreif ist, wie seine Feinde es behaupten, da, obwohl es schon zweitausend Jahre und älter ist, vierzig Jahre reichten, um es so weit zu entwürdigen? Muß man sie anflehen, ruhig Blut zu bewahren, wenn schon nicht den anderen zuliebe, dann wenigstens aus Liebe zu Kosovo, das es darum bittet, dessen Botschaft sie doch im Radio über seine bekanntesten Kinder wie R. Qosja und I. Rugova gehört haben? Muß man sagen, daß es für den Nachfolger nicht einfach gewesen ist, sich vom Enver-Hoxha-Komplex zu befreien, von seinem Erbe, diesem schweren Ballast? Muß man ihnen erklären, daß im Gegensatz zum echten Gorbatschow, dem russischen, den schon fünf Nachfolger von dem schrecklichen Stalin trennten, der albanische Gorbatschow, Ramiz Alia, unmittelbar auf Enver Hoxha gefolgt ist, so daß er außer dem Gesicht von Gorbatschow auch die Masken von Malenkow, Chru-

238

schtschow, Breschnew, Andropow und Tschernenko tragen muß? Muß man sie darauf hinweisen, daß der Mantel, der dem Präsidenten auf die Schultern gelegt wurde, vielleicht nicht die richtige Größe hatte und daß Ramiz Alia, ohne darauf vorbereitet zu sein, unvermittelt in einer tragischen Arena stand, die tragischer Personen bedurfte, so wie seinerzeit die Gladiatoren?

Einem erzürnten Volk fällt es immer schwer, zuzuhören und ruhig zu lauschen. Es will nicht von Werten hören, die es selbst geschaffen hat, denn in solchen Augenblicken will es nur leugnen. Es will nicht von Irrtümern hören, die es selbst begangen hat, von seinem langen Schlummer, von Ramiz Alias Mantel und noch weniger von Enver Hoxha, von dessen Standbild es erst vor kurzem einen Arm abgebrochen hat. Viele Dinge will es nicht hören, und wie gut man es verstehen kann! Aber wenn es für die Botschaft aus Kosovo taub bleibt, jener Hälfte der Nation, die jenseits der Grenze lebt, nichts wäre betrüblicher, und dies wäre sein erster schwerwiegender Fehler. Das Recht könnte es verlassen. Und es ist bekannt, daß dort, wo es kein Recht gibt, das Verbrechen beginnt.

Exit. Exit. Exit. Tiex. Itex. Wo ist der Ausgang? Wo der richtige Weg?

Die Zwietracht, der Mangel an gegenseitigem Verständnis erweisen sich als katastrophal. Auf dem Balkan haben die Alten folgenden Satz: »Schrei, antworte auf meinen Schrei!« Aber wenn sich die Zeiten ändern, gerade dann, wenn Verständnis und Eintracht am dringendsten nötig wären, machen sich diese beiden davon. Jeder gefällt sich darin, die eigene Meinung zu hören, den eigenen Schrei. Sie haben sich für andere Werte erhoben, für Toleranz,

Dialog, Pluralismus, und jetzt schaden sie ihnen als erste. Sie eilten, Lenins Büste zu stürzen, ohne zu bedenken, daß der Statue jetzt, falls sie etwas von ihrem Vorbild in sich trägt (woran die Vorväter glaubten), die Augen vor Glück sprühen würden: »Ihr glaubt, mich gestürzt zu haben, aber ich bin es, der euch umgeworfen hat. Die Grausamkeit, die ich euch gelehrt habe, ist jetzt unter euch. Also bin ich selbst unter euch, ›unsterblich‹ wie ihr es euch seit hundert Jahren einbleut!«

Das ist tatsächlich ein Augenblick der Prüfung für die Nation. Ein Augenblick, von dem man sagen könnte, daß er »geschichtsträchtig« ist.

Vor zwanzig Jahren, als ich glaubte, der Sozialismus sei unsterblich, habe ich ein Gedicht mit dem Titel »Epilog« geschrieben. Nie wäre mir auch nur die Idee gekommen, daß ich eines Tages von Mangel an gegenseitigem Verständnis und von Kommunikationsschwierigkeiten zwischen Menschen sprechen würde und nicht mehr von Verzeihen, Fehlern und Reue. Aber wenn ich diese Begriffe weder in meinem Gehirn noch in meinem Begriffsvermögen aufbewahrte, dann verbargen sie sich anscheinend irgendwo tiefer in meinem Bewußtsein. Die Literatur hat sie als erste geweckt, diese Literatur, die mich, wie ich zu Beginn dieser Betrachtungen schrieb, in die Freiheit geführt hat.

Hier ein Auszug aus diesem Epilog, »den zukünftigen Generationen« gewidmet und 1967 veröffentlicht:

> Ihr werdet einst ruhigere Zeiten erleben,
> Viele unserer Worte werden dann für euch ohne Sinn sein,
> Denn das Leben wird vieles verschwinden lassen,
> So wie es vielleicht die Tiger wird verschwinden lassen.

240

Dringt ihr in die Ruinen, die mächtigen
Und majestätischen unserer Gedichte ein
Mit eurer kalten Logik,
Werdet ihr vielleicht versuchen, uns zu beurteilen.

Die Ruinen aber werden schweigen. Allein zurück-
geworfen
wird das Echo eurer Stimmen zu euch gelangen...

Das Gedicht verfolgt das Drama von mangelndem Verständnis zwischen den beiden Lagern: jenen, die urteilen,
und Ruinen, die ihr Urteil nicht akzeptieren, weil die Zen-
soren die »verschwundenen Tiger« vergessen haben. (»Ihr
könnt leicht urteilen, nachdem das Fauchen des Tigers
verklungen ist!«)

Exit... Reue, Verzeihen. Der Erlaß der Fehler. Darum
geht es vielleicht. Die Hälfte der Nation am anderen Ufer
hat uns eine neue Botschaft geschickt: den Erlaß von Vergeltung. Das erinnert an einen sehr alten Akt in irgendeiner Tragödie, aber er ist würdig, in die modernsten politischen Akte aufgenommen zu werden.

Die albanische Nation, so lange Jahre aus Europa verbannt, klopft gleich dem verlorenen Sohn an seine Pforte.
Sie hält neue Insignien und neue Fahnen in der Hand. Sie
hat vor zu beweisen, daß sie ein Volk ist, das nicht vergißt,
aber verzeiht.

Sie nimmt ihren Teil der Fehler auf sich und verteilt sie
unter den Ihren. Das ist die einzige Lehre der Diktatur, die
sie bewahrt; aber indem sie sie den eigenen Vorstellungen
anpaßt. Sie tut dies nicht, um die Diktatur zu retten, sondern um sie mit den Schlangeneiern zu begraben, die diese
ihr in ihren letzten Momenten unterschieben wollte.

Das erste Gedicht der albanischen Literatur wurde 1592 von Lek Matrenga, Dichter und Priester, geschrieben und veröffentlicht. Es trägt den Titel »Totengesang« und beginnt mit diesen Versen:

> Für euch alle bete ich, die ihr um Vergebung bittet,
> Gute Christen, Männer und Frauen,
> Daß ihr im Namen eures Herrn Erbarmen findet,
> Denn unter uns ist niemand, der ohne Sünde wäre.

Vielleicht ist es kein Zufall, daß die ersten Worte dieser Literatur die Vergebung zum Gegenstand haben. Das ist vielleicht ein Zeichen der Vorsehung.

Frankreich, im Dezember 1990.

FUSSNOTEN

Teil 1

¹ (*Seite* 13) Zu dem Zeitpunkt, da diese Seiten geschrieben wurden, im November 1990, war noch nicht vorauszusehen, was sich einen Monat später ereignen würde. Im Dezember, als sich dieses Buch im Druck befand, hatte die Demokratie in Albanien nach den Demonstrationen von Studenten und Intellektuellen Fortschritte gemacht. Deshalb könnte man dem Satz: »Die Wurzeln eines jeden Frühlings — so auch dieser — lassen sich im allgemeinen in den Winter zurückverfolgen«, auch noch: »Und auch im Winter erntet man seine Früchte«, hinzufügen.

² (*Seite* 24) T. Lubonja, Chef der albanischen Radio- und Fernsehanstalt. Er wurde auf dem berüchtigten IV. Plenum des ZK 1973 verurteilt. Er ist in allen Handbüchern, Doktorarbeiten, Reden, in der »Geschichte der Partei der Arbeit Albaniens« (PAA) usw. als Anführer der erfundenen Gruppe »T. Lubonja - F. Paçrami« erwähnt (oder aber bei der angeblichen Verschwörung im Kulturbereich, mit der die Verurteilungswelle 1973-76 begann).

³ (*Seite* 25) Ein Gedicht, das später allgemein so bezeichnet wurde. Dieses Gedicht mit seinen rund hundert Strophen wurde vom stellvertretenden Chefredakteur der Zeitschrift »Drita« [Das Licht], A. M., in die Druckerei geschickt. In der Nacht zum Samstag (die Zeitschrift kam

jeden Sonntag heraus) gelangte unter nie geklärten Umständen ein Exemplar davon in die Hände von H. Kapo, der Nummer Zwei nach E. Hoxha. Das Gedicht wurde sofort zensiert. Ich mußte dem Parteisekretär des Schriftstellerverbands, A. K., alle Exemplare und Manuskripte aushändigen, so daß der Text verloren gegangen ist oder sich irgendwo im Archiv des Zentralkomitees befindet. Ich erinnere mich nur noch an die erste Zeile:

»Das Politbüro ist heute Nachmittag zusammengetreten«

und an diese Strophe:

> *Rote Paschas, Barone mit Parteiausweis,*
> *Erdölmagnaten, Beys und Diebe,*
> *Alte liturgische Hymnen singend*
> *Tragt ihr den Sarg der Revolution zu Grabe...*

Jahre später sagte mir der Schriftsteller L. L. Siliqi, der an der Sitzung im Büro von R. Alia teilgenommen hatte: »Gestern habe ich die Notizen wiedergefunden, die ich mir auf dieser Sitzung machte. Ich traute den eigenen Augen nicht. Ich denke nicht, daß im sozialistischen Lager je ein Schriftsteller so zügellos kritisiert worden ist.«

⁴ (*Seite* 54) In seiner Studie versuchte A. Pipa nachzuweisen, daß ich in den Romanen ›Die Festung‹, ›Der große Winter‹ und besonders in ›Chronik in Stein‹ gegen das kommunistische Regime und insbesondere gegen E. Hoxha Stellung bezogen hätte. Die Anschuldigungen von A. Pipa, besonders die in Bezug auf ›Chronik in Stein‹ hätten ausgereicht, um mich lebenslänglich ins Gefängnis zu bringen, oder Schlimmeres. A. Pipa wußte

246

sehr gut, daß nicht wenige Menschen wegen Tatsachen liquidiert worden waren, die mit E. Hoxhas Privatleben zusammenhingen.

[5] (*Seite* 56) Die Sigurimi versuchte, sich wegen der Ablehnung dieses Gesetzes an Dr. Ylli Popa zu rächen. Sie löste eine lange Verleumdungskampagne gegen ihn aus. Ausgebildet, jede sich bietende Gelegenheit zu nutzen, beutete die Sigurimi die Tatsache aus, daß Y. Popa einer von E. Hoxhas Ärzten gewesen war. Die Anschuldigung ging in zwei entgegengesetzte Richtungen. In einem sehr begrenzten Kreis wurde die Hypothese in Umlauf gesetzt, dieser Arzt mit seinen großzügigen Ideen, der an zahlreichen internationalen Kongressen teilgenommen hatte, habe das Ende von E. H. beschleunigt; in breiteren Kreisen wurde genau umgekehrt verfahren, das heißt, das Gerücht wurde verbreitet, Y. P. sei als Arzt von E. H. in den Genuß zahlreicher Privilegien gekommen. So sah sich der Wissenschaftler auf beiden Seiten isoliert.

Tatsächlich war Dr. Y. Popa, abgesehen von seinen Fähigkeiten als Arzt, ein hervorragender Intellektueller. Dank seiner Talente und seiner außerordentlichen Bildung, die die albanische Wissenschaft ehrt, war er wiederholt ins Ausland gereist. Was seine Zugehörigkeit zum Ärzteteam von E. H. betrifft, gibt es, glaube ich, nichts weiter zu sagen, als auf die Komplikationen und Angst, die er ihr verdankte, hinzuweisen. Als dieses Buch in Druck ging, wurde Dr. Ylli Popa in den Ausschuß für die Verteidigung der Menschenrechte gewählt, der am 22. Dezember 1990 in Tirana gebildet wurde.

[6] (*Seite* 67) Foto Çami, das einzige Mitglied des Politbüros, das einen akademischen Grad besitzt. Wie nicht anders zu erwarten, galt er sehr schnell als Liberaler und

Reformist. Eine Zeitlang trat er als die Nummer Zwei im albanischen Staat auf, aber dann verlor er seinen Einfluß. Dafür verantwortlich dürfte vor allem das Lob in der ausländischen Presse gewesen sein. Die Ankunft von X. Gjoni nach den Ereignissen im Juli kennzeichnete den endgültigen Niedergang von F. Çami. Sein kurzfristiger Ausschluß aus dem Politbüro zusammen mit anderen von den Konservativen verachteten Mitgliedern sah ziemlich verwirrend und widersprüchlich aus. Es ist nicht ausgeschlossen, daß dies aus Gründen der Irreführung geschah, oder wegen des Kräfteverhältnisses entsprechend dem damals üblichen »Gleichgewicht«. Ebenso ist es möglich, daß er, unzufrieden über die Brutalität, der bestimmte Studenten in den Tagen zuvor zum Opfer gefallen waren (diese Unzufriedenheit hatte er bei anderen Gelegenheiten zum Ausdruck gebracht, als es um den Einsatz von Gewalt ging), seinen Rücktritt eingereicht hat.

[7] (*Seite* 72) Anscheinend hat sich die Vorhersage als richtig erwiesen. Die Tatsache, daß sich Studenten und Intellektuelle zum ersten Mal nachdrücklich für den Kampf um die Demokratie einsetzten, bestätigt, daß diese Abreise nicht die Ursache für Entmutigung, wie einige das interpretierten, sondern das genaue Gegenteil war. Den in der Presse veröffentlichten Informationen zufolge war der Schock beträchtlich. Das wurde mir in Dutzenden von Briefen bestätigt, die ich aus Albanien erhielt. Tatsächlich hat die Intelligenz im Dezember 1990 genau im richtigen Augenblick die Bühne betreten, und das ist entscheidend für den demokratischen Prozeß. Einige Tage nach meiner Abreise genehmigte der Staat den Verkauf meiner beiden letzten Bücher, die noch nicht in den Geschäften zu haben waren. Innerhalb weniger Stunden hatte das Publikum

sich fast aller sechzigtausend Exemplare der Auflage bemächtigt, aber eine Tatsache war dabei noch wichtiger: Zum ersten Mal bewies der albanische Staat solch eine beispiellose Toleranz — die Bücher eines Schriftstellers im Exil (das hatte noch kein Staat des Ostblocks getan) wurden achtundvierzig Stunden nach seiner Abreise verkauft! Zum ersten Mal in diesem halben Jahrhundert zeigte er damit seine Bereitschaft an, mit einem Gegner zu leben. Das war ein stillschweigendes Ja zur Opposition. Die albanische Intelligenz, an erster Stelle die Studenten, verstanden es, den Augenblick zu nutzen.

[8] (*Seite* 86) Aus dieser Gruppe Intellektueller gingen die Begründer der Demokratischen Partei, der ersten Oppositionspartei Albaniens, hervor: unter mehreren anderen Dr. S. Berisha und Dr. G. Pashko und der bekannte Schriftsteller und Journalist S. Mustafaj. Verschiedenen Quellen zufolge war es Dr. S. Berisha, der sich zum Präsidenten begab, um ihm die Forderungen der Studenten zu unterbreiten und dem das Versprechen gemacht wurde, daß die Opposition genehmigt werde. Einige Tage später forderten S. Berisha und G. Pashko den Ministerpräsidenten auf, ihre Partei offiziell anzuerkennen. Das geschah, und seither schreitet diese im In- und Ausland anerkannte Partei auf dem unerwarteten und unbekannten Weg voller Hindernisse zur Demokratie.

Im Gegensatz zu den Erwartungen wurde in Albanien als erstem kommunistischen Land nur wenige Stunden nach der Anerkennung des Pluralismus eine erste glaubwürdige Oppositionspartei gegründet, mit einem klaren Programm, voller Würde und reich an Kultur.

(Eine weitere Partei, die angeblich vorher außerhalb der Legalität gebildet worden war, die Partei der Ökologen, deren Programm nicht einmal eine Spur von Opposition enthält und deren Zusammensetzung unbekannt ist, erinnert in gewisser Hinsicht an die »Unterwasser«-Kommunisten von 1945!)

[9] (*Seite* 101) Während der Botschaftes-Krise wurden viele Persönlichkeiten im Kulturbereich aufgefordert, Erklärungen gegen die Flüchtlinge abzugeben. Einige gaben solche Erklärungen ab, andere nicht. Obwohl ich mich kategorisch geweigert hatte und keine derartige Erklärung abgab, zögerte die Sigurimi nicht, den Stil und die Erfahrung füherer Diskreditierung zu nutzen, um ein gegenteiliges Gerücht in Umlauf zu setzen. Leider gelang es ihr, diese Lüge zu verbreiten. Ihre Mitarbeiter konnten sie an ausländische Journalisten weitergeben, von denen einige, ohne sich um eine Überprüfung zu bemühen, die Täuschung der albanischen Sigurimi überall verbreiteten.

Diese Vorspiegelung falscher Tatsachen hatte vor allem den Zweck, mich mit jenem Teil der Bevölkerung zu verfeinden, dessen Verwandte das Land verlassen hatten. Das gleiche Verfahren wurde noch einmal, dann aber in einem kleineren Kreis, gegen mein Buch »Einladung ins Atelier« eingesetzt, diesmal, um gewisse Kollegen gegen mich aufzubringen. Das Gerücht machte die Runden, die französische Version des Buches (bis heute noch nicht veröffentlicht!) enthalte Angriffe auf albanische Schriftsteller. Die Sigurimi hatte gehofft, es falle ihr damit leichter, ihnen Erklärungen gegen mich zu entlocken. Aber sie erlebte eine heftige Niederlage. Außer einigen Ausnahmen wie dem Dichter R. Marku, dem Maler Z. Mati, A. Kondo und einigen Unbekannten, die sich ausländischen Journalisten als angebliche Literaten vorstellten, weigerten sich die Schriftsteller und Künstler, den Stalinisten zu glauben.

Teil 2

¹ (*Seite* 118) A. Pipa gab sich zwar als Freund der Demokratie aus, aber er beeilte sich, die Leute zu entmutigen, sobald in Albanien etwas eintrat, was bei ihnen Hoffnungen wecken konnte. Als entgegen seinen Vorhersagen im Dezember 1990 tatsächlich die erste Oppositionspartei gegründet wurde, bezog er als einer der wenigen Albaner Stellung gegen diese Partei. Auch feindliche Kräfte, wie die albanische Sigurimi und die innerste Reaktion, verbündeten sich gegen die erste demokratische Partei und ihre Gründerväter.

² (*Seite* 124) Z. Ramizi: Chef der Staatssicherheit. Vier Monate nach diesem Brief wurde er seiner Ämter enthoben.

³ (*Seite* 125) S. Koleka: langjähriges Mitglied des Politbüros und stellvertretender Ministerpräsident, dann Vizepräsident des Präsidiums der Volksversammlung. Er spielte beim wirtschaftlichen Ruin Albaniens eine erhebliche Rolle.

⁴ (*Seite* 125) R. Marko: Zu dem Zeitpunkt, da ich diesen Brief schrieb, war er Mitglied des Politbüros. Er wurde nach den Ereignissen im Juli ausgeschlossen.

⁵ (*Seite* 128) K. Hazbiu: Mitglied des Politbüros und Innenminister. Er hat beim Ausschalten des ehemaligen

Ministerpräsidenten Mehmet Shehu im Jahr 1981 eine besondere Rolle gespielt. 1982 wurde er zum Tode verurteilt und erschossen. F. Shehu ersetzte K. Hazbiu als Innenminister; er wurde ebenfalls zum Tode verurteilt und wie sein Vorgänger 1982 erschossen.

[6] (*Seite* 134) Auszüge dieses Interviews wurden in der Zeitung »Le Monde« veröffentlicht.

[7] (*Seite* 137) Es geht dabei um den Roman »Chronik in Stein«, für den A. Pipa eine so ungeheuerliche Interpretation lieferte, daß sie sich für seinen Verfasser beinahe tödlich ausgewirkt hätte. Dem Präsidenten muß diese Interpretation bekannt gewesen sein, da er damals Propagandachef war. Möglicherweise hat er die Information nicht an E. Hoxha weitergeleitet.

Teil 3

[1] (*Seite* 155) Um das Gegenteil zu beweisen, waren die Kommunisten gezwungen, unter den Partisanen eine beispielhafte Sittenstrenge einzuführen. Diese war so streng, daß sie oft die Ursache zahlloser Dramen wurde. Dutzende von Partisanen, junge Männer wie Mädchen, wurden wegen einer Liebesgeschichte erschossen. Noch immer ist die Erinnerung an die Exekution der schönen R. Gjebrea wach, die sich in den Helden Z. Koka verliebt hatte. Ihr Verlobter, N. Spiru, führendes Mitglied der Bewegung, billigte ihre Exekution nicht. Z. Koka selbst wurde nicht verurteilt, anscheinend, weil sich bei dieser Geschichte seine Unschuld erwies. Aber schon in der ersten Schlacht stürzte er sich vor die deutschen Maschinengewehre und wurde von Kugeln durchlöchert. Seither berichtet ein Lied von dieser Geschichte. Dann, um den Kreis zu schließen, beging N. Spiru, der Dritte in diesem Drama, 1948 aus politischen Gründen Selbstmord.

In diesem Zusammenhang sei auch an das Drama der Ermordung zweier anderer Mitglieder der hohen Geistlichkeit, wiederum wegen einer Liebesaffäre, durch Sheh Karbunara 1945 erinnert. Zu jenem Zeitpunkt hatten die Kommunisten Liebesbeziehungen erlaubt, aber die Religion untersagte sie immer noch.

² (*Seite* 157) Die Geheimniskrämerei der Partei und ihrer Mitglieder verursachte in jenen Jahren ein ziemlich schweres Trauma. Zahlreiche Partisanen, die am Kampf teilgenommen hatten, betrachteten sich untereinander als gleichrangig. 1944-45 erkannten sie zum ersten Mal, daß einige von ihnen, einzeln ausgesuchte Leute, Kommunisten waren. Das Schlimmste war, daß sie genau wie früher unter der Besatzung im Verborgenen blieben. Die Verbitterung war besonders bei den sehr idealistischen Partisanen gewaltig.

³ (*Seite* 158) Der albanische Isolationismus: bestimmte westliche Staaten trugen dazu freiwillig oder unfreiwillig bei. Anstatt zu handeln, um Albanien nicht aufzugeben, dachten sie nur daran, dem kommunistischen Regime den Rücken zuzuwenden, während sie in Wirklichkeit dem albanischen Volk den Rücken zukehrten. Damit kamen sie lediglich dem Wunsch des kommunistischen Staates entgegen. Die Haltung Italiens war für diese Einstellung bezeichnend. Im Gegensatz zur alten traditionellen Freundschaft zwischen den beiden Ländern, die bis auf das frühe Mittelalter zurückgeht, hat das moderne Italien unablässig eine dem albanischen Staat feindliche Politik verfolgt. Es hat 1920 versucht, ihn zu besetzen, und am 7. April 1939 ist es ihm dann auch gelungen. Aber Italien hat Albanien immer noch nicht für seine Überfälle um Entschuldigung gebeten, insbesondere nicht für die faschistische Invasion, die die Ursache für das Unglück der albanischen Nation ist, denn genau diese Besatzung hat zu ihrem Anschluß an den Ostblock geführt. Damit nicht genug. Italien hat nun zwar Delegationen in verschiedene ukrainische Dörfer geschickt, um ihnen dafür zu danken, daß sie kleine Gruppen von fünf bis sechs italienischen

Soldaten schützten, und um dort Denkmäler zu errichten, aber nie hat es dem albanischen Volk auch nur den geringsten Dank dafür ausgesprochen, daß es ganze Armeen, Zehntausende italienischer Soldaten, die nach 1943, nach der Kapitulation ihres Landes, in Albanien geblieben waren, betreut hat. Obwohl sie die Feinde von gestern und den Albanern auf Gedeih und Verderb ausgeliefert waren, wurden keinerlei Racheakte gegen diese Soldaten verübt; sie wurden sogar untergebracht und geschützt in einer Zeit, da die Nazis sie suchten, um sie Repressalien zu unterwerfen. Eine derartige Haltung ist durch nichts zu rechtfertigen. Es stimmt, daß die Albaner nicht viel von den italienischen Soldaten hielten, die sie als *pepino*, das heißt »Kröpfe«, bezeichneten; sobald sie ihnen jedoch in die Hände fielen, übten sie ihnen gegenüber eine beispiellose Gnade. Die Verachtung der Albaner für die italienischen Soldaten hinderte sie keineswegs daran, der italienischen Kultur große Achtung entgegenzubringen. Auf italienischer Seite wurde dann auch versucht, so etwas wie Vergeltung für die albanische Großzügigkeit zu üben. Nachdem sich das kommunistische Regime in Albanien eingenistet hatte, verbreitete Italien offiziell den Eindruck, als existiere Albanien nicht mehr. Sein Name wurde praktisch nie mehr erwähnt, nicht einmal im Wetterbericht, trotz seiner Lage — nur hundert Kilometer von Italien entfernt — und obwohl die Wolken von dorther kamen oder in diese Richtung zogen.

Die Haltung des italienischen Radios und insbesondere des Fernsehens war unverzeihbar. Obwohl bekannt war, daß beides in Albanien Tag und Nacht gehört bzw. gesehen wurde, unternahm man fast nichts, um das Aufblühen des demokratischen Prozesses am Ende dieses Jahrzehnts in diesem Land zu begünstigen. Ihr Schweigen war dem totalitären Staat, der jahrelang daran gearbeitet hatte, dieses zu erreichen, eine große Hilfe.

[4] (*Seite* 161) Eine auf Anraten der Sowjets von der albanischen Sigurimi auf die sowjetische Botschaft geworfene Bombe diente als Vorwand, um den »Klasssenkampf«, das heißt den Terror, zu verstärken. Der Justizminister war nicht bereit, die ohne Prozeß ausgesprochenen Urteile gegen die bei dieser Gelegenheit verhafteten Personen abzuzeichnen.

[5] (*Seite* 163) Auch mehrere Jahrzehnte später war es immer noch fast unmöglich, den Koçixoxismus in der Literatur zu kritisieren. 1973 wollte der Innenminister K. Hazbiu offiziell den Roman »Der große Winter« verbieten, weil darin speziell an die Verbrechen von K. Xoxes erinnert wird.

[6] (*Seite* 164) Fan Noli lebte in den Vereinigten Staaten, wo er 1962 starb. Zu seinen Lebzeiten hat er, entgegen allen Erwartungen, nie Streit mit den Kommunisten gesucht. Anscheinend hielten ihn davon die ungelösten nationalen Fragen ab (die gefährliche Nachbarschaft, aber vor allem die Kosovo-Frage). Obwohl man es erwartet hatte, wurde auch nach seinem Tod nichts von ihm hierüber veröffentlicht. Er hatte sich wohl aus den gleichen Gründen wie schon zu seinen Lebzeiten gesagt, daß die Verbannung seines Werkes aus der albanischen Kultur, auf Grund irgendeiner Erklärung seinerseits, Albanien sehr viel mehr schaden würde als das Fehlen solch einer Erklärung.

L. Poradeci ist 1988 in Tirana gestorben. Er hat sich nicht mit dem Regime arrangiert, aber er hat auch nichts dagegen geschrieben. Nach seinem Tod hatte man gehofft, etwas zu finden, aber man wartet immer noch, und anscheinend ist es umsonst. Wenn er irgendein Manuskript hinterlassen hat, ist es vermutlich der Sigurimi in die Hände gefallen, denn ein Teil seines Archivs wurde nach seinem Tod gestohlen.

[7] (*Seite* 178) Ein Brief, der mir über »Le Monde« im Dezember 1990 von dem Schweden Nils Anderson zugestellt wurde, enthält unter anderem diese Bemerkung. Was N. Anderson nicht erwähnt ist die Tatsache, daß er in der Vergangenheit in einer Reihe von Ländern Übersetzer, Herausgeber und Propagandist von E. Hoxha war und es immer noch ist. Das erklärt seine Haltung zum demokratischen Prozeß in Albanien. Die Freundschaft von Marxisten-Leninisten wie Nils Anderson kam Albanien teuer zu stehen, denn sie baut auf einem tragischen Unglück auf: der Isolation Albaniens und seiner Feindschaft gegenüber der restlichen Welt. In einem demokratischen Albanien verlören diese marxistischen Freunde Monopol und Privilegien, derer sie sich in diesem Land erfreuten; es ist deshalb verständlich, warum sie gegen die Demokratie sind. In seinem Brief erwähnt N. Anderson allerdings eine interessante Tatsache, nämlich daß 1973, als mein Buch »Der große Winter« angegriffen wurde, die Kritik in Wirklichkeit gegen R. Alia gerichtet gewesen sei. (N. Anderson hatte den albanischen Machthabern sehr nahe gestanden und sein Wissen als Vertrauter ist nicht zu verachten.) Nichts könnte wahrer sein, als daß R. Alia damals aufs Korn genommen wurde, aber N. Anderson verliert völlig seine Glaubwürdigkeit, wenn er vorgibt, daß sogar Enver Hoxha selbst als Zielscheibe gedient habe! Das ist so, als sage man, Stalin sei in der Sowjetunion von den Konservativen bedroht worden, weil er zu liberal war!

⁸ (*Seite* 180) Um dieser Rekrutierung zu entgehen, griff man zu den unglaublichsten Mitteln. Mein sehr guter Freund, der Dichter und Kritiker D. Siliqi, hat mir erzählt, wie es ihm 1961 gelang, den Fängen der Sigurimi zu entgehen. Ihre Agenten kommen zu D. Siliqi, und in einer für sie klassischen (ganz »sauberen«) Methode fordern sie ihn im Namen der Ideale des Kommunismus usw. zur Mitarbeit auf. D. Siliqi will nicht. Sie machen kehrt, diesmal setzen sie eine andere klassische (nicht mehr ganz so saubere) Methode ein; sie erinnern ihn an einige Privatbriefe, die er geschrieben hat. D. Siliqi, diesmal überrumpelt, sagt ihnen, er wolle es sich überlegen. Schon auf der ersten Sitzung der Partei erklärt er beim Tagesordnungspunkt »Verschiedenes«, er bitte um das Wort. Er ergreift das Wort und erklärt zur allgemeinen Verblüffung: »Vor einigen Tagen haben mir die Genossen von der Sigurimi vorgeschlagen, Spion zu werden. Bevor ich ihnen meine Antwort gebe, hätte ich gerne gewußt, was die Genossen von der Grundorganisation davon halten.«

Der Parteisekretär errötet, verfärbt sich dann gelblich. »Was sollen diese Äußerungen bedeuten, Genosse D.? Dazu sind wir nicht da.« »Und wozu sonst?« erwidert ihm D. Siliqi. »Wir sind hier in der Partei, und vor der Partei darf man doch nichts verbergen, nicht wahr?«

Fortan wurde D. Siliqi in Ruhe gelassen.

⁹ (*Seite* 181) Die kommunistische Diktatur betrachtet das Diskreditieren berühmter Personen als einen ihrer wesentlichen Daseinszwecke. Das geschieht im allgemeinen in zwei Bereichen: Vergangenheit und Gegenwart. Marxistische Parolen wie: »Die Massen machen Geschichte«, »Laßt uns gegenüber der Vergangenheit eine dialektische Haltung einnehmen« usw. dienen als wissenschaftliche

Rechtfertigung für das Abwerten großer Menschen. In der Schule wird nie vergessen, auf ihren »Fehlern«, ihren »ideologischen Mängeln« zu bestehen, selbst wenn es nationale Dichter wie N. Frashëri sind. Bedeutsam sind in diesem Zusammenhang die Anstrengungen, die E. Hoxha persönlich unternahm, um F. Noli kurz vor seinem hundertsten Geburtstag in Verruf zu bringen. Sogar Gjergj Kastrioti (Skanderbeg) ist davon nicht ausgenommen. Als Volksheld, der das Christentum gegen den Islam verteidigte, sich für den Anschluß Albaniens an Westeuropa einsetzte, fand sich, das war vorauszusehen, nicht der geringste Berührungspunkt mit den Kommunisten. 1946-48 wurde er unter dem Druck der Jugoslawen überhaupt nicht mehr erwähnt oder aber in abwertender Weise. 1967 waren die Feiern zu seinem fünfhundertsten Jahrestag in Albanien sehr spärlich, und man vergaß nicht, darauf hinzuweisen, daß »die albanische Geschichte stärker auf der Rolle der Massen in der Geschichte bestehen muß und nicht die Rolle von Fürsten im Mittelalter überbetonen darf«.

Das Schattenboxen zwischen der Gestalt von G. Kastrioti und E. Hoxha war unvermeidlich. Als Enver Hoxha 1985 in der Grabrede als »der berühmteste Mann, den die albanische Nation je in ihrer Geschichte hervorgebracht hat«, bezeichnet wurde, war das keine leere Floskel. Dazu waren Jahre der Arbeit nötig gewesen. Um auf den Platz »des berühmtesten Mannes der Nation« zu kommen, mußte jener entthront werden, der diesen Titel seit einem halben Jahrhundert innehatte, Skanderbeg. Der erste Schlagabtausch zwischen Kastrioti und Hoxha fand 1981 am hellichten Tag auf der Place de la Villette in Paris statt, als dieser Platz auf den Namen Skanderbegs umbenannt wurde. Die albanische Regierung begnügte sich nicht damit, Frankreich in keiner Weise für die ihrem Volkshelden derart erwiesene Ehre zu danken, sondern boykottierte die Einweihungszeremonie ebenso wie das Hochamt in der Kathedrale Notre Dame; darüber hinaus forderte sie noch den Bürgermeister von Paris, Jacques Chirac, auf, alles rückgängig zu machen. Diese Verärgerung zeigte klar, daß man der Ansicht war, der erste albanische Name für einen Platz in Paris müsse auf E. Hoxha lauten und nicht auf den eines anderen. Auf dem Platz la Villette in Paris siegte der mittelalterliche Fürst über den ersten Sekretär der Partei der Arbeit Albaniens. Aber ihr entscheidender Kampf würde in Tirana stattfinden, auf eben diesem Skanderbeg-Platz, auf dem sich die Standbilder beider gegenüberstehen. Die Borniertheit der Machthaber und der Bildhauer S. Haderi und S. Shijaku, die darauf bestanden, E. Hoxhas Standbild auf einem Platz aufzustellen, der den Namen eines anderen trägt, (eine Seltenheit, die nahelegte, daß die Kommunisten eventuell erwogen, den Fürsten eines Tages als Rache für die Ereignisse in Paris von diesem Platz zu vertreiben) erreichte lediglich das Gegenteil der angestrebten Wirkung.

Nicht weniger Eifer legte man an den Tag, um noch lebende Personen in Verruf zu bringen. Das Treffen von Präsident R. Alia mit den Intellektuellen im August 1990 in Tirana kann als ein letztes Beispiel dafür gelten. Nach Ende dieser Begegnung wurde alles versucht, die Intellektuellen in den Dreck zu ziehen, um zwischen ihnen und dem Volk einen Abgrund des Mißtrauens aufzureißen. Die Hauptlüge, die die Sigurimi überall verbreitete, war die folgende: R. Alia habe die Intellektuellen gefragt, ob sie den Pluralismus bejahten, und niemand habe den Mut besessen, mit »Ja« zu antworten.

Obwohl das stenographierte Protokoll dieser Sitzung als »höchst geheim« unter Verschluß ist, gibt es auch nicht die ganze Wahrheit wieder. Es fehlen dort nicht nur wichtige Worte und Anmerkungen, ebenso wenig gibt es die Stimmung dieser Begegnung wieder.

Die Wahrheit sah ganz anders aus als die, die von der Sigurimi mit Hilfe ihrer Agenten, manchmal unterstützt von gewissen ausländischen Journalisten, im ganzen Land verbreitet wurde. Als die Sitzung eröffnet wurde, herrschte gedrückte Stimmung. Niemand wußte, weshalb man uns hatte kommen lassen, noch, wer alles teilnehmen würde. Einer von ihnen, M. P., nachdem er einen Blick in die Runde geworfen und festgestellt hatte, daß die anwesenden Intellektuellen in ihrer Mehrheit auf den »Listen der Sigurimi« standen, fragte leise: »Sagt mir, ob ihr sicher seid, daß wir hier wieder herauskommen!«

Das Eintreffen von R. Alia, nicht begleitet von F. Çami, sondern von X. Gjoni, dem »Mann mit der Faust«, den die Intellektuellen nicht gerade ins Herz geschlossen hatten, ließ die Stimmung noch tiefer sinken. Die Möglichkeit einer Provokation wurde immer wahrscheinlicher. Die Rede von R. Alia war hart und zeigte keinerlei Bereitschaft zu einem Dialog; es war eher eine Drohung als eine Rede. Trotzdem boten ihm die Intellektuellen die Stirn. Die erste, dem Präsidenten gestellte Frage betraf die Gewalttaten der Polizei und die im »Berg der Löcher« verschwundenen Menschen. Diese Frage, sowie einige andere der gleichen Art veranlaßten ihn, seinen Ton radikal zu ändern und eine Verteidigungshaltung einzunehmen.

Die Diskussion über das Mehrparteiensystem war zwar kurz, aber der vermutlich heikelste Augenblick des Treffens. Sie fand nach der Pause gegen vierzehn Uhr statt. Trotz der heftigen Angriffe des Präsidenten auf dieses »trojanische Pferd« hatten wir beschlossen, das Mehrparteiensystem zu fordern. G. Pashko, der neben mir saß, sagte mir leise: »Ich stehe auf, jetzt muß ich ihm dazu etwas sagen.« Ich antwortete ihm: »Vielleicht wäre es besser, wenn ich es ihm sage, für ihn ist es schwieriger, sich mit mir zu streiten.« Ich wollte gerade meinen ersten Satz »Der Teufel ist nicht ganz so schwarz, wie es den Anschein hat« beginnen, als R. Alia, bevor er uns, Dr. S. Berisha und mir, da wir nebeneinandersaßen, das Wort erteilte, erklärte: »Bevor ihr euch zu Wort meldet, wollte ich euch nur das folgende sagen: In meinem Besitz befinden sich Informationen darüber, daß die internationale Reaktion ganz eindeutig versucht, das Mehrparteiensystem einzusetzen, um die Volksmacht in Albanien mit Gewalt zu stürzen. Sagt mir, ob ihr solch einer Absicht zustimmt? Du, Berisha, sag mir: Bist du bereit, ihnen die Partei auszuliefern?«

S. Berisha, mit dem sich der Präsident während des Treffens schon zwei- oder dreimal angelegt hatte, befand sich in einer sehr ungemütlichen Lage. Er antwortete darauf mehr oder weniger so: »Natürlich will ich das nicht; trotzdem kann man nie *never more* sagen.«

»Und du?« wandte sich der Präsident an mich.

Dem schloß sich der folgende Austausch an:

Ich: »Ich weiß nicht einmal, wie das aus juristischer Sicht aussieht.«

Er: »Das weißt du nicht? Würde mir ein anderer so antworten, ich würde es ihm glauben, aber du?«

Ich: »Ich weiß nicht, wie das alles zu verstehen ist. Wie dem auch sei, diese ganze Diskussion ist zu beladen mit politischen Untertönen.«

Das Akademiemitglied L. Omari griff ein, um eine für das Ausland annehmbare Formulierung vorzuschlagen.

So sah die Diskussion über das Mehrparteiensystem aus. Es ist mir nicht gelungen, das Protokoll zu konsultieren, aber vertrauenswürdige Personen haben mir berichtet, daß das zweifellos der einzige Teil des Treffens ist, der ungenau mitgeschrieben wurde.

Ich bin noch immer davon überzeugt, daß damals genau das gesagt wurde, was überhaupt gesagt werden konnte. An diesem Treffen nahm fast die gesamte zukünftige Opposition teil, und es ist nicht auszuschließen, daß eine Provokation geplant war, um diese Gegner mit einem vorbeugenden Schlag für eine bestimmte Zeit lang auszuschalten.

[10] (*Seite* 187) In bestimmten Fällen erfuhr man die wahren Ursachen für den Schlag erst sehr viel später, im allgemeinen blieben sie jedoch ein Rätsel. So wäre zum Beispiel der Grund für den Sturz von T. Lubonja in seinem Ruf als Liberaler und mehr noch in seiner Freundschaft zu R. Alia zu suchen, an dessen Ausschaltung die beiden mächtigen Klans von H. Kapo und M. Shehu interessiert waren; aber ebenso wenig ist auszuschließen, daß man F. Paçrami seine Leidenschaft als Dramaturg nicht vergab. »Statt Dreiakter zu schreiben, täte man besser daran, sich mit dem Drama des Volkes in dreißigtausend Akten zu beschäftigen.« Diese Worte sagte E. Hoxha auf einer Sitzung, die dem Sturz des Dramaturgen vorausging.

Bisher ist es noch nicht gelungen, die Beweggründe für den Schlag gegen die Militärs herauszufinden. Hinzu kommt, daß zwar der Minister B. Balluku verurteilt wurde, zwei seiner Assistenten, P. Dume und H. Çako, die sich ihm seit Jahren (vor aller Augen) entgegenstellten, dagegen befördert wurden, was übrigens vorauszusehen war. Allerdings wurden auch sie einige Monate später verhaftet; ihre angebliche »Feindseligkeit«, hieß es, sei nur ein »Rauchvorhang« gewesen, um die Partei zu täuschen und die Spuren der »Verschwörung« zu verwischen. Alle drei wurden zusammen erschossen.

Was die Gruppe der Wirtschaftsfachleute betrifft, so ist die Ursache für die Verurteilung von K. Theodosi, der mit E. Hoxha in seiner Jugend in Frankreich gewesen war, und von A. Kellezi, einem Freund von K. Theodosi, durchaus einzusehen, aber nie wurde der Grund für die Verurteilung von K. Ngjela und V. Kati, Handels- bzw.Vizeminister, geklärt. Ebenso ist auch der wahre Beweggrund für die Verurteilung der Erdölingenieure ein Rätsel geblieben.

Zwar versteht man, warum M. Shehu und K. Hazbiu liquidiert wurden, aber der Fall des Außenministers N. Nasé, des Gesundheitsministers M. Ziçishti und eines Dutzends anderer, auch sie in die letzten Gerichtverfahren von 1981-82 verwickelt, bleibt ungeklärt.

[11] (*Seite* 191) Das IV. ZK-Plenum, das traurige Berühmtheit erlangte, hat lange Zeit als Schreckgespenst gedient, um Intellektuelle im allgemeinen, Schriftsteller und Künstler insbesondere, zu schrecken: »Die Lehren des IV. Plenums dürfen nicht vergessen werden« »Erinnern Sie sich noch, wie das IV. Plenums zu Ende ging?« »Es kommt noch einmal wieder, das IV. Plenum!«

[12] (*Seite* 196) S. Koleka, langjähriger Leiter von Wirtschaft und Bauwesen, ist allen in besonderer Erinnerung, weil er die Wohnungsfläche verkleinerte. Indem er der

264

kommunistischen Lehre die Enge der eigenen Ansichten aufzwang, ist er zu einer wahren Plage im Alltagsleben der Albaner geworden, die daran gewöhnt waren, in geräumigen Häusern zu wohnen.

[13] (*Seite* 198) Worte, die S. Koleka an den Architekten P. Kolevica richtete, dem wiederholt vorgeworfen wurde, ein bürgerlicher Revisionist zu sein, nur weil er sich die Mühe machte, Häuser zu planen, die neben anderen Vorteilen auch elegant waren.

[14] (*Seite* 198) Die Geschichte dieses Klubs ist bedeutsam. Er lag neben dem Staatstheater und gegenüber vom Innenministerium und war der Sigurimi ein Dorn im Auge. (»Was soll dieser Petöfi-Klub? Laßt uns diesen Schlupfwinkel der Konterrevolutionäre schließen!«)

Der Forderung wurde nicht stattgegeben, der Klub schloß also nicht, aber er wurde auf langsame Art und Weise zum Verschwinden gebracht. In seinen Räumen wurde eine Ausstellung über Kambodscha veranstaltet und blieb dort. Jeden Tag kamen Menschen, um zu fragen, wann der Klub wieder geöffnet würde. Schriftsteller, Schauspieler des Staatstheaters eilten mit besorgter Miene herbei. Aber die Ausstellung dauerte insgesamt acht Monate.

Als der Klub wieder geöffnet wurde, war er nicht mehr wiederzuerkennen. Es war so, als habe Kambodscha eine Wüste daraus gemacht. Man hatte keine Lust mehr zu lachen; die frühere lebhafte Stimmung war tot.

Der Klub, diese Stätte der Begegnungen und Diskussionen nach dem Essen, dieser Ort, an dem man so angenehm tanzen konnte, war entstellt. Jetzt fand dort eine Sitzung nach der anderen statt. Zum Teil waren sie heftig und beschwerlich. Aber von Zeit zu Zeit fand er doch zu seiner früheren Jugend zurück, zum Beispiel anläßlich des prächtigen Skandals, den Professor S. Luarasi machte, um den Roman »Der General der toten Armee« zu verteidigen, der von den Kritikern zerrissen worden war. Dieser Skandal war der letzte, und Professor Luarasi, ein hervorragender Germanist, Übersetzer von Goethe und Schiller, wurde aus dem Klub ausgestoßen.

[15] (*Seite* 199) Das, was man unter Persönlichkeitsspaltung versteht, war nicht immer eine entsetzliche Sache. Es kam vor, daß ein Teil der Persönlichkeit im Laufe der Zeit weiter Fortschritte machte, während der andere Teil auf der Stelle trat. Mittelmäßige Schriftsteller, die ihr begrenztes Talent durch Eifer im Dienste des Stalinismus hätten wettmachen können, verzichteten darauf, und außerdem zeichneten sie sich oft durch ihre Menschlichkeit aus. Der Dramaturg I. Uruçi war zwar sein ganzes Leben lang Parteisekretär im Schriftstellerverband, aber er bestach durch seine Korrektheit und Integrität. Seine Verurteilung und Internierung gehörten zu jenen für die Epoche typischen blinden Schlägen. Obwohl er nie die Beweggründe für seine Verurteilung verstanden hat (die übrigens allen ein Rätsel waren), bewahrte er sich als Idealist, der er war, in der Haft bis zu seinem letzten Tag den Glauben an den Kommunismus. Bei anderen Schriftstellern wie N. Bulka, L.L. Siliqi, S. Spasse usw. trat eine erstaunliche Erscheinung zutage: In ihrer Kreativität gab es keine Fortschritte mehr, sie drehten sich im Kreis wie ein verklemmter Mechanismus, und dank des Trägheitsgesetzes schufen sie von der Zeit überholte Werke. Das hinderte sie trotzdem nicht daran, sich im Alltagsleben korrekt, integer zu zeigen, und statt den Fortschritt zu behindern, bemühten sie sich nach besten Kräften, ihn zu unterstützen. Diese Spal-

tung, die bei einigen mit den ersten Idealen der antifaschistischen Bewegung zusammenhing (I. Uruçi, L. L. Siliqi), bei anderen mit einer humanistischen Tradition (N. Bulka, J. Xoxa, S. Spasse, Dh. Xhuvani, S. Andoni usw.), rührte eher von einem schon weiter oben erwähnten Verdrängen des Bösen her als von einer Persönlichkeitsspaltung. Andere Schriftsteller wie Dhori Qiriazi, ein Dichter mit Talent, hielten sich der Agitation der Epoche fern; da ihre Aufrichtigkeit passiv war, spielten sie keine bemerkenswerte Rolle bei der Emanzipation der Literatur. Sie hatten sich angesichts dieses Dilemmas, entweder Tribut zu zahlen, um in diese lärmerfüllte und rasende Arena hinabzusteigen, oder nichts zu zahlen und sich ganz klein, leicht übersehbar zu machen, für die zweite Möglichkeit entschieden.

Parallel zu dem, was sich in der Literatur abspielte, gab es in allen Lebensbereichen Widerstand gegen das Böse. Unter den Kommunisten versuchten Tausende von anständigen Menschen, wo und wie immer sie konnten, etwas für ihr Land zu tun. Anfang der 60er Jahre war der Schriftstellerklub nur ein Steinchen im Mosaik des Lebens. Es gab Dutzende ähnlicher. Das habe ich nicht aus den Augen verloren, als ich in dem D. Binder im November 1990 gewährten und in der »New York Times« veröffentlichten Interview erklärte, ich habe nicht die Absicht, Schmutz auf fünfzig Jahre Leben meines Volkes zu werfen. In diesem Leben gab es ganze Zeitabschnitte, in denen das Böse an allen Fronten zurückwich. Für die Jahre 1958-61 gibt es solch eine Erinnerung. Auch für die Jahre 1969-71. Genau in dieser Zeit erklärte Enver Hoxha bei einer Begegnung mit A. Mero, dem damaligen Ersten Sekretär des Jugendverbundes, daß die Menschen, die die Jugend nicht liebten, von ihrem Amt zurücktreten sollten.

Eine Woche später setzte E. Hoxha auf einer Sitzung des Sekretariats des Zentralkomitees, zu dem man auch einige junge Leute hatte kommen lassen, die anderen Parteichefs in Erstaunen, als er diese jungen Leute bat, etwas auf Englisch oder Französisch zu sagen, nachdem bekannt geworden war, daß einige von ihnen diese Fremdsprachen beherrschten. Nachdem er ihnen zugehört hatte, erklärte er: »Es sollte fortan niemanden mehr erstaunen, daß man zukünftig im Politbüro der albanischen Arbeiterpartei Englisch und Französisch spricht.«

Dieses und andere ähnliche Zeichen weckten die Hoffnung, daß E. Hoxha kurz vor einer Öffnung nach Europa stand. Alle warteten fieberhaft darauf. Unterdessen war der Innenminister, anscheinend angeregt von eingefleischten Stalinisten wie K. Hazbiu und H. Kapo, gerade dabei, einen Bericht zusammenzubrauen, der bewies, daß E. Hoxha, falls er den tödlichen Fehler begehen sollte, sich dem Westen zu öffnen, verloren war. Wie man weiß, trug diese Meinung 1973 den Sieg davon, was für Albanien tragisch war.

[16] (*Seite* 200) Widersprach man der Marxschen Formel, indem man erklärte, »der wahre Sinn des Lebens liegt nicht im Kampf, sondern im Leben selbst«, wie von G. Sorman unterstrichen, wurde man zum Feind der Revolution erklärt. Was die Dynamik betrifft, auf die unendliche Lobreden gehalten wurden, dürfte es schwierig sein, eine stürmischere als die von Dschingis-Khan zu finden. Es ist wohl kein Zufall, daß Mao Tse-tung diesen Sturm aus der Wüste während der Kulturrevolution wiederholt freundschaftlich erwähnte.

[17] (Seite 214) Mitte der 70er Jahre, kurz bevor das Land sich der restlichen Welt verschloß, wurden im Außenmini-

sterium und im Ministerium für Außenhandel Dutzende
von Arbeitern eingestellt. Das nannte man »die Erneuerung der Institutionen durch die Arbeiterklasse«. Wer
naiv war, staunte darüber. (»Wie sollen die denn Politik
und Handel mit dem Ausland treiben? Diese Typen kennen sich doch gar nicht aus, die sprechen nicht einmal
andere Sprachen!«) Man empörte sich, schickte Briefe an
die »maßgeblichen Stellen«, denn man verstand nicht,
daß das genau das angestrebte Ziel war: die wenigen noch
bestehenden Beziehungen auf ein Nichts zu reduzieren.
Die Ernennung eines gewissen Nedin Hoxha, einem ehemaligen Tischler, der ein Dickkopf und Querschädel sein
sollte, zum Minister für Außenhandel sagte eigentlich alles.

[18] (*Seite* 223) Ein weiteres Beispiel in Bezug auf S. Lazri. Eine Täuschung, die als gewöhnlich einzustufen ist: Es
ging um irgendeine Veröffentlichung im Ausland (von
Migjeni), gegen die er anfangs war. »Hör einmal«, sagte
er mir im Laufe des Gesprächs, »ich habe einen Bericht
unseres Botschafters in Paris gesehen, in dem dein Freund
Jacques Attala erwähnt wird.« »Jacques Attali«, verbes-
serte ich ihn. »Das kommt aufs gleiche heraus«, fuhr er
fort. »Da du ihn nun einmal kennst, meint der Botschafter, er könne dabei behilflich sein, unsere Beziehungen zu
Frankreich zu entwickeln. Was mich betrifft, so glaube ich
nicht daran, denn dieser Jacques Attali ist, wie ich aus
anderen Quellen weiß, nur für die Literatur zuständig und
hat keinerlei Einfluß im Staat.« »Das ist völlig falsch«,
erwiderte ich. »Es mag sein, daß Sie sehr viel wissen, aber
in diesem Fall irren Sie sich. Jacques Attali ist Sonderbera-
ter von Präsident Mitterrand, und sein Einfluß steht nicht
hinter dem von Ministern zurück.« »Spielt überhaupt kei-

ne Rolle, du beharrst auf deiner Position, ich auf meiner«, damit beendete er die Unterhaltung. Versessen wie er war, sich jeder Annäherung an Frankreich zu widersetzen, unternahm er natürlich alles, um jede mögliche Bindung zu zerschlagen.

Die Täuschung wog besonders schwer, wenn sie sich an der Geschichte vergriff. Dieser Aspekt weckte lange Zeit Kummer und Zorn. Eine ganze Reihe von Historikern hat sich endgültig jeder Ehre beraubt, da sie ungeheuerliche Fälschungen wie zum Beispiel über die Beziehungen zwischen Rußland und Albanien fabrizierte. So machten diese Historiker aus dem fanatischen Feind des albanischem Staates und Volkes, der Rußland wegen seiner Bevorzugung von Serben und Montenegrinern immer gewesen ist, einen angeblichen Freund. Umgekehrt verfuhren sie mit den westlichen Staaten, die auf einmal alle zu Feinden Albaniens geworden waren. Diese Entstellung der Geschichte, dazu bestimmt, die Tagespolitik zu stärken, ist eine der schwärzesten Seiten in der albanischen Kultur dieses Jahrhunderts.

Aber damit nicht genug. Ebenso wurde die Sympathie hervorgehoben, die Lenin angeblich Albanien entgegenbrachte, was reine Erfindung ist. Auch unterstrichen wurde die angebliche Freundschaft Stalins, wobei die Wahrheit verschwiegen wurde: seinen Haß auf die albanische Nation und seine Beleidigungen ihr gegenüber.

Auch erinnert man sich noch der Manipulationen unserer eigenen Geschichte. E. Hoxha schrieb eigenhändig eine Untersuchung über den Aufstand von Haxhi Qamili, den er als einen Bauernaufstand gegen den Feudalismus darstellte, obwohl niemandem unbekannt ist, daß es eine rein pro-türkische Bewegung war, die ganz offen versuchte,

Albanien von Europa abzutrennen und es der Türkei anzuschließen. Auf der einen Seite wurde ein obskurer Haxhi Qamili in den Himmel gehoben, andererseits bemühte man sich, große Männer wie den Gründer des ersten albanischen Staates, Ismail Qemal, anzuschwärzen. Viele andere wurden mit Schmutz beworfen. Die einen wurden als Agenten westlicher Mächte abgetan; bei anderen fand man die außerordentlichsten »Schwächen«; bei dritten schließlich griff man glatt zur Lüge. So verschwand zum Beispiel F. Konica aus der albanischen Literatur unter dem Vorwand, er sei Zogus Botschafter in den Vereinigten Staaten gewesen, wobei vergessen wurde, daß E. Hoxha selbst Angestellter in einem Konsulat des Königs gewesen war. Um Gj. Fishta zu verurteilen, griff man zu einer besonders niederträchtigen Täuschung; sein satirisches Gedicht »Die ganze Welt soll wissen, Gjergj ist nicht mehr Albaner«, in dessen Strophen der Verfasser jene verspottet, die ihm fehlenden Patriotismus vorwerfen, wurde als angebliche Autorenposition hingestellt. Des gleichen Verfahrens bediente man sich bei der Novelle »Fahnenhändler« von E. Koliqi, wobei man sich allein auf den Titel stützte, um zu behaupten, daß der Schriftsteller zugab, Fahnen verkauft zu haben. (Die Novelle war geschrieben worden, um damit die »Fahnenhändler« zu stigmatisieren.)

Fester Bestandteil dieses Täuschungsmechanismus waren auch Lücken und weiße Stellen in den Geschichtsbüchern sowie das Verschwinden von Namen und Tatsachen bis hin zum Retuschieren von Fotos, auf denen die Köpfe der Menschen genauso leicht wie im wirklichen Leben fielen. Das zentrale Staatsarchiv und sogar das Archiv der Partei wurden regelmäßig durchkämmt. Spurenbeseitigung — davon waren die kommunistischen Diktatoren besessen. Das ging bis zur Vernichtung von Dokumenten und ganzen Akten und sogar so weit, daß man die Leichen Verurteilter verschwinden ließ, um jede zukünftige Anwandlung einer möglichen Pilgerung zu ihrem Grab zu unterbinden. Auf das gleiche Konto gingen das Zerschlagen von Gedenktafeln, das Vernichten verschiedener Zeugnisse wie die Zerstörung von Häusern, in denen die vom Regime Mißbilligten gelebt hatten. Das letzte Beispiel dafür war die Zerstörung des Hauses von Dr. Papavrami im Jahre 1986, nachdem sein Enkel, Tedi Papavrami, ein berühmter Geiger, nach Frankreich geflohen war.

[19] (*Seite* 225) Der Ablauf ist wie folgt: Genosse X fährt zum Arzt nach Wien. Meistens reist er in Begleitung des einen oder anderen Familienmitglieds: Tochter, Schwiegersohn, Schwiegertochter. Soweit noch keine Verletzung der Doktrin. Das Schicksal der Revolution hängt von der Gesundheit ihrer Machthaber ab. Was den Sohn oder die Schwiegertochter betrifft, sieht es auf den ersten Blick so aus, als würde gegen die Grundsätze verstoßen; betrachtet man es jedoch näher, ist eingedenk des ärztlichen Rates, das seelische Gleichgewicht von Genosse X beschleunige seine Genesung, die Anwesenheit von Sohn oder Schwiegertochter durchaus gerechtfertigt. Bis hierhin bewegt man sich also noch immer im Rahmen des Marxismus-Leninismus. Aber dann kommt der (fatale) Augenblick, da Genosse X, oder häufiger noch seine Frau oder Schwiegertochter, Lust hat, sich in den Geschäften Wiens umzusehen. Bekanntlich, braucht man dazu Geld. Die Regeln eines kleinen armen Staates verbieten das aber. Also, was tun? Es besteht die Gefahr, daß die Verzweiflung der Frau oder der Schwiegertochter des Genossen X

sich negativ auf seine Gesundheit auswirkt. Aber das ist noch kein überzeugendes Argument. Nun erweist sich die unsterbliche proletarische Lehre wieder einmal als Rettungsring. Der Grundsatz der Wachsamkeit vor dem Klassenfeind, der sich außerdem im Westen befindet, rettet die Situation. Dieser Feind darf auf keinen Fall erfahren, an welcher Krankheit genau Genosse X. leidet, welche Besucher er empfängt, welche Medikamente gekauft werden usw. Damit ihm kein Dokument in die Hände fällt, müssen alle Rechnungen, Honorarforderungen der Ärzte, Ausgaben in den Apotheken zerstört werden. Und genau das macht man! Sie verschwinden und werden durch irgendwelche in irgendein Notizbuch gekritzelte Zahlen ersetzt. Man kann sich vorstellen, daß diese Zahlen nicht jeder Überprüfung zuverlässig standhalten würden.

[20] (*Seite* 226) Diese brutalen Ergüsse hat es bis November 1990 in Presse und Fernsehen gegeben. Den letzten Vorwand gab die Veröffentlichung eines anonymen Briefes in »Zeri i Popullit«, der gegen die Sendungen in albanischer Sprache von »The voice of America« gerichtet war, und dabei besonders gegen den Journalisten und Forscher Elez Biberaj, der zu Unrecht als Verräter, Spion usw. bezeichnet wurde, während man die Interviewten ihrerseits »Einfaltspinsel« titulierte. Diese »Einfaltspinsel« waren keine anderen als die schönste Blüte der Intelligenz Albaniens und Kosovos, und diese Zeitungen erlaubten es zu ihrer größten Schande einem Nichtsnutz, der nicht einmal seinen Namen zu nennen wagte, jeden einzelnen zu beleidigen. Allein die Tatsache, daß in der wichtigsten Zeitung des Landes anonyme Briefe veröffentlicht wurden, war an sich eine grundsätzlich amoralische Handlung. Aber die anonymen Briefe hatten in diesem Land Bürgerrecht er-

worben, seit E. Hoxha sie öffentlich guthieß. Sie paßten hervorragend zu all diesen Täuschungen, zu dem Nebel, in den alles in diesem Universum gehüllt war.

[21] (*Seite* 230) Ein Jahr vorher war einer dieser »einfältigen« Bürger, der Ingenieur Z. M., gerügt worden:

»Was tut ihr denn, ihr Intellektuellen? Warum rührt ihr euch nicht?«

»Du hast das Recht, diese Kritik auszusprechen«, antwortete ihm Z. M., »aber auch ich habe das Recht, dich zu fragen: Und du, was machst du?«

»Ich?« erwiderte der andere. »Was ich tue? Ich bin nur ein ganz gewöhnlicher Mensch. Ich bin nicht wie ihr. Wenn ich es wäre, dann könnte man was erleben!«

»Du bist nicht berühmt?« sagte ihm Z. M. »Möchtest du ein Held werden und kannst es nicht aushalten, ein ganz gewöhnlicher Mensch zu sein? Ich kann dir verraten, wie du es machst. Es kostet dich fast nichts: Nur zwölf alte Lek. Geh, kauf dir einen Liter Benzin und verbrenn dich auf dem Skanderbeg-Platz wie Jan Palach in der Tschechoslowakei. Ich garantiere dir, daß du unsterblich wirst.«

[22] (*Seite* 231) Ich erinnere mich an einen obskuren Zwischenfall im Jahr 1967. Ich hielt mich in der Stadt Berat auf, »um unter dem Volk zu sein«. Die große Textilfabrik mit sechstausend Arbeitern, vorwiegend Frauen und jungen Mädchen, war gerade eröffnet worden. Diese Fabrik hatte der ganzen Stadt neues Leben gebracht. Es war eine wirtschaftliche Erneuerung, ebenso wie eine moralische. Dort ging es lebhaft zu, junge Ingenieure aus ganz Albanien trafen ein, machten die ganze Nacht lang kein Auge zu, gingen jede Woche tanzen, die jungen Mädchen verliebten sich — der Lebensrhythmus hatte sich geändert.

Aber eines schönen Morgens im November schickte Tirana G. Çuçi dorthin, eine der damals unheimlichsten Gestalten. Er schloß sich zwei Tage lang mit den wichtigsten Kadern der Stadt ein. Als ich am dritten Tag ins Kombinat kam, traute ich den Augen nicht. Es war, als habe die Fabrik Trauer angelegt. Junge Mädchen standen mit finsterem Gesicht an den Maschinen; mehreren standen Tränen in den Augen. Eine riß das Plakat ab, das den Ball am kommenden Samstag ankündigte.

»Was ist passiert?« fragte ich einen meiner Freunde unter den Ingenieuren.

»Gestern abend hatten wir eine Sitzung. Wir wurden beschuldigt, den Klassenkampf zu vernachlässigen. Aus Tirana sind neue Anweisungen eingetroffen. Heute haben wir Sitzungen in allen Werkstätten abgehalten. In einigen sind die Menschen in Tränen ausgebrochen«, sagte er.

»Welche Anweisungen?« fragte ich. »Warum sind sie in Tränen ausgebrochen?«

»Wie sollte man da nicht weinen?« sagte er. »Es ist einfach zum Heulen. In Zukunft weder Kameradschaft noch Freundschaft mit allen, deren Akte Flecken aufweist. Kurz, ein völliger Bruch. Stärkung des Klassenkampfes...«

[23] (*Seite* 234) Nina F., eine Russin, die zur Zeit der Freundschaft zwischen beiden Ländern einen Albaner heiratete. Nach Abbruch der Beziehungen erhielt sie keinerlei Nachrichten von den Ihren, noch konnte sie ihnen Nachrichten schicken. Sie ist 1987 in Tirana gestorben. Nachdem ihre Schwägerinnen sie auf der Beerdigung beweint hatten, ergriff ein Vertreter der Demokratischen Front aus ihrem Stadtviertel gemäß der Sitte das Wort, um zu erklären: »Wir sind hierher gekommen, um uns von Genossin Nina F. zu verabschieden, Mitglied der Albanischen Demokratischen Front, aufopfernde Ingenieurin, treu den

Lehren von Partei und Genosse Enver ergeben.« Kein einziges Wort über ihre russische Nationalität, über die Briefe aus Moskau, die nicht eintrafen, über den Kummer, der vielleicht ihre Krankheit verschlimmert und ihren Tod beschleunigt hatte.

[24] (*Seite* 237) Während dieses Buch in den Druck geht, hat sich die Welle von Gewalttätigkeiten in Albanien schnell wieder gelegt. Das geschah eher unter dem Druck der ganzen Bevölkerung als unter dem der Ordnungskräfte. (Einige bemerkten dazu, daß sich die Ordnungskräfte nicht nur säumig verhielten, sondern daß sie in gewissen Fällen die Unruhen überhaupt erst ausgelöst hatten.) Genau wie ich es mir gewünscht hatte, ist es den Albanern gelungen, sehr schnell einen landesweiten Konsens herzustellen, um eine sowohl entschlossene wie auch in jeder Hinsicht hochkarätige Opposition zu schaffen. Die Tatsache, daß Intelligenz und Studenten an ihrer Spitze stehen, ist von Bedeutung. Die albanische Demokratische Partei ist eine der stärksten und hellsichtigsten Oppositionsparteien, die im Laufe des Jahres 1990 im Osten gegründet wurden. Mit dieser Handlung, die alle zynischen Prophezeiungen durchkreuzt hat, haben die Albaner der Welt bewiesen, daß sie zivilisierter und europäischer sind als gewisse andere, die Tag und Nacht diese Worte in den Mund nehmen, aber ihnen de facto den Rücken zukehren.

Frankreich
Dezember 1990/Januar 1991.

Inhalt